**数智化时代**
会计专业融合创新系列教材

U0689070

# 智能化财务共享服务 实训教程

主　编◎梁　君　马文君　李增欣

副主编◎孙微微　王雪艳　王　党　张照楠

组　编◎厦门网中网软件有限公司

人民邮电出版社

北　京

图书在版编目（CIP）数据

智能化财务共享服务实训教程 / 梁君，马文君，李增欣主编. -- 北京：人民邮电出版社，2025. --（数智化时代会计专业融合创新系列教材）. -- ISBN 978-7-115-66390-0

Ⅰ. F232

中国国家版本馆 CIP 数据核字第 20254DG005 号

## 内 容 提 要

本书是校企合作"双元"开发的"岗课赛证"融通教材，主要是基于社会服务型财务共享服务中心、集团管控型财务共享服务中心或一般企业财务部门对财会人员的技能要求，培养学生具备在新的共享财务工作模式下财税业务智能处理的核心能力。书中共有 7 个项目，涉及财税共享、服务共享及财务云智能技术应用 3 个工作领域，还原了财务共享服务的工作场景，对每个技能点进行了精心讲解，并提供财税相关制度解读及财务云共享中心平台操作过程介绍，方便学生课后巩固提高。

本书既可以用作应用型本科院校、高等职业院校财经类专业的教材，也可用作财务共享服务职业技能等级证书考试的辅导教材和社会从业人员的学习用书。

◆ 主　　编　梁　君　马文君　李增欣
　　副 主 编　孙微微　王雪艳　王　党　张照楠
　　组　　编　厦门网中网软件有限公司
　　责任编辑　崔　伟
　　责任印制　王　郁　彭志环

◆ 人民邮电出版社出版发行　　北京市丰台区成寿寺路 11 号
　　邮编　100164　　电子邮件　315@ptpress.com.cn
　　网址　https://www.ptpress.com.cn
　　北京市艺辉印刷有限公司印刷

◆ 开本：787×1092　1/16
　　印张：15.25　　　　　　　　2025 年 7 月第 1 版
　　字数：400 千字　　　　　　2025 年 7 月北京第 1 次印刷

定价：59.80 元

读者服务热线：(010)81055256　印装质量热线：(010)81055316
反盗版热线：(010)81055315

# 前　言

随着全球经济的快速发展和信息技术的不断创新，财务共享已成为企业财务管理的重要趋势。财务共享通过集中化、标准化的处理流程，优化了企业的财务管理结构，提高了财务管理的效率和准确性。与此同时，适应中小企业财务转型的社会服务型财务共享服务中心也应运而生，既懂财务又懂税务，还掌握现代信息技术的财会专业人才需求旺盛。

党的二十大报告指出："统筹职业教育、高等教育、继续教育协同创新，推进职普融通、产教融合、科教融汇，优化职业教育类型定位。加强基础学科、新兴学科、交叉学科建设，加快建设中国特色、世界一流的大学和优势学科。"职业院校作为高素质技术技能人才培养的主阵地，肩负着培养财务共享服务人才的重任。

按照全国教育大会部署和落实《关于深化现代职业教育体系建设改革的意见》的要求，秦皇岛职业技术学院联合石家庄财经职业学院，落实"岗课赛证"综合育人机制，与北京东大正保科技有限公司在深度校企合作的基础上，基于财务共享服务职业技能等级证书的技能标准，融入企业财务共享服务真实业务，编写了本书。

本书坚持以学生为中心，深化复合型技术技能人才培养培训模式和评价模式改革，具有以下特色。

**第一，德育贯穿始终**。本书坚持知识介绍与价值引领相融合，努力做到技能培养与立德树人同向同行。

**第二，工作情景感强**。本书由校企合作"双元"开发：企业提供财务云共享中心平台及真实的脱敏案例；院校教师深入分析未来社会服务型财务共享服务中心岗位人才的技能需求，对接岗位主要工作任务，模拟财务共享服务工作过程设计教学内容。

**第三，"岗课赛证"融通**。本书将课程与岗位技能要求、职业技能等级证书考试大纲、职业技能大赛命题及产业社会服务相贯通，共同构成一个完善的自我循环结构，强化了职业知识、能力和素养，补充了新技术、新规范和新要求，有助于提升学生的就业能力。

**第四，数字化资源丰富**。本书引入了丰富的财务共享服务案例，包括单项训练案例及企业综合业务案例，并且配有微课、财税政策汇总、课件、习题、教学大纲等教学资源，方便了学生课后自主学习和巩固提高。

在编写本书的过程中，编者得到了多所高职院校财经专业教师、企业财务从业人员及人民邮电出版社的大力支持，在此表示衷心的感谢！由于编者的学识水平有限，书中难免存在不足之处，恳请广大读者提出宝贵的意见和建议，以便编者日后修订改进。

编者

2025 年 3 月

# 目　录

# 财务共享服务认知

## 学习目标

**知识目标**

1. 知道财务共享服务的发展历史。
2. 理解财务共享服务的含义及特点。
3. 了解不同类型财务共享服务中心的组织架构及岗位设置。

**能力目标**

1. 能够理解建设财务共享服务中心的必要性。
2. 能够区分集团管控型财务共享服务中心与社会服务型财务共享服务中心的不同职能和组织框架。

**素质目标**

1. 紧跟企业财务数字化转型的步伐，树立终身学习的理念。
2. 具备踏实肯干的职业精神，勇于钻研，在财会工作领域不断创新。

## 学习引领

近年来，随着全球经济一体化、监管政策的趋同及信息化的高速发展，越来越多的中国企业开始实施或者规划共享服务建设。通过对不同行业、不同规模的企业财务管理者进行问卷调研及访谈发现，中国企业对财务共享服务的关注度非常高，并且对财务共享服务所能带来的财务转型及财务能力提升都有较为明确的认知和期待。

【思考】新技术的出现、财务共享理念的深入势必带来新一轮的财务转型，财务人员如何在企业财务转型中胜任本职工作，助力企业发展，服务国家战略？

## 任务导入

张择是一名刚毕业的财务相关专业的大学生，他现在有两个选择，一是到制造业企业做出纳，另一个是到财务共享服务中心的核算中心工作。财务共享服务中心是做什么的呢？张择如果选择到财务共享服务中心工作会从事哪些工作？又会接受哪些挑战？

## 预备知识

### 一、认识财务共享服务

财务共享服务的提出源于共享服务的理念。共享服务最早由罗伯特·冈恩（Robert Gunn）等人在 1993 年提出，他们认为共享的核心就是提供服务时共享组织的成员和技术等资源，使得企业能从分散管理中取得竞争优势的一种新的管理理念。作为共享服务研究的主要奠基人，芭芭拉·E. 奎因（Barbara E. Quinn）在《共享服务：掘金于公司金矿》（*Shared Services:Mining for Corporate Gold*）一书中提到：共享服务是一项商业经营，其理念是"以顾客为中心+服务收费=商业"，这一理念准确地概括了共享服务的核心思想。哈佛大学教授布赖恩·伯杰伦（Bryan Bergeron）在《共享服务精要》中指出，共享服务作为一种创新理念，所涵盖的内容往往从常见的财务服务领域延伸至信息技术、人力资源和采购等领域。在今天复杂的商业环境中，即使你没有使用共享服务，但也可能正在服务于某个运用这种模式的企业或正在享受运用这种模式的企业所提供的服务。

从共享服务的研究发展看，共享服务是在具有多个运营单元的企业中组织管理功能的一种方式，是企业将原来分散在不同业务单元进行的事务性或者需要充分发挥专业技能的活动，从原来的业务单元中分离出来而专门成立独立实体，依据正式或非正式的契约即服务水平协议收取费用的服务活动。通过企业内部不同部门或业务单元间的组织和资源整合实现服务共享，不但能够强化企业核心竞争力、优化资源配置，还能降低企业成本，提高管理效率。

共享服务作为这一创新管理模式可运用于不同领域，例如人力资源共享、信息技术共享等，共享服务在财务领域的应用被称为"财务共享服务"。

## （一）财务共享服务的含义

财务共享服务是依托数字信息技术，以财务业务流程处理为基础，将分散于各业务单元的重复性高、易于标准化的财务业务，进行流程再造与优化，并集中到财务共享服务中心统一处理，以达到优化组织结构、降低运营成本、提升客户满意度、创造财务价值的目的，以市场视角为内外部客户提供专业化服务的分布式管理模式。

提供财务共享服务的场所即"财务共享服务中心"。财务共享服务中心是企业组织架构中一个独立或者半独立的新组织或者部门，是企业集中式管理模式在财务管理上的新应用。财务共享服务中心需要建立强大的网络系统，需要强大的企业信息系统作为信息技术平台，只有利用现代信息技术，才能使企业集团的财务共享服务真正落到实处。当前，我国正处于"互联网+"和"大数据"的变革时代，如此，会计集中核算平台升级为财务共享服务中心就有了技术基础，而当前电子发票制度的实施为财务共享服务中心的落地创造了可能。财务共享服务中心设立以后，集团可以将不同国家、地点、实体的会计业务拿到财务共享服务中心来处理，而不需要在集团的每个公司和办事处都设置会计岗位。这项举措不仅节省了人工成本，还保证了会计记录和报告规范、结构统一。

## （二）财务共享服务的特点

财务共享服务以"服务"的角色身份从事业务，颠覆了传统财务职能部门的工作模式，具有鲜明的特色，服务对象的数量越多，所体现的规模优势就越明显。财务共享服务在服务协议与客户、流程优化与再造、规模化与专业性及独立盈利与外包四个方面具有以下特点。

### 1. 服务协议与客户

财务共享服务坚持服务第一的原则，以业务要求为导向，以客户满意为目标，为集团内外客户提供财务服务，并按照已签署的服务协议收取相应费用，从而将业务流程转变为服务，将服务进一步转变为商品。财务共享服务中心和客户签订协议，用法律的形式确定二者的关系，明确双方的权利和义务，以及服务的时限和质量标准，保障双方利益。

## 2. 流程优化与再造

流程优化与再造是财务共享服务中心的核心能力。将不同业务单位冗杂、繁多的业务流程进行标准化是财务共享服务中心提高效率、降低成本的关键点。通过流程优化与再造，企业流程的各个方面（如规章制度、业务标准、流通程序等）可以实现统一，从而降低企业的运营成本，促进企业的规模发展。

世界一流的财务共享服务中心具备全面的服务能力，能够提供多职能、多流程的服务，同时不仅仅着眼于单一流程管理，更重要的是关注流程之间的合作，可以形成更强的协同效应；具备优秀的流程设计、评价和控制能力，可以从端到端的视角出发，强化流程各环节之间的协同性，驱动流程整体效率和质量趋向最优。

非核心业务外包成为财务共享服务中心剥离低价值环节、有效整合资源以塑造核心优势、提升价值创造能力的重要手段之一。通过对财务共享服务中心业务范围的调研，在现有业务范围中排在前五位的是费用报销、采购到付款、资金结算、总账到报表、固定资产核算，上述流程均属于典型的交易处理事务，这类业务规则明确、流程环节清晰、易于规范，是财务共享服务中心发展过程中形成的典型业务。

除此之外，财务共享服务中心通常也承担一些税务职能，如发票开具和纳税申报。经营绩效分析通常属于财务共享服务中心复杂性较高的增值服务，这类计算、建模、统计与分析的数据流程将会是财务共享服务中心未来的重要业务。

## 3. 规模化与专业性

财务共享服务中心关注效率和效益，将企业各个分散的业务管理聚集在一起，使各部分组成一个链条，形成规模经济，有利于降低成本，提高企业效益。财务共享服务中心储备了从基础核算、资金支付到报表出具的专业化人员，加上高效能、高集成对接的软件平台系统，使得规模化效应得以充分发挥。

## 4. 独立盈利与外包

大型企业集团的财务共享服务中心正在从内部运营走向外包。提供外包服务不仅可以满足自身财务共享服务的需求，而且可以充分利用已经建设的财务共享服务中心进一步扩大业务范围、降低运营成本，逐渐从成本中心变为利润中心，成为企业创造新价值的独立经济体。财务共享服务中心的经营，不是通过服务补偿成本，而是通过服务赚取利润。

## （三）财务共享服务中心的分类

了解财务共享服务中心的类型，有助于企业选择适合自身发展需求的财务共享服务模式。依据企业发展的战略定位，从建设目的出发，财务共享服务中心可以分为成本节约型、管控型、成本节约与管控结合型三种。

## 1. 成本节约型财务共享服务中心

成本节约型财务共享服务中心的主要建设目的是在确保企业持续有效运行的情况下，最大限度地降低企业的财务运作成本。该类财务共享服务中心的业务多为劳动密集型、发生频率高的会计核算业务，侧重实现会计集中化核算；然后通过不断优化业务流程，提高会计业务处理质量和效率，保证集团内部会计核算工作的标准化和规范化，逐步发挥规模效应，降低财务人员人力成本，提高财务核算水平与效率。从建设阶段来说，成本节约型财务共享中心往往是集团财务共享服务中心建设的初期目标。尤其对于新设的业务单元来说，会计核算成本的降低尤为明显，财务共享服务中心的规模效应会因为不断增加业务单元而凸显，因为它不需要再设置所谓的会计核算岗位。成本节约型财务共享服务中心适用于不断进行业务扩张、处于发展中的在全国乃至全球范围内具有同质业务的企业集团。

成本节约型财务共享服务模式还有一种典型的组织是社会财务共享服务中心，即代账公司的财务共享服务中心。从 2015 年起，随着竞争的加剧和互联网技术的发展，部分代账公司迅速调整组织结构和业务流程，将财税核算部门独立出来建设成共享中心，完成了数字化改造。社会财务共享服务中心除了承接自己代账公司的核算与服务业务，还承接其他代账公司的业务。

### 2. 管控型财务共享服务中心

管控型财务共享服务中心的建设目的是将财务共享作为企业集团管理控制的一项重要手段。管理的核心在于控制，控制的核心在于会计控制。管控型财务共享服务中心希望通过财务共享服务中心的集中管控功能在会计控制领域实现规范化、流程化、标准化，然后以此带动业务的流程化、标准化，实现集团公司对分/子公司管控的目标。这种模式下的财务部门往往是强势部门，究其原因是高级管理层对财务工作的重视。财务共享服务中心的流程再造，有利于整合财务管理和风险管理资源，对集团下属公司实施财务全程化管控，为制定集团战略提供高质量财务决策支持，促进核心业务发展，实现集团对其下属公司或部门的实时监测，提高集团的综合掌控能力，从而有效支撑集团的发展战略。以管控为主要建设目的的集团，其通常处于发展成熟期，业务类型多元化，重组、并购、变革频繁，并且已经实现全国乃至全球运营。

### 3. 成本节约与管控结合型财务共享服务中心

单纯的成本节约或管控，都不能充分发挥财务共享服务中心的全部优势，因此更多的公司建立的是成本节约与管控结合型财务共享服务中心。它结合了前两种财务共享服务中心的优势，以企业战略发展为依托，在释放规模效益、节约成本的同时发挥整体管控作用，建立从基础核算、预算管控到决策分析的全方位财务管理流程。成本节约与管控结合型财产共享服务中心可以有效提升企业整体管理水平，为企业发展和持续管理优化提供全面支持。

## 二、中国财务共享服务的发展趋势

中国企业的财务共享服务中心，是在企业业务快速增长、分散管理模式难以为继的背景下应运而生的，经历了萌芽、试点、发展、创新探索等多个阶段，财务共享服务建设的核心目标与期望收益随着企业管理需求的变化而不断调整。当前，财务共享服务已成为大型企业集团普遍采用的领先、成熟的财务管理模式，其在降本增效、强化管控、防范风险及推进财务转型等方面的管理效益和优势得到了无数企业的实践检验。

云计算、人工智能等新兴技术的成熟与落地为共享服务行业带来了新的挑战和机遇，许多财务共享服务中心在推动运营优化的同时，也更加重视新兴技术的应用，以期通过自动化、智能化的技术构建和谐的人机交互方式，实现技术能力和人的价值协同释放。财务共享服务中心在自动化、智能化方面的技术探索和场景应用，有效拓展了财务共享服务中心的数据采集和计算能力，为共享服务和整个财务部门的数字化转型打下了基础。这一阶段的财务共享服务呈现出如下几个趋势。

### 1. 财务共享服务的自动化

在新一代信息技术的推动下，财务共享自动化势不可当。ERP（Enterprise Resource Planning，企业资源计划）各模块间互联，银企互联，商旅系统、报账系统的互通，余额查询机器人、付款机器人、入账机器人、对账机器人的应用，都是财务共享服务自动化的体现。尤其是在财务机器人的应用上，财务共享服务中心为其提供了良好的环境和业务场景。财务机器人可以应用在发票认证、账务处理、费用审核等多个财务领域中，其中在账务处理流程中使用财务机器人的比例高达

52.7%。在可预计的未来，财务共享服务中心可能会演变成财务自动化工厂，所有的常规工作都将由财务机器人完成。

**2. 财务共享服务的智能化**

智能技术的出现，使得财务共享服务更加智能化。智能 OCR（Optical Character Reader，光学字符阅读器）票据识别系统可以自动识别、提取票据关键要素并自动录入系统，为信息的记录、保存、分析、交流提供了可靠的途径；智能审核不但能够提高人工效率，还可以做到审核工作全程可溯源追踪；在风险管控方面，基于大数据和人工智能技术，一些复杂的算法和模型可以通过对风险特征的定义，在风险发生前进行预警。

**3. 财务共享服务的数字化**

财务共享服务中心通过应用人工智能、大数据等技术，在提高运营效率的同时，通过信息系统搭建和业务数据挖掘，为管理决策提供支持，助力企业数字化转型。

信息技术是财务共享服务中心数字化转型的动力，现代财务信息系统架构通常包括会计核算系统、电子报账系统、银企互联、电子影像系统、资金管理系统和电子档案系统等。在此基础上，可以建立财务数据集市，并最终进行报表展示。

财务共享服务中心在大数据的环境下，其职能将逐步分化出一部分，转而形成数据中心，进行数据采集、数据分析、数据可视化应用。目前，很多企业开始建设数字看板或综合运营驾驶舱，为管理层决策提供数据支持。调研显示，已制定长期发展规划的受调研企业中，83.58%的企业将探索数字技术应用、强化数据赋能作为财务共享服务中心的核心战略规划方向之一。可见，推动财务共享服务中心向企业数据中心升级已成为共享服务战略定位演进的一大重要趋势。

**4. 财务共享服务的一体化**

信息技术的变革首先改变的是财务共享服务各类业务的源头，进而加速推动业财一体化的进程，并带来财务共享服务流程的深刻改变。以采购管理为例，传统的非大宗物资采购流程指业务部门通过招标完成采购选型，供应商履约后获取财务凭证进行报销。在这种模式下，业务采购、履约和财务流程是割裂开的。随着智能技术的发展，采购方式也在发生改变，企业希望在供应商产品的选择上，增加更多的人机交互场景，将多家供应商的同质产品放在一个平台上进行比价，由用户来主动选择最终的产品，形成类似电子商务的交易模式。

财务转型更多的是业务端的财务转型，不仅仅是共享中心，实现业财一体化对财务的要求非常高。业财一体化的财务共享服务中心让原本分散的风险处于集中、可控的状态。业财融合、流程再造、管控前移，使得财务人员更懂业务，进而能够更好地支持业务分析与决策。随着财务共享模式的成熟度不断提高，业务和财务将进一步融合，未来将逐渐明确业务和财务的工作定位和职责范围，加速业财一体化的进程。

**工作指导**

## 一、财务共享服务中心工作认知

不同企业对财务共享服务中心的战略定位会因企业战略发展的需要有不同考虑：有的作为企业的后台职能平台，用于提高资源的配置效率，降低成本；有的作为财务转型的基础，加大财务对企业经营管理的支持；有的作为总部财务管控的方式，加强对分支机构运营情况的管控。每个行业、每个企业的财务共享服务中心会根据企业自身的经营特点和管理需要设置不一样的部门或岗位。根据财务共享服务中心的服务对象、功能定位、运营模式以及与企业整体战略的关系，财务共享服务中心可划分为集团管控型财务共享服务中心和社会服务型财务共享服务中心。集团管控型财务共享服务中心一般按业务循环设置组织架构，而社会服务型财务共享服务中心一般按职能设置组织架构。

## 二、集团管控型财务共享服务中心的组织架构及岗位设置

集团管控型财务共享服务中心通常与集团财务部、业务单元财务部并存，开展业务协作，其组织架构一般划分为作业处理、运营支持和标准化等部门，如图 1-1 所示。

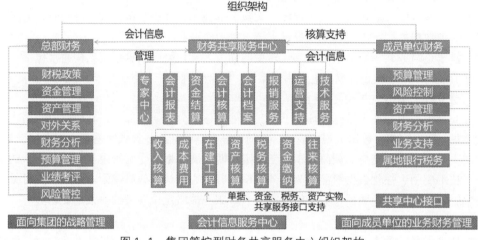

图 1-1　集团管控型财务共享服务中心组织架构

集团管控型财务共享服务中心的作业处理部门即会计核算部门，一般可以划分为采购与应付、销售与应收账款、费用报销、资金结算、总账、资产核算等业务循环，也有很多企业按此设置岗位。

宝钢的财务共享服务中心是一个典型的财务共享服务中心，由 8 个小组构成，涵盖了会计核算能够共享的主要流程，细化了 242 个子流程，对应 242 个岗位类型。海尔的财务共享服务中心分为 9 个业务小组，内部组织设置同样遵循了财务流程，服务 10 大类流程及 120 个子流程，涵盖了会计核算的所有内容。

## 三、社会服务型财务共享服务中心的组织架构及岗位设置

相对于集团管控型财务共享服务中心，社会服务型财务共享服务中心组织架构的设计较为简单，其岗位一般按职能设计。以社会服务型财务共享服务中心为例，职能部门主要包括核算中心、行政中心、市场中心、客服中心、质监部等。其中，核算中心下设录入部、审核部和报税部。录入部负责建账、期初数据录入、票据录入、复核等工作，常设收发会计、整理扫描会计、录入会计、审核会计、算税会计、报税会计等岗位；审核部负责凭证、账簿、报表的审核及税务检查等工作；报税部负责纳税申报、抄税等工作。

## 四、财务共享服务中心财务人员能力要求

在不断变革的环境与组织中，财务人员不仅应主动拥抱变化，还要能够成为推动转型的变革

者；不仅要具备扎实的专业知识，还要成为理解业务、懂得技术、具备数字思维的复合型人才。ACCA 在《专业会计师：可持续组织的核心》报告中提出了未来可持续业务与财务人员需具备的新兴核心素养，包括专业能力、职业道德、洞察力、可持续发展、合作、数字技术、推动力等。这些素养全面反映了财务工作未来所依赖的技能、知识和行为方式。

据《2022 年中国共享服务领域调研报告——迈向世界一流》的调查结果，受调研企业希望财务共享服务中心财务人员具备的排在前五的核心能力分别是财务专业核心能力、数据洞察与分析能力、信息系统使用能力、情商与沟通协调能力、新兴技术认知和应用能力，如图 1-2 所示。

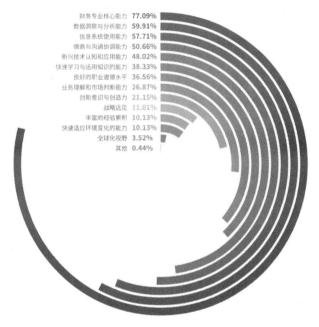

图 1-2　财务共享服务中心财务人员需要具备的能力

 **业务训练**

## 一、单选题

1. 关于共享服务，下列说法错误的是（　　　）。
   A. 共享服务是在具有多个运营单元的企业中发挥组织管理功能的一种方式
   B. 共享服务是企业将原来分散在不同业务单元进行的事务性或者需要充分发挥专业技能的活动，从原来的业务单元中分离出来
   C. 共享服务是非专门成立的非独立实体
   D. 共享服务是依据正式或非正式的契约即服务水平协议收取费用的服务活动

2. 下列说法中，（　　　）不是共享服务的优势。
   A. 提升企业核心竞争力　　　　　　　B. 优化资源配置
   C. 降低企业成本　　　　　　　　　　D. 提高员工综合素质

3. （　　　）不是财务共享服务的特点。
   A. 非营利性与公益性　　　　　　　　B. 流程优化与再造
   C. 规模化与专业性　　　　　　　　　D. 服务协议与客户

4. 录入部负责的工作是（　　　　）。

    A. 人员管理及信息录入　　　　　　　　B. 期初数据录入

    C. 凭证审核　　　　　　　　　　　　　D. 税务检查

## 二、多选题

1. 集团管控型财务共享服务中心通常与集团财务部、业务单元财务部并存，开展业务协作，其组织架构一般划分为（　　　　）等部门。

    A. 作业处理　　　　B. 运营支持　　　　C. 标准化　　　　D. 档案管理

2. 集团管控型财务共享服务中心的作业处理部门即会计核算部门，一般可以划分为（　　　　）等业务循环。

    A. 采购与应付　　　　B. 销售与应收账款　　　C. 费用报销　　　D. 资产核算

3. 一般情况下，社会服务型财务共享服务中心的核算中心下设（　　　　）。

    A. 录入部　　　　B. 资产部　　　　C. 审核部　　　　D. 报税部

4. 从财务共享服务中心的建设目的出发，财务共享服务中心可以分为（　　　　）。

    A. 成本节约型　　　　　　　　　　　　B. 管控型

    C. 成本节约与管控结合型　　　　　　　D. 核算型

5. 财务共享服务中心财务人员需要具备的能力包括（　　　　）。

    A. 扎实的专业知识　　B. 理解业务　　　　C. 懂得技术　　　D. 具备数字思维

## 三、判断题

1. 业财一体化的财务共享服务中心让原本分散的风险处于集中、可控的状态。（　　　　）

2. 共享服务作为创新管理模式可运用于不同领域，例如人力资源共享、信息技术共享等，共享服务在财务领域的应用被称为"财务共享服务"。（　　　　）

3. 共享服务在中国企业中尚未广泛应用，企业很难结合管理特点和业务需要建立适应自身的建设模式。（　　　　）

4. 在不断变革的环境与组织中，财务人员不仅应主动拥抱变化，还要能够成为推动转型的变革者，要成为具备扎实的专业知识的复合型人才。（　　　　）

5. 云计算、人工智能等新兴技术的成熟与落地为共享服务行业带来了新的挑战和机遇。（　　　　）

6. 财务共享服务以"服务"的角色身份从事业务，按照传统财务职能部门的工作模式开展工作，服务对象的数量越多，所体现的规模优势就越明显。（　　　　）

## 任务评价

完成了财务共享服务认知的任务学习，参照下表判断自己对工作任务的掌握程度。已掌握的打√，未掌握的填写在工作记录与反思中。

| 工作任务 | 任务要求 | 掌握情况 |
| --- | --- | --- |
| 认识财务共享服务 | 理解财务共享服务的含义和特点 | |
| 熟悉集团管控型财务共享服务中心的工作组织 | 掌握集团管控型财务共享服务中心的组织架构、岗位设置 | |
| 熟悉社会服务型财务共享服务中心的工作组织 | 掌握社会服务型财务共享服务中心的组织架构、岗位设置 | |
| 了解财务共享服务中心财务人员能力要求 | 知道财务共享服务中心财务人员的核心能力要求，树立终身学习的目标 | |

【工作记录与反思】

| 时间 | |
|------|---|
| 工作任务 | |
| 任务目标 | |
| | |
| 遇到的问题 | |
| | |
| 经验总结（解决问题的办法） | |
| | |

# 项目二

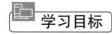

# 财务核算工作

## 学习目标

### 知识目标

1. 掌握企业期初建账的原理及财务云共享中心平台期初建账的系统操作。
2. 了解财务云共享中心平台票据的分类标准，掌握票据分类及录入的方法。

### 能力目标

1. 能够收集代理服务企业信息并为企业建档。
2. 能够收集代理服务企业建账资料并为企业建立账套。
3. 能够根据企业经营管理需要，为代理服务企业设置会计科目、录入期初数据。
4. 能够正确扫描票据，根据财务云共享中心平台规则整理与录入票据。
5. 能够正确审核财务云共享中心平台原始凭证和记账凭证。
6. 能够完成平台过账的操作。
7. 能够对主要账户和期末事项进行审核。
8. 能够在平台生成财务报表并审核。

### 素质目标

1. 具备一丝不苟、精益求精的工匠精神，能为代理服务企业正确进行财务核算。
2. 具备"坚持诚信、守法奉公，坚持准则、守则敬业，坚持学习、守正创新"的会计职业道德。

## 学习引领

　　财务共享服务中心（Financial Shared Service Center）是近年来流行起来的会计核算管理方式。它将不同国家、地区的实体会计业务拿到一个共享服务中心来记账和报告，可以保证会计记录和报告规范、结构统一，而且由于不需要在每个公司和办事处都设会计，能节省大量人工成本。

　　如果企业达到了一定规模、拥有众多分支机构，且经营内容相对单一，总部又有集中财务管理、强化对分支机构管控的需求，即可考虑建立财务共享服务中心。目前，建立财务共享服务中心已得到集团型企业的广泛认可，可以说这是未来企业集团账务管理的趋势。把总部和各分/子公司的会计核算集中到一起来处理，可以实现：会计核算效率高、成本低；会计独立性高，监控能力强；会计数据口径统一，绩效考核更加公平。

　　财务共享服务中心建立后，会计核算工作会实现集中处理，零散的会计核算业务会被整合为标准化模块。会计核算是规则性极强的工作，目前由计算机系统自动生成会计分录替代手工录入凭证已不存在技术障碍。在运算逻辑上，会计核算完全可做到自动化。通过标准化的流程，把会计分录的编制规则定义好，输入系统中，系统就能依照规则把账务处理好，人工判断和操作较少。

【思考】财务共享服务的发展给企业及会计人员带来的机遇和挑战有哪些？

# 工作任务一　期初建账

## 任务导入

动画视频

会计职业道德

北京万舞培训有限公司与勤诚财务共享中心签订委托代理记账协议。协议签订后，北京万舞培训有限公司提供了相关的资料，勤诚财务共享中心对该企业的资料进行了整理与确认。首先，由行政中心的人员对该企业资料进行建档，将期初建账所需的资料交给核算中心，会计人员先认真熟悉了勤诚财务共享中心的操作规范，然后根据业务资料，在财务云共享中心平台建立账套、设置会计科目和录入期初数据。圆满完成期初建账工作，既需要具备会计基础知识，也需要掌握期初建账的平台操作，会计人员该如何胜任这一工作呢？

## 预备知识

### 一、会计对象、会计要素和会计科目的关系

会计对象、会计要素和会计科目三者密切相连，互为依存，越分越细，从而满足了会计进行分类核算、提供详略不同的各种会计信息的需要。它们之间的层次关系如图 2-1-1 所示。

图 2-1-1　会计对象、会计要素和会计科目的层次关系

### 二、启用会计账簿

知识链接

会计账簿的含义
及分类

财务共享服务中心会计在为代理企业启用账套完成期初建账工作前，需要先对会计账簿有基本的了解，知道每一种账簿的用途。

为了保证会计账簿记录的合法性和资料的完整性，明确记账责任，会计账簿应当由专人负责登记。《会计基础工作规范》第五十九条规定，启用会计账簿时，应当在账簿封面上写明单位名称和账簿名称。在账簿扉页上应当附启用表，内容包括启用日期、账簿页数、记账人员和会计机构负责人、会计主管人员姓名，并加盖名章和单位公章。记账人员或者会计机构负责人、会计主管人员调动工作时，应当注明交接日期、接办人员或者监交人员姓名，并由交接双方人员签名或者盖章。启用订本式账簿，应当从第一页到最后一页顺序编定页数，不得跳页、缺号。使用活页式账页，应当按账户顺序编号，并须定期装订成册。装订后再按实际使用的账页顺序编定页码。另加目录，记明每个账户的名称和页次。

社会服务型财务共享服务中心为各类中小微企业代理记账。在为代理记账企业建立账套时，需要正确填写记账企业的名称、所处行业、适用的纳税人制度、会计制度及所属会计期间；需要根据建账时选择的会计制度，检查财务云共享中心平台设置的会计科目是否符合企业的经营需要，

当确认会计科目设置没有问题时从末级科目开始完成期初余额的录入并进行试算平衡，试算平衡通过即在财务云共享中心平台完成了代理记账企业的期初建账。

**工作指导**

财务共享服务中心的行政专员需要先对客户的资料进行建档，收集并保存所需的全部资料后，交给会计人员建立企业的账套。会计人员根据企业的业务经营范围设置相关的会计科目，录入期初数据。

财务共享服务中心期初建账工作的业务流程包括企业信息建档、建账资料收集、企业账套建立、会计科目设置、期初数据录入五个环节，如图2-1-2所示。

图2-1-2　期初建账业务流程

## 一、企业信息建档

企业信息建档，是指通过收集企业基本资料（包括企业营业执照副本、法定代表人身份证复印件、企业财务制度、公司章程复印件等），将企业名称、地址、联系人、联系方式等基本信息收集齐全，并对收集资料的真实性、合法性进行审查，审查无误后，会计人员登录财务云共享中心平台进行建档操作。在建档时，应确保录入的企业档案信息全面、详细、真实。

## 二、收集建账资料

无论是新设企业建账，还是持续经营期间的企业建账，企业都应提供健全的财务资料，包括企业的银行账户开户信息、税务账户密码、员工名单、财务报表等，以便开展建账工作。

> **说明**
> 在财务云共享中心平台，企业信息建档和建账是同时进行的。在实务工作中，有些平台是将建档和建账分开完成的，但企业提供的资料不变。

实务工作中，会计人员在建账时，可以通过资料交接清单对以上材料进行收集，同时还要对收集到的企业信息资料进行审查，确保合法、真实、完整、有效。如果发现企业提供的资料不全，应及时做好沟通工作，补全所需资料。

## 三、建立企业账套

建账资料准备完毕，即可登录财务云共享中心平台，创建账套信息。这一环节需要填写的信息有企业名称、所属行业、纳税制度、会计制度、建账期间等。其中，会计人员需要根据企业提供的资料，对企业所属行业、纳税制度、会计制度这三部分的内容做判断。

### （一）企业所属行业

实务工作中，常见的行业类型包括商品流通行业、服务行业、建筑行业、餐饮行业、货运代理行业、培训服务业、会务业、广告业、物流业、制造业等，会计人员需要通过查看企业营业执照副本复印件中的经营范围，在建账模块中选择所属行业。

## （二）纳税制度

纳税人分类的基本依据是纳税人的会计核算是否健全及企业规模的大小。会计人员根据一般纳税人和小规模纳税人的认定标准选择纳税制度。财务云共享中心平台中纳税制度的设置选项如图 2-1-3 所示。

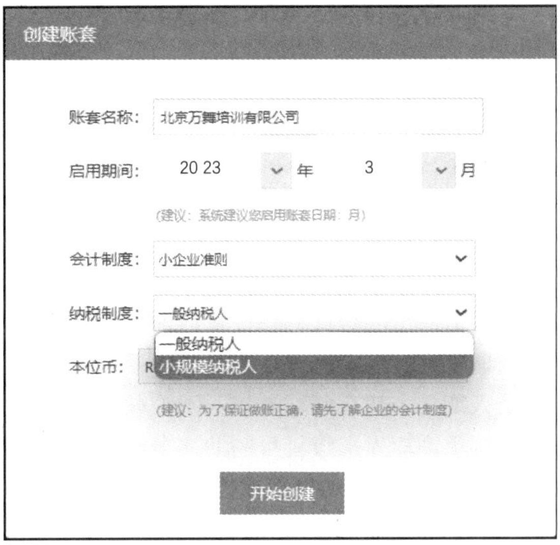

图 2-1-3　选择纳税制度

## （三）会计制度

企业初次建账时，选择合适的会计制度很关键，因为这会直接影响后续会计科目的设置及会计核算的方法。会计制度的选择依据有企业的规模、业务量、业务特点，可供选择的企业会计制度包括企业会计准则、小企业会计准则。小企业会计准则适用于经营规模较小、经济业务相对简单的企业，有特殊要求的企业除外。财务云共享中心平台中会计制度的设置选项如图 2-1-4 所示。

图 2-1-4　选择会计制度

## 四、设置会计科目

会计科目的设置是期初建账工作的关键环节，关系到日后的会计核算。在设置过程中，应遵循合法性原则、相关性原则、实用性原则。由于经济业务活动的具体内容、规模大小与业务繁简程度等情况不尽相同，在具体设置会计科目时，应考虑企业自身特点和具体情况。

微课

会计科目与账户

企业选用不同的会计制度，其会计科目的设置也会有所差异。《小企业会计准则》与《企业会计准则》中会计科目的设置也存在区别。

根据建账时选择的会计制度，财务云共享中心平台内置了相应的常见会计科目，需检查内置的会计科目是否符合企业的经营需要。检查确认后，根据企业的实际情况可自行增设、分拆、合并会计科目；企业不存在的交易或者事项，可不设置相关会计科目。

## 五、录入期初数据

新设企业无期初数据，完成上一步的会计科目设置，即完成了期初建账的操作流程。而持续经营的企业，则需根据提供的期初余额表，进行期初数据的录入。

财务云共享中心平台中录入期初余额有两种方式：手工录入和 Excel 导入。

（1）手工录入方式下，直接手动输入末级科目的期初余额，上级科目会自动累加金额。输入辅助核算类科目时，应注意输入辅助账的期初明细。红字金额应以负数表示。

（2）实务工作中，通过 Excel 导入期初余额更加方便、准确。采用 Excel 导入方式，需下载平台中的期初余额表模板，并与原来的期初余额表的格式对比是否一致。如果一致，则可直接将原来的期初余额表导入上传；如果不一致，则按下载的模板调整一致后再导入。

 **业务训练**

### 一、单选题

1. 期初建账的时间，可以发生在（　　　）。
   A. 年初　　　　　　B. 年中　　　　　　C. 年末　　　　　　D. 以上都可以

2. 期初余额不平衡时，查找错误的顺序为（　　　）。
   ① 分别核对资产类、负债类、损益类的合计数与期初余额是否一致
   ② 查看一级科目余额是否与期初余额一致
   ③ 查看明细科目余额录入是否正确
   ④ 查看科目余额的录入方向是否正确
   A. ③①②④　　　B. ④③②①　　　C. ②①③④　　　D. ①②③④

3. 在财务云共享中心平台中期初建账时，如果会计科目设置错误，下列选项中可以修改的按钮是（　　　）。

A.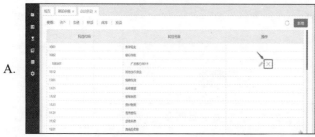

B.

C.

D. 以上都不是

4. 财务共享服务中心期初建账业务流程的第一步是（　　　）。

　　A. 企业信息建档　　B. 收集建账资料　　C. 建立企业账套　　D. 设置会计科目

5. （　　　）不是所有企业期初建账都有的业务流程。

　　A. 设置会计科目　　B. 收集建账资料　　C. 建立企业账套　　D. 录入期初数据

## 二、多选题

1. 在财务云共享中心平台中，期初建账的工作步骤有（　　　）。

　　A. 收集建账资料　　　　　　　　　　B. 新建企业账套

　　C. 设置会计科目　　　　　　　　　　D. 录入期初数据

2. 企业信息建档前，会计人员需要收集企业基本资料，基本资料包括（　　　）。

　　A. 企业营业执照副本　　　　　　　　B. 法定代表人身份证复印件

　　C. 企业财务制度　　　　　　　　　　D. 公司章程复印件

3. 建账资料准备完毕，即可登录财务云共享中心平台，创建账套信息。平台需要填写的信息有（　　　）。

　　A. 企业名称　　　B. 所属行业　　　C. 纳税人制度　　　D. 会计制度

4. 财务云共享中心平台中，录入期初余额的方式有（　　　）。

　　A. 手工录入　　　B. 自动生成　　　C. Excel 导入　　　D. 数据库导入

5. 会计科目设置过程中，应遵循的原则有（　　　）。

　　A. 合法性原则　　B. 相关性原则　　C. 成本效益原则　　D. 实用性原则

## 三、判断题

1. 在财务共享服务中心收集建账资料时，新设企业和持续经营期企业收集的建账资料相同。

　　　　　　　　　　　　　　　　　　　　　　　　　　　　　　　　　　（　　　）

2. 财务云共享中心平台中只能采用手工方式录入期初余额。　　　　　　　　（　　　）

3. 期初余额表下载后，不可以直接导入财务云共享中心平台。　　　　　　　（　　　）

4. 进入财务云共享中心平台电算化系统，必须要初始化期初余额后才能做账。（　　　）

5. 企业设置会计科目时，二级科目均按企业实际要求设置，不必按照国家统一规定的标准设置。 （　　）

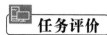 **任务评价**

完成了财务云共享中心平台的期初建账任务学习，参照下表判断自己对工作任务的掌握程度。已掌握的打√，未掌握的填写在工作记录与反思中。

| 工作任务 | 任务要求 | 掌握情况 |
| --- | --- | --- |
| 收集企业资料 | 保证企业资料齐全、真实、合法、有效，整理有序 | |
| 收集建账资料 | 保证录入信息准确、完整 | |
| 为企业建立账套 | 保证录入信息准确、完整 | |
| 设置会计科目 | 结合会计制度合理设置科目 | |
| 录入期初余额 | 准确录入期初数据并试算平衡 | |

【工作记录与反思】

| 时间 | |
| --- | --- |
| 工作任务 | |
| **任务目标** | |
| | |
| **遇到的问题** | |
| | |
| **经验总结（解决问题的办法）** | |
| | |

# 工作任务二　录入票据

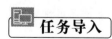 **任务导入**

每月月初，北京万舞培训有限公司将财务资料邮寄到勤诚财务共享中心。勤诚财务共享中心的收发会计需要对该企业的资料进行核对。核对无误后，转交给整理扫描会计进行分拣、编号、扫描上传至财务云共享中心平台；录入会计再将平台的电子票据按照票据类型进行整理。票据整理好以后，按勤诚财务共享中心的票据分类标准，逐类提取票据核算信息，系统会自动生成记账凭证。如何对票据进行整理录入呢？让我们从认识票据开始吧！

微课

会计凭证的分类

## 预备知识

# 一、认识票据

票据即原始凭证，是会计记账基础的资料，是证明企业经济业务发生的有效证据。原始凭证又称原始单据、单据，它是指在经济业务发生或完成时取得或填制的，用于载明经济业务发生或完成各事项的原始资料。

原始凭证按其形成或取得的来源不同，分为自制原始凭证和外来原始凭证两种。

## （一）自制原始凭证

自制原始凭证按其填制方法不同，可分为一次原始凭证、累计原始凭证和汇总原始凭证等。

### 1. 一次原始凭证

一次原始凭证是指只反映一项或同时反映若干项同类性质经济业务且填制手续一次完成的原始凭证，如借款单、领料单、出库单、入库单、销售发票、支票存根等。北京万舞培训有限公司的销售发票（增值税普通发票）属于一次原始凭证，如图 2-2-1 所示。

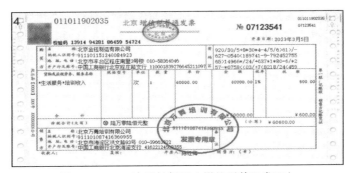

图 2-2-1　一次原始凭证（增值税普通发票）

### 2. 累计原始凭证

累计原始凭证是指在一定时期内对若干项同类经济业务进行连续记录的原始凭证，如限额领料单。

### 3. 汇总原始凭证

汇总原始凭证是指将一定时期内反映相同经济业务的多张原始凭证，按照一定标准汇总填制的原始凭证，如发料凭证汇总表、工资汇总表（见图 2-2-2）等。

图 2-2-2　汇总原始凭证（工资汇总表）

## （二）外来原始凭证

外来原始凭证是指从本单位以外的其他单位取得的载明与本单位相关的经济业务的原始凭证，如购货发票、银行结算凭证、运费收据等。

# 二、识别票据

外来原始凭证来自与本单位发生经济往来关系的外单位。外来原始凭证都是一次原始凭证。由于外来原始凭证取得的复杂性给识别外来原始凭证带来了极大的困难，因此，必须按照原始凭证的不同来源加以识别，以防止虚假外来原始凭证进入本单位，给会计核算的工作带来损失。

（1）要学会对国家统一规定格式的原始凭证（如增值税专用发票、行政事业性收费统一收据、飞机票、火车票、汽车票、银行结算凭证、进账单等）进行正确认识，能够准确辨别真伪。

（2）要能够对各外单位开具的原始凭证进行有效识别，看其是否符合原始凭证填写的基本要求。

（3）要弄清外来原始凭证的序号、相关联次之间的关系。对有疑义的外来原始凭证要向签发单位询问，以确保其真实性。

# 三、整理票据

财务共享服务中心会计获取票据时，可先详细翻阅一遍，剔除不合规的票据，再进行分类处理。在实务工作中，整理扫描会计的票据整理工作主要分为两个环节：第一步，根据票据信息读懂业务内容，判断业务类型；第二步，对重点内容做票据审核。票据整理的过程就是票据识别、审核和分类的过程。不同的财务云共享中心平台在票据分类上略有不同，但票据整理的原理是一样的。

## （一）判断业务类型及票据

根据不同类型的经济业务，整理扫描会计可以大体将票据分为八大类型，分别是销售类、收款类、转款类、采购类、费用类、付款类、工资类、成本类。对于无法准确归类到这八大业务类型中的票据，记入其他。因此，判断何种票据对应何种业务类型是十分关键的。常见的业务类型及票据如表 2-2-1 所示。

表 2-2-1　　　　　　　　　　常见的业务类型及票据

| 业务类型 | 业务内容 | 票据名称 |
| --- | --- | --- |
| 销售类 | 销售商品、销售原材料等 | 发票（记账联）等 |
| 收款类 | 销售收款、提供应税服务等 | 银行业务回单（收款）凭证等 |
| 转款类 | 支付货款、存/取现等 | 银行业务回单（付款）凭证、国内支付业务收/付款回单等 |
| 采购类 | 采购商品、采购原材料等 | 发票（发票联）等 |
| 费用类 | 支付房屋租赁费、物业管理费、快递费、交通费、差旅费、业务招待费、会计服务费等 | 普通报销单、差旅费用报销单、发票（发票联）等 |
| 付款类 | 支付货款、银行手续费或缴纳税费等 | 银行业务回单（付款）凭证、银行电子缴税付款凭证等 |
| 工资类 | 计提工资、发放工资等 | 工资汇总表、工资明细表等 |
| 成本类 | 领用材料、产成品入库等 | 出库单、库存盘点单据等 |
| 其他 | 盘亏/盘盈业务、结转未交增值税、计提个人所得税等 | 盘亏/盘盈计算表、未交增值税计算表等 |

### （二）审核票据内容

#### 1. 核对销售类业务票据内容

抄税清单详细登记了企业开具的所有增值税专用发票，可用作抄税依据。将整理好的销售类票据与抄税清单核对，便可以清楚知道企业销售业务是否出现遗漏、账证不符等情况。如果发现销售类票据出现遗漏，需及时与提供票据的人员沟通，补足票据。

实务中，有些业务的销售金额很小，且是对个人销售的，很多都不开发票，但是这部分收入也是经营者的应税收入，需要依法申报纳税。因此，整理扫描会计在整理票据时，发现有无票收入的，要及时做好统计工作。

#### 2. 核对采购类业务票据内容

如果企业是增值税一般纳税人，发生采购业务，收到供应商开具的增值税专用发票，需在规定的期限内进行发票认证，生成认证清单。因此，将已认证的进项发票相关数据与认证清单进行核对，可以有效地检查采购类业务票据是否齐全，避免企业多缴税。

#### 3. 核对往来款项业务票据内容

对往来款项业务，整理扫描会计须将各银行回单与银行对账单逐笔核对，对未达账项及未到记账所属期的票据进行标注。

📑 工作指导

## 一、扫描票据

为了便于业务处理及方便查找，需将各类票据编号并扫描上传至财务云共享中心平台。实务中，根据企业的业务量和财务工作人员的习惯，不同平台对票据编号的规范也略有不同。例如一家企业有多个工厂，可以按工厂编码对票据编号分类，而有些商品流通企业按照业务类型对票据编号分类。

按照票据编号规则进行票据编号后，即可进行票据扫描上传的工作。票据扫描上传的工作流程如图 2-2-3 所示。

图 2-2-3　票据扫描上传工作流程

#### 1. 建立存放路径

票据扫描前，需先在计算机里建立图片的存放路径。

#### 2. 逐张（或批量）扫描

将与扫描驱动相符的扫描仪连接到计算机，进行票据扫描。实务工作中，根据扫描仪型号的不同，可进行单张票据的扫描或者批量票据扫描。扫描仪的类型及用途可扫描右侧二维码了解。

知识链接

扫描仪的类型及用途

在票据扫描过程中，应注意以下五点事项。

（1）编号清晰。切记不要连笔写编号，避免让人看不清楚。

（2）便笺纸粘贴到空白区。如果是同一类票据，可以放在一起，把同一类票据的金额相加后写到便笺纸上，并贴到首张票据上，这时候要求便笺纸一定要粘贴到空白区，尽量不要遮挡住票面上的原始信息。

（3）使用夹板。打车票或者停车票，由于特别小，为防止卡纸，可以使用夹板。

（4）一次扫描适量票据。一次扫描的票据量要适当，如果太多会造成严重的卡纸，影响工作效率。

（5）检查清晰度。扫描完成后一定要检查票据的清晰度，如果没有问题，这项工作就完成了，假如存在不清晰的票据，应重新扫描。

### 3. 导入票据

在保证票据扫描的信息清晰的前提下，将票据导入财务云共享中心平台。票据导入的具体操作步骤如下。

登录财务云共享中心平台，选择智能记账模式下的【企业库】选项，然后选择要上传的票据，执行【票据管理】—【导入票据】—【账务资料】命令，选择期间为【202303】，单击【+继续添加】按钮，选择要上传的图片。单击【导入】按钮，即完成票据导入工作，如图 2-2-4 所示。

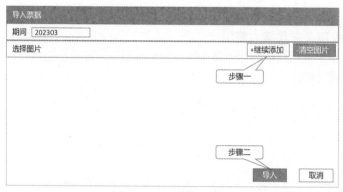

图 2-2-4　导入票据

## 二、录入票据

整理扫描会计完成票据整理、扫描并上传财务云共享中心平台后，即可交由录入会计完成后续票据录入工作。

财务云共享中心平台录入会计进行票据录入工作前，应先获取后台票据，操作如下。

（1）登录财务云共享中心平台，选择企业所属行业及名称、记账归属日期，如图 2-2-5 所示。

微课

录入票据

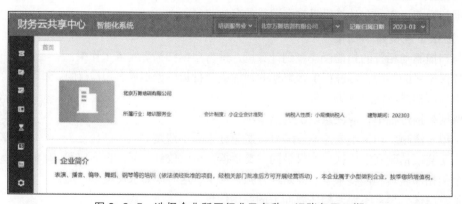

图 2-2-5　选择企业所属行业及名称、记账归属日期

（2）执行【影像管理系统】—【影像获取】命令，打开【影像获取】页面。单击【上传影像】按钮，即可完成获取票据的操作，如图 2-2-6 所示。

图 2-2-6　获取票据

票据录入工作的核心要点在于，将整理后上传至财务云共享中心平台的票据，根据系统的要求，录入相关票据信息。

下面以北京万舞培训有限公司的业务票据为例，对整理后的销售类、收款类、转款类、采购类、费用类、付款类、工资类、成本类、其他等票据进行录入。

### 1. 销售类票据

企业发生销售业务，需向客户开具发票，确认销售收入。常见的销售类票据包括增值税专用发票、增值税普通发票、增值税电子普通发票打印件、全面数字化的电子发票、税务局代开的增值税专用发票、发货清单（无票收入统计表）等。

发票上有"代开"字样时，销售方尽管是税务机关，该发票也属于销售类单据。这是因为企业销售业务发生后，采购方需要增值税专用发票，而纳税人若无资格开具，就只能向税务机关申请代为开具增值税专用发票。需要特别提醒的是，销售免税商品不能开具增值税专用发票。

财务云共享中心平台要求在录入销售类票据时，应准确判断业务内容，解读票据信息。在判别销售类票据时，需要抓住三个关键点：发票名称、发票联次、购销企业信息。根据发票名称，

微课

核算销售过程业务

可以了解企业是一般纳税人还是小规模纳税人。企业发生销售业务时，增值税专用发票第二联抵扣联和第三联发票联提交给购货方，第一联记账联用于企业财务部做账；增值税普通发票第二联发票联提交给购货方，第一联记账联用于企业财务部做账。北京万舞培训有限公司取得增值税普通发票（记账联）如图 2-2-7 所示。查看发票购销企业信息，可以确认企业应为销售方，客户应为购买方。

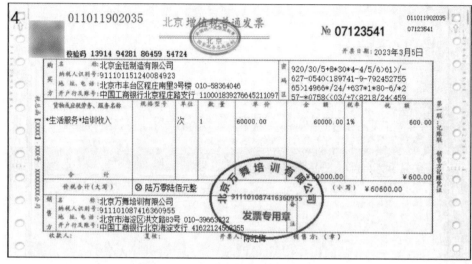

图 2-2-7　增值税普通发票（记账联）

【票据信息解读】北京万舞培训有限公司为北京金钰制造有限公司提供培训服务，不含税金额60 000 元，税额 600 元，价税合计 60 600 元。

在财务云共享中心平台智能化系统下录入销售业务时，应关注票据编号、票据类型、现金结算、现金金额、业务类型、往来单位、业务特征、未税金额、税率、税额、价税合计等信息，并完成【影像整理】模块和【智能凭证中心】模块的设置。

（1）执行【影像管理系统】—【影像整理】命令，如图 2-2-8 所示。

图 2-2-8　销售类票据录入步骤（1）

（2）根据整理扫描会计在每张票据左上角所写的编号，在【影像整理】页面右侧录入票据编号为【4】，如图 2-2-9 所示。

图 2-2-9 销售类票据录入步骤（2）

（3）单击【票据类型】下拉按钮，在下拉列表中选择【销售】选项，如图 2-2-10 所示。

图 2-2-10 销售类票据录入步骤（3）

（4）查看发票上是否有"现金"字样。如果发票上有"现金"字样，说明该笔销售业务采用现金方式收款，需输入相应的金额。如果发票上未出现"现金"字样，现金结算选中【否】，系统默认现金金额为【0】，如图 2-2-11 所示。

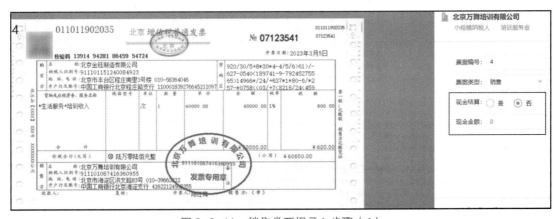

图 2-2-11 销售类票据录入步骤（4）

（5）完成【影像整理】模块的录入工作后，单击左侧【智能凭证中心】菜单，如图 2-2-12 所示。

图 2-2-12　销售类票据录入步骤（5）

（6）打开【智能凭证中心】页面，右侧的【业务类型】下拉列表中会显示【应税收入】【免税收入】两个选项。根据发票上的税率栏信息判断业务类型为【应税收入】，系统会自动弹出往来单位、业务特征、未税金额、税率、税额、价税合计等信息，如图 2-2-13 所示。

图 2-2-13　销售类票据录入步骤（6）

（7）相对于销售方来说，往来单位就是购买方，也称为企业的客户。【往来单位】项目中需要输入客户全称。因此，需根据发票上的购买方信息，在【往来单位】下拉列表中选择【北京金钰制造有限公司】，如图 2-2-14 所示。

图 2-2-14　销售类票据录入步骤（7）

（8）销售类业务特征分为"服务收入"和"货物及劳务"两种，根据发票中货物或应税劳务、服务名称栏信息判断本业务特征为【服务收入】，如图 2-2-15 所示。

图 2-2-15　销售类票据录入步骤（8）

（9）根据发票上的金额信息，录入未税金额、税率，系统会自动核算出【税额】【价税合计】项目的数据，如图 2-2-16 所示。

图 2-2-16　销售类票据录入步骤（9）

完成以上 9 个步骤的操作，即完成了销售类票据录入工作。在实际操作过程中，经济业务是各式各样的。录入会计应掌握各项经济业务对应的税率及归属的业务类型。

通常情况下，发票上的"税率"栏标注税率为 13%、9%、6% 或者征收率为 5%、3%、1.5% 的，划分为应税收入；而发票上的"税率"栏标注"免税""0"字样的，划分为免税收入。

**2. 收款类票据**

企业发生收款业务，会收到银行收款回单。常见的收款类票据包括银行电子回单、借款借据（收账通知）、证券交易对账单、收款收据等。

在收款类业务中，国家法律、法规对企业收到股东投资款做了相关规定。《中华人民共和国公司法》（以下简称《公司法》）强化了股东的出资义务和责任，新增了股东出资期限、多种情况的连带责任及补充责任、股东出资加速到期、股东失权等约束性条款。这要求企业财务人员积极协助和监督股东按时、准确完成出资义务，有效预防和降低企业经营与管理中的法律和财务风险。

微课

核算资金筹集业务

录入会计收到收款类票据时，应重点关注付款人的信息、金额、摘要附言用途，以便明确资金的来源，判断该来源的资金属于何种收款业务。

北京万舞培训有限公司收到的收款收据，如图 2-2-17 所示。

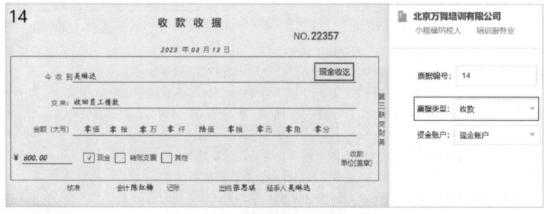

图 2-2-17　收款收据

**票据信息解读**：北京万舞培训有限公司收到企业员工吴琳达退回的预借差旅费剩余款，金额 600 元。

在财务云共享中心平台智能化系统中录入收款业务时，应关注以下业务信息：票据类型、资金账户、业务类型、往来单位、收款金额、银行手续费。

这里以北京万舞培训有限公司收款类票据收款收据的录入为例，具体操作步骤如下。

（1）根据整理扫描会计在每张票据左上角所写的编号，执行【影像管理系统】—【影像整理】命令，在【影像整理】页面右侧录入票据编号为【14】。

（2）根据收款收据的信息，在【票据类型】下拉列表中选择【收款】，如图 2-2-18 所示。

图 2-2-18　收款类票据录入步骤（1）

（3）根据收款收据上现金收讫的印章信息，在【资金账户】下拉列表中选择【现金账户】，如图 2-2-19 所示。

图 2-2-19　收款类票据录入步骤（2）

（4）完成【影像整理】模块的录入工作后，单击左侧【智能凭证中心】菜单。

（5）根据收款收据载明的用途，判断并选择业务类型。系统内置的业务类型包括销售收款、营业外收入、其他收款、收到出口退税、收回借款、股东投资款、借入款、利息收入、收到退款、政府补助、收回保证金/押金、银行退手续费、不征税项目收入。本业务属于收回借款业务，因此在【业务类型】下拉列表中选择【收回借款】，如图 2-2-20 所示。

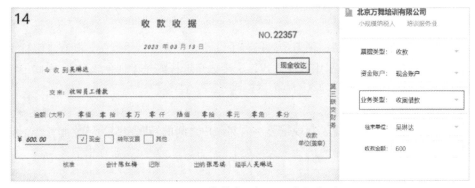

图 2-2-20　收款类票据录入步骤（3）

（6）业务类型会影响【往来单位】下拉列表内的选项。例如，业务类型选择【收回借款】，则系统会自动弹出【往来单位】【收款金额】项目，【往来单位】下拉列表中显示的是客户的企业名称或借款人姓名。根据收款收据交款人信息判断，应在【往来单位】下拉列表中选择【吴琳达】，如图 2-2-21 所示。

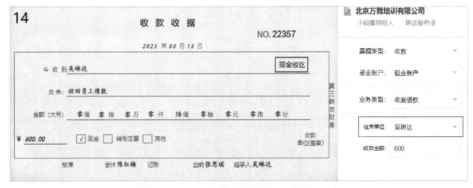

图 2-2-21　收款类票据录入步骤（4）

提示

　　如果企业收到销售商品的货款，业务类型为【销售收入】，则系统会自动弹出【往来单位】【收款金额】【银行手续费】项目。如果企业收到一笔对员工罚款的收入，业务类型为【营业外收入】，则系统会自动弹出【收款金额】项目，这时需要手动输入收款金额。

　　（7）根据收款收据中的金额信息，录入【收款金额】为【600】，如图 2-2-22 所示。

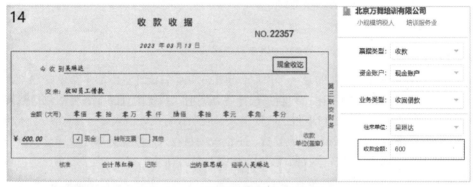

图 2-2-22　收款类票据录入步骤（5）

　　（8）若票据载明银行手续费，则需录入银行手续费。若无银行手续费，则在【银行手续费】项目处录入【0】即可。本业务采用收现方式，资金账户选择的是【现金账户】，因此不显示【银行手续费】项目。

　　3. 转款类票据

　　财务云共享中心平台将提现、存现、公司内部账户之间的转账定义为转款业务。企业发生转款业务，会收到银行回单等。常见的转款类票据有银行回单、现金支票存根等。

注意

　　如果一笔业务属于企业内部账户之间的转账，则取得的银行回单中收款方和付款方都是做账主体，或者收款方（付款方）一方为空。

　　在录入转款类票据时，应认清收款方和付款方的信息，明确资金的流向。

　　北京万舞培训有限公司的现金支票存根如图 2-2-23 所示。

图 2-2-23　现金支票存根

**票据信息解读：**北京万舞培训有限公司发生提取备用金业务，金额40 000元。

在财务云共享中心平台智能化系统录入规则下，要求录入转款业务时，应重点录入票据类型、收款账户、付款账户、业务类型、转款金额等信息。

以录入北京万舞培训有限公司转款类票据现金支票存根为例，具体操作步骤如下。

（1）根据整理扫描会计在每张票据左上角所写的编号，执行【影像管理系统】—【影像整理】命令，在【影像整理】页面右侧录入票据编号为【6】。

（2）根据现金支票存根的信息，在【票据类型】下拉列表中选择【转款】，如图2-2-24所示。

（3）系统自动弹出【收款账户】和【付款账户】项目。根据票据信息，在【收款账户】下拉列表中选择【现金账户】，在【付款账户】下拉列表中选择【工行海淀支行68355】，如图2-2-25所示。

图2-2-24　转款类票据录入步骤（1）　　　图2-2-25　转款类票据录入步骤（2）

（4）完成【影像整理】模块的录入工作后，单击左侧的【智能凭证中心】菜单。

（5）财务云共享中心平台转款类票据的业务类型包括三种，分别是银行转银行、存现、取现。通常情况下，现金支票涉及存/取现业务，银行回单涉及银行转银行业务。根据现金支票存根，【业务类型】项目选择【取现】，如图2-2-26所示。

（6）根据票据上的金额，在【转款金额】项目处填写【40000】，即完成转款类票据录入的全部操作，如图2-2-27所示。

图2-2-26　转款类票据录入步骤（3）　　　图2-2-27　转款类票据录入步骤（4）

### 4. 采购类票据

企业发生采购业务，需要向客户索取发票，确认采购支出。常见的采购类票据包括增值税专用发票、增值税普通发票、全面数字化的电子发票、采购合同、入库单等。

采购类票据抵扣分为"专用发票抵扣""待认证发票""客运计算抵扣""其他不得抵扣"。一般纳税人收到增值税专用发票时选择【专用发票抵扣】。收到的增值税专用发票上面备注"待认证"时，选择【待认证发票】。特殊情况下，收到火车票、飞机票等交通费发票时，选择【客运计算抵扣】。遇到增值税普通发票、通用机打发票均选择【其他不得抵扣】。小规模纳税人不论收到何种形式的发票，均选择【其他不得抵扣】。

> **！注意**
>
> 企业购买增值税税控系统专用设备时，可凭购买增值税税控系统专用设备取得的增值税专用发票，在增值税应纳税额中全额抵减（抵减额为价税合计额），不足抵减的可结转下期继续抵减。增值税纳税人非初次购买增值税税控系统专用设备支付的费用，由其自行负担，不得在增值税应纳税额中抵减。

在判别采购类票据时，需要抓住三个关键点：发票名称、发票联次、购销企业信息。企业发生采购业务，财务部门收到的是发票的第二联和第三联，即发票联和抵扣联。通过查看发票购销企业信息，确认本企业应为购买方，客户应为销售方。

北京万舞培训有限公司增值税普通发票（发票联）如图 2-2-28 所示。

图 2-2-28　增值税普通发票（发票联）

**票据信息解读**：北京万舞培训有限公司向北京琳达服装有限公司租赁了 80 套服装道具，不含税金额为 58 000 元，税率 1%，税额 580 元，价税合计 58 580 元。

根据记账模型，录入会计录入采购业务时，票据编号、票据类型、现金结算、现金金额、往来单位、未税金额、税率、税额、价税合计与销售业务录入类似，详情请参见销售类票据；区别在于业务类型、发票抵扣的录入操作。因此，重点对采购类票据中的业务类型、发票抵扣的录入操作进行讲解。

完成票据编号、票据类型、现金结算、现金金额录入工作后，在【业务类型】下拉列表中根据发票上的货物或应税劳务、服务名称栏信息，判断选择库存商品、原材料、固定资产、低值易耗品、税控设备（及维护费）、无形资产、服务成本等项目。不同行业采购类票据业务类型的划分标准如表 2-2-2 所示。

表 2-2-2　　　　　　　　　　　　采购类票据业务类型划分标准

| 业务类型 | 行业 |
| --- | --- |
| 原材料 | 工业 |
| | 餐饮业 |
| 库存商品 | 商品流通业、服务业、一般餐饮业（烟酒饮料） |
| 服务成本 | 物流、网络服务、科技等服务业 |
| 固定资产 | |
| 无形资产 | 工业、服务业、餐饮业等（可根据采购货物分析） |
| 低值易耗品 | |
| 税控设备（及维护费） | 发票上货物或应税劳务、服务名称栏会清楚说明 |

北京万舞培训有限公司属于服务业，根据发票上货物或应税劳务、服务名称栏信息"*经营租赁*服装道具租赁"判断业务类型为【服务成本】。选定业务类型后，系统会自动弹出【往来单位】【发票抵扣】【价税合计】等项目，如图 2-2-29 所示。

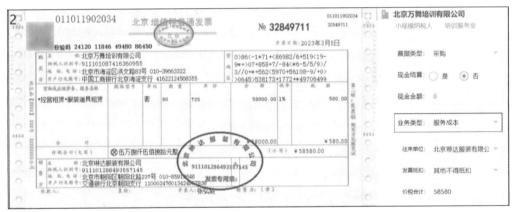

图 2-2-29　录入采购类票据

相对于购买方来说，往来单位就是销售方。因此，需根据发票上的销售方信息，在系统右侧【往来单位】下拉列表中选择【北京琳达服装有限公司】。

因为是增值税普通发票且发票上无备注信息，所以在【发票抵扣】下拉列表中选择【其他不得抵扣】。

根据发票上的金额，录入【价税合计】金额为【58580】，即完成了采购类票据录入工作。

### 5. 费用类票据

费用报销过程中，常见的原始凭证有差旅费报销单、费用报销单、增值税专用发票、增值税普通发票（发票联）、增值税电子普通发票、定额发票等。

录入会计录入费用类票据时，应重点关注发票的类别、费用的实际受益主

微课

核算生产过程业务

体、购买方的性质等。费用类票据可以凭票据内容或费用用途清楚判断具体属于哪一类费用。除了根据企业自制票据判断费用内容，如发出材料汇总表等，还可以通过发票联的开票内容判断费用明细。

例如，北京万舞培训有限公司收到一张增值税普通发票，如图 2-2-30 所示。

图 2-2-30　增值税普通发票（发票联）（1）

此发票货物或应税劳务、服务名称栏的内容为"*文具*笔"，可判断北京万舞培训有限公司发生的经济业务为购买办公用品，发生的费用属于企业的办公费。

又如，北京万舞培训有限公司收到一张关于广告费的增值税普通发票，如图 2-2-31 所示。

图 2-2-31　增值税普通发票（发票联）（2）

此发票货物或应税劳务、服务名称栏的内容为"*广告服务*广告费"，可判断北京万舞培训有限公司发生的经济业务为广告宣传，发生的费用属于企业的广告费。

根据记账模型，录入会计录入费用业务时，票据编号、票据类型、现金结算、现金金额与前面几类票据的录入相同，此处不赘述。而业务类型、部门、往来单位、费用详情、发票抵扣等的录入略有区别。以下重点对费用类票据中的业务类型、部门、往来单位、费用详情、发票抵扣的录入操作进行讲解。

在【业务类型】下拉列表中选择【期间费用】。根据受益原则，判断费用承担部门是管理部门还是销售部门。在【部门】下拉列表中选择【管理部】或【销售部】。

如果该费用业务是用现金结算的，则无须填写【往来单位】；如果该费用业务采用非现金结算，则需要在【往来单位】下拉列表中选择票据上对应的往来单位或者个人信息。本例采用的是现金结算，因此，【现金结算】项目选中【是】，【现金金额】项目根据发票信息录入【226】，如图2-2-32所示。

图2-2-32　录入费用类票据

【费用详情】下拉列表中有办公费、工资、奖金/补贴、单位医社保、单位公积金、低值易耗品、业务招待费、通信费、租赁费、交通费、水费、电费、差旅费、福利费、维修费和劳保费等选项，需根据票据信息做判断选择。本业务判断为办公费，在【费用详情】下拉列表中选择【办公费】。

发票抵扣情况设置有待认证发票、货运专票抵扣、客运计算抵扣、其他不得抵扣、专用发票抵扣等明细。在【发票抵扣】下拉列表中选择【其他不得抵扣】。

手动录入【价税合计】金额为【226】，即可完成费用类票据录入的操作。

实务工作中，费用的归属问题直接影响企业的利润和纳税核算。因此，如何正确运用财税政策，使企业的利润最大化是录入会计需要具备的一项技能。常见的费用处理问题包括广告费的界定、业务招待费的界定、会议费的界定等。

### 6. 付款类票据

企业发生付款业务时，财务部门收到的付款类票据有银行电子缴税付款凭证、住房公积金汇（补）缴书、转账支票存根、银行还款凭证等。

目前，企业款项结算普遍采用网银转账。除此之外，中小微企业费用报销及一般企业小额款项支付，通常采用现金结算；零售业、服务业针对个人业务，通常采用支付宝、微信结算；而转账支票现在使用得较少。

实务中，企业常见的付款业务有采购付款、支付各项税费、支付职工薪酬、归还借款、利息支出、支付手续费等。

录入会计收到付款类票据时，应重点关注收款人的信息、金额、摘要附言用途，以便明确资金的去向，判断该支付资金的业务属于何种付款业务。

北京万舞培训有限公司收到中国工商银行电子缴税付款凭证，如图2-2-33所示。

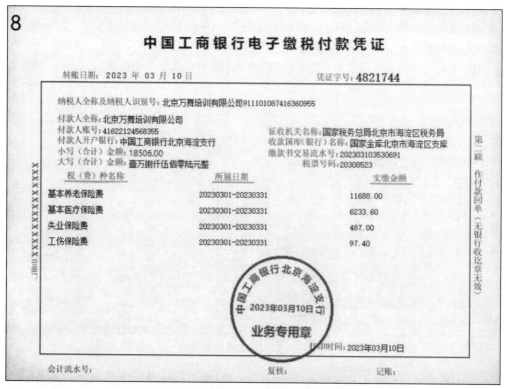

图2-2-33　中国工商银行电子缴税付款凭证

**票据信息解读：** 北京万舞培训有限公司支付公司及代扣的社会保险，金额18 506元。

根据记账模型，录入会计录入付款类票据时，票据编号、票据类型、资金账户、发生金额、手续费与前面几类票据的录入相同，此处不赘述。而业务类型、往来单位等的录入略有区别。下面重点对付款类票据中的业务类型、往来单位的录入操作进行讲解。

根据付款类票据上载明的用途，判断选择正确的业务类型。系统内置的业务类型包括采购（费用）付款、支付税款滞纳金、支付工资、支付银行手续费、支付企业所得税、缴纳城市维护建设税及教育费附加、缴纳增值税、缴纳印花税、缴纳医社保、缴纳住房公积金、利息支出、归还借款、缴纳行政性处罚、其他应付款、支付保证金、借出款、支付退款、缴纳房产税、缴纳文化事业建设费、缴纳城镇土地使用税、对外股权投资、支付生育险等。

【业务类型】的选择会影响【往来单位】下拉列表的选项。例如，企业支付一笔社保费用，在【业务类型】下拉列表中选择【缴纳医社保】，则系统会自动显示【个人承担部分】和【公司承担部分】两项内容。将工资表上代扣社保的金额手动输入【个人承担部分】项目，再根据票面金额扣除个人承担部分，将余下的金额填入【公司承担部分】项目，如图2-2-34所示。具体每个项目的填写此处不赘述。

图 2-2-34　录入付款类票据

### 7. 工资类票据

通常情况下，企业支付员工工资，需由人力资源部根据员工的考勤记录、工时记录、产量记录、工资标准等，提供工资明细表，再由财务进行工资汇总、结算等。实务中，工资类票据有工资汇总表、工资明细表等。

企业员工工资的组成部分包括工资、加班费、奖金、职工福利费、社会保险费、住房公积金、职工教育经费、工会经费等。其中，社会保险费指基本养老保险、基本医疗保险、失业保险、工伤保险。养老保险、医疗保险和失业保险是由企业和个人共同缴纳的，工伤保险全部由企业缴纳。社会保险的月缴费基数一般是按照职工上年度全年工资的月平均值来确定的，每年确定一次，且一旦确定，一年内不再变动。

录入会计收到工资类票据时，应学会从票据中获取数据，比如本月应发员工工资是多少、实发员工工资是多少、代扣社保费是多少等。

北京万舞培训有限公司工资汇总表如图 2-2-35 所示。

| 姓名 | 应付工资 | 代扣养老保险 | 代扣医疗保险 | 代扣失业保险 | 代扣住房公积金 | 三险一金合计 | 专项附加扣除 | 代扣个人所得税 | 扣款合计 | 实发工资 |
|---|---|---|---|---|---|---|---|---|---|---|
| 林平 | 10000.00 | 800.00 | 200.00 | 20.00 | 1200.00 | 2220.00 | 3000.00 | 0.00 | 2220.00 | 7780.00 |
| 张思宏 | 5800.00 | 464.00 | 116.00 | 11.60 | 696.00 | 1287.60 | 1000.00 | 0.00 | 1287.60 | 4512.40 |
| 叶鹏飞 | 6800.00 | 544.00 | 136.00 | 13.60 | 816.00 | 1509.60 | 1000.00 | 0.00 | 1509.60 | 5290.40 |
| 陈红梅 | 5000.00 | 400.00 | 100.00 | 10.00 | 600.00 | 1110.00 | 1000.00 | 0.00 | 1110.00 | 3890.00 |
| 张思琪 | 6500.00 | 520.00 | 130.00 | 13.00 | 780.00 | 1443.00 | 2000.00 | 0.00 | 1443.00 | 5057.00 |
| 吴拼达 | 4600.00 | 368.00 | 92.00 | 9.20 | 552.00 | 1021.20 | 0.00 | 0.00 | 1021.20 | 3578.80 |
| 范涛 | 5000.00 | 400.00 | 100.00 | 10.00 | 600.00 | 1110.00 | 0.00 | 0.00 | 1110.00 | 3890.00 |
| 黄思红 | 5000.00 | 400.00 | 100.00 | 10.00 | 600.00 | 1110.00 | 1000.00 | 0.00 | 1110.00 | 3890.00 |
| | 48700.00 | 3896.00 | 974.00 | 97.40 | 5844.00 | 10811.40 | 9000.00 | 0.00 | 10811.40 | 37888.60 |

工资汇总表 2023年03月10日　金额单位：元　制单：陈红梅　审核：叶鹏飞

图 2-2-35　工资汇总表

**票据信息解读：**北京万舞培训有限公司 3 月应付工资总额为 48 700 元，代扣"三险一金"总额为 10 811.4 元，实发工资总额为 37 888.6 元。

根据记账模型，录入会计录入工资业务时，票据编号、票据类型与前面几类票据的录入相同，而应付工资、代扣社保、代扣公积金、代扣个税、实发工资等的录入略有区别。因此，重点对工资类票据中的应付工资、代扣社保、代扣公积金、代扣个税、实发工资的录入操作进行讲解。

在【业务类型】下拉列表中根据给出的票据信息，判断选择业务类型。系统内置的业务类型包括工资、奖金/补贴。

设置好【业务类型】后，系统会自动显示【应发工资】【代扣社保】【代扣公积金】【代扣个税】【实发工资】项目，不同的选择会影响系统是否显示【代扣社保】等项目。

根据工资汇总表中的应付工资合计，录入【应发工资】项目金额；根据代扣养老保险、代扣医疗保险、代扣失业保险的汇总数，录入【代扣社保】项目金额；根据代扣住房公积金合计，录入【代扣公积金】项目金额；根据代扣个人所得税合计，录入【代扣个税】项目金额；完成以上操作，系统会算出实发工资，并自动填入【实发工资】项目，如图2-2-36所示。

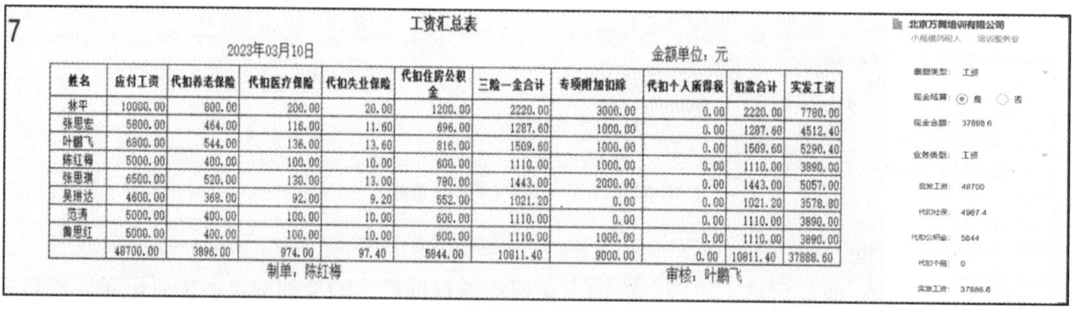

图2-2-36　录入工资类票据

### 8. 成本类票据

产品成本是为生产产品而发生的各种耗费的总和，通常是企业存货的主要构成内容。成本主要按产品进行归集，一般以材料费用分配表、产品成本计算表等为计算依据。

不同行业产品的核算内容也不尽相同。加工制造企业的产品归集与分配，通过产品成本明细表按照成本项目归集相应的生产费用，将当月发生的生产成本，加上月初在产品成本，在完工产品和月末在产品之间进行分配，以求得本月完工产品成本。

分配生产费用时应结合企业的生产特点、在产品的数量、各月在产品数量变化的幅度及定额管理基础等具体条件选择合适的分配方法。

而商品流通企业直接依据进销存计算表，结转销售商品成本。大多数小微企业，由于购进商品品种繁多，单位价值又不是很高，所以一般不在"库存商品"总账下设置二级明细科目进行核算。

> **！注意**
>
> 部分服务行业不涉及成本结转，而是在发生成本时直接记入"主营业务成本——服务成本"科目，因此，票据分类归属于采购类票据。具体参见采购类票据录入要点。

录入会计在录入成本类票据前，应先判断企业的行业类型及业务类型，从票据信息中获取成本金额。

北京万舞培训有限公司属于服务行业，因此不涉及成本结转，企业发生的服务业务产生的票据属于采购类票据，相应的成本记入"主营业务成本——服务成本"科目。

此处简要介绍成本类票据的录入。根据记账模型，录入会计录入成本类票据时，应重点关注业务类型、成本金额等。

在【业务类型】下拉列表中根据材料的名称，判断选择业务类型。系统内置的业务类型包括原材料结转和库存商品结转。

设置【业务类型】后系统会自动显示【成本金额】项目，根据成本类票据中的本期出库金额合计录入【成本金额】项目。

### 9. 其他票据

实务中，有些业务票据无法明确归类到这八大类业务票据中，比如盘亏盘盈业务、票据贴现、出售或出租固定资产、捐赠支出、研发支出、分配职工教育经费、计提个人所得税、结转未交增值税、计提附加税、计提借款利息、计提所得税等产生的票据，财务云共享中心平台没有固有的记账模式，故将这些业务票据归类为其他。系统是无法根据其他票据自动生成记账凭证的，需要手动录入。

因此，财务云共享中心平台需要手动录入的其他票据有固定资产盘盈盘亏报告表、未交增值税计算表、应交所得税计算表、库存现金盘点表等。

其他票据录入工作较为特殊。首先，录入会计需要根据票据判断业务类型，解读票据信息。其次，录入会计需根据票据做账务处理，并录入平台。

北京万舞培训有限公司收到一张银行电子回单凭证，如图 2-2-37 所示。

知识链接

常见的其他业务对应的票据及会计分录

微课

核算财务成果业务

图 2-2-37　银行电子回单凭证

**票据信息解读：**北京万舞培训有限公司向北京明宏服装有限公司预付货款，金额 8 000 元。

录入会计进行其他票据的录入工作时，需执行【影像管理系统】—【影像整理】和【特殊凭证】—【手工录入】命令。

这里以录入北京万舞培训有限公司预付货款业务票据为例，具体操作如下。

（1）执行【影像管理系统】—【影像整理】命令，填写票据编号，在【票据类型】下拉列表中选择【其他（手工凭证）】，如图 2-2-38 所示。

图 2-2-38　其他票据录入步骤（1）

（2）执行【特殊凭证】—【手工录入】命令，如图2-2-39所示。

图2-2-39　其他票据录入步骤（2）

（3）根据票据信息填写记账凭证。主要填写的信息有记账凭证摘要、会计科目、借方金额、贷方金额，其中会计科目也可在下拉列表中选择，填写好单击【保存】按钮，如图2-2-40所示。

图2-2-40　其他票据录入步骤（3）

为了提高工作效率，对常见的业务做完分录后，可单击【设为模板】按钮，待下次录入相同类型的业务时，只需单击【获取模板】按钮，修改相应的金额即可。

> 💡 说明
>
> 本工作任务是根据财务云共享中心平台的记账模式介绍票据类型划分的。实务中，不同财务共享中心使用的信息化系统票据录入规则略有差异，票据业务类型划分也会有所区别，但基本的原理和方法是一样的。

## 业务训练

### 一、单选题

1. 在财务云共享中心平台中，下列票据中可判断为采购类业务的是（　　　　）。

A.

B.

C.

D.

2. 社会保险费不包括（　　）。

    A. 养老保险　　　　　　B. 医疗保险　　　　C. 失业保险　　　　　D. 财产保险

3. 常见的付款类业务不包括（　　）。

    A. 采购付款　　　　　　　　　　　　　B. 预付货款

    C. 支付职工薪酬　　　　　　　　　　　D. 归还借款

4. 企业财务核算的原始凭证有外来的和自制的，下列单据不属于外来的是（　　）。

    A. 航空运输电子客票行程单　　　　　　B. 增值税专用发票发票联

    C. 差旅费报销单　　　　　　　　　　　D. 银行收款回单

5. 财务云共享中心收到一张火车票，车票金额为 350 元，则企业可以用于抵扣的进项税额是（　　）元。

    A. 321.10　　　　　B. 19.81　　　　　C. 330.19　　　　　D. 28.90

6. 企业收到一张住房公积金汇（补）缴书，缴款单位为本企业，票据录入时应选择的业务类型是（　　）。

    A. 采购（费用）付款　　　　　　　　　B. 缴纳企业所得税

    C. 缴纳增值税　　　　　　　　　　　　D. 缴纳住房公积金

## 二、多选题

1. 财务云共享中心将付款业务类型分为（　　）。

    A. 采购（费用）付款　　　　　　　　　B. 其他应付款

    C. 支付工资　　　　　　　　　　　　　D. 利息支出

2. 在财务云共享中心，下列单据需要进行手动录入记账凭证的有（　　）。

    A. 企业采购 A4 纸的增值税普通发票　　B. 固定资产折旧明细表

    C. 未交增值税计算表　　　　　　　　　D. 提取备用金的现金支票存根

3. 下列属于成本票据的有（　　）。

    A. 销售成本计算表　　　　　　　　　　B. 未交增值税计算表

    C. 购买墨盒的增值税普通发票　　　　　D. 销售成本计算单

4. 北京飞扬展会服务有限公司为增值税一般纳税人，1 月收到以下票据，其中可以进行增值税进项税额抵扣的有（　　）。

    A. 购买签字笔的增值税专用发票

    B. 销售人员出差的航空运输电子客票行程单

    C. 采购人员出差的火车票

    D. 销售部门交来的餐费的增值税普通发票

5. 财务共享服务中心会计人员在审核一张购买原材料的原始凭证时，发现凭证上单价和金额有涂改痕迹，且材料单价明显高于市场价格，对该凭证下列说法正确的有（　　）。

    A. 是不真实的原始凭证

    B. 是不准确的原始凭证

    C. 会计人员有权不予接受，并向单位负责人报告

    D. 应予退回，并要求按规定更改补充

## 三、判断题

1. 下图所示的银行单据票据类型是收款类。　　　　　　　　　　　　　　　　（　　）

2. 报销单上所附发票的金额之和大于报销金额，一般以发票上的金额为准，予以报销。（    ）

3. 财务共享服务中心收到一张开具名称为"详见销货清单"的增值税普通发票，发票没有附清单，这样的发票不能正常入账。（    ）

4. 微信扣手续费，金额较大无法取得外部证据，经办人写说明，领导签字审批即可入账。
（    ）

5. 出纳收到杜萍的现金还款后出具的收款说明可作为原始凭证登记入账。（    ）

### 任务评价

完成了票据录入的任务学习，参照下表判断自己对工作任务的掌握程度。已掌握的打√，未掌握的填写在工作记录与反思中。

| 工作任务 | 任务要求 | 掌握情况 |
|---|---|---|
| 整理票据 | 正确判断业务类型及票据；审核票据内容是否合规准确 | |
| 扫描票据 | 遵守企业票据编号规则，规范票据编号；熟悉票据扫描的流程，检查扫描至平台的票据是否清晰、完整 | |
| 录入票据 | 识别销售业务常见的票据；掌握销售业务的基础知识；正确解读销售类票据信息并录入平台 | |
| | 识别收款业务常见的票据；掌握收款业务的基础知识；正确解读收款类票据信息并录入平台 | |
| | 识别转款业务常见的票据；掌握转款业务的基础知识；正确解读转款类票据信息并录入平台 | |
| | 识别采购业务常见的票据；掌握采购业务的基础知识；正确解读采购类票据信息并录入平台 | |
| | 识别费用业务常见的票据；掌握费用业务的基础知识；正确解读费用类票据信息并录入平台 | |
| | 识别付款业务常见的票据；掌握付款业务的基础知识；正确解读付款类票据信息并录入平台 | |
| | 识别工资业务常见的票据；掌握工资业务的基础知识；正确解读工资类票据信息并录入平台 | |
| | 识别成本业务常见的票据；掌握成本业务的基础知识；正确解读成本类票据信息并录入平台 | |
| | 识别其他业务常见的票据；掌握其他业务的基础知识；正确解读其他票据信息并录入平台 | |

【工作记录与反思】

| 时间 | |
|---|---|
| 工作任务 | |
| **任务目标** | |
| | |
| **遇到的问题** | |
| | |
| **经验总结（解决问题的办法）** | |
| | |

# 工作任务三　审核会计凭证

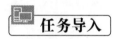

## 任务导入

　　勤诚财务共享中心录入会计完成了北京万舞培训有限公司的票据录入，对平台设计的八大类票据，该共享中心能够自动生成记账凭证，对特殊业务则需要录入会计手动录入凭证。当完成企业所有业务的记账凭证填制后，审核会计要对记账凭证进行审核，进而为过账做好准备。正确录入凭证并对凭证进行审核，这是财务共享服务中心会计人员的必备技能。

## 预备知识

　　记账凭证是根据审核无误的原始凭证填制的，是登记账簿的依据。审核记账凭证就是为了确保账簿记录的正确性，保证会计信息的准确性。审核记账凭证主要从记账凭证记录的内容是否与所附原始凭证相符、涉及的会计科目和金额是否正确、相关责任是否明确等方面进行。

　　在审核记账凭证时发现错误记录，在登记账簿前，应重新填制一张新的记账凭证，将原错误记账凭证作废，不保存。如果审核时未发现错误，并据以登记账簿，事后发现错误记录，则按照错账更正方法更正，原错误记账凭证不能作废，要正常保存。

## 工作指导

　　财务共享服务中心的录入会计完成票据整理录入工作后，系统将自动生成记账凭证；审核会计对记账凭证进行审核、过账后，系统会自动完成总账及明细账的登记工作，自动生成资产负债表、利润表。

尽管系统自动完成了凭证、财务报表的处理,但其结果正确与否还需要审核会计复核,以确保每笔经济业务的会计科目正确、金额无误、附件完整,以及各项税费计算正确、财务报表各项数据准确、表间勾稽关系无误。

## 一、审核财务云共享中心平台原始凭证

在票据录入的工作任务中,财务云共享中心平台要求审核会计认真完成原始凭证的审核工作,有效保证核算结果的准确性。实务工作中,企业核算会计对原始凭证的审核内容较多,这里所列举的审核工作可满足财务云共享中心平台的需求。下面以北京万舞培训有限公司增值税普通发票的票据审核为例,讲解财务云共享中心平台票据审核的要点。

微课
填制自制原始凭证

增值税普通发票的审核要点主要有:审核发票的真伪,可通过网上查询、扫描发票二维码、电话查询等方式进行发票真伪的查询;审核发票联是否加盖发票专用章;审核购销方信息是否正确,发票日期是否为当月;审核发票金额是否和合同金额相符。

在财务云共享中心平台审核原始凭证的具体操作是:在【查凭证】页面(见图 2-3-1)查看所有已经填制的记账凭证,在记账凭证的右侧有【修改】和【预览】选项,选择【修改】即可查看每张记账凭证对应的原始凭证并进行审核。

图 2-3-1 审核原始凭证

## 二、财务云共享中心平台记账凭证审核操作

为了保证账务处理的质量,在结转损益前应对记账凭证进行严格的审核。财务云共享中心平台的记账凭证,是根据录入会计录入的票据信息由系统自动生成的。因此,审核记账凭证时,关注的重点应是生成的会计科目是否正确,账户的对应关系是否清晰,记账凭证是否有原始凭证为依据,且所附原始凭证的内容是否与记账凭证一致。

微课
填制专用记账凭证

以北京万舞培训有限公司采购业务为例,做审核记账凭证工作,如图 2-3-2 所示。

【审核要点】采购无形资产的会计分录是否正确;"无形资产"科目的借方金额是否等于发票金额;"应付账款——北京力图制造有限公司"科目的贷方金额是否等于发票金额。

在财务云共享中心平台审核记账凭证,执行【查凭证】—【预览】命令,查看单张记账凭证,如图 2-3-3 所示。

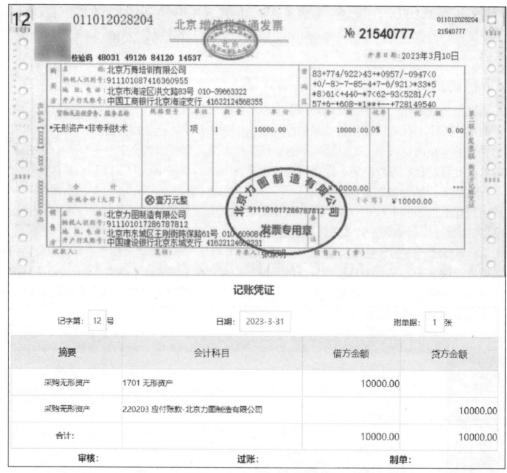

图 2-3-2　审核记账凭证

**记账凭证**

记字第 11 号　　日期：2023-3-31　　附单据：1 张

| 摘要 | 会计科目 | 借方金额 | 贷方金额 |
|---|---|---|---|
| 采购（费用）付款 | 220207 应付账款-北京鑫鹏建筑有限公司 | 6060.00 | |
| 采购（费用）付款 | 100201 银行存款-工行海淀支行68355 | | 6060.00 |
| 合计： | | 6060.00 | 6060.00 |
| 审核： | 过账： | 制单： | |

图 2-3-3　查看单张记账凭证

　　审核会计逐笔审核凭证无误后，即可进行审核操作。登录财务云共享中心平台，在【查凭证】页面勾选审核无误的凭证，单击【审核】按钮，如图 2-3-4 所示。

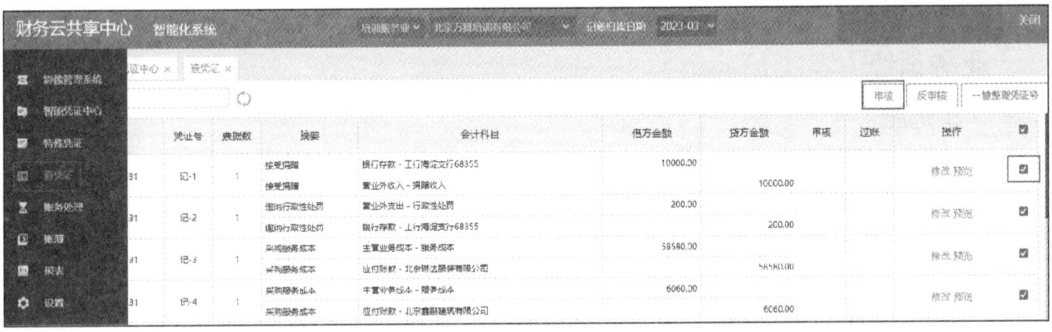

图 2-3-4　单击【审核】按钮

审核完成后，记账凭证显示审核标记，如图 2-3-5 所示。

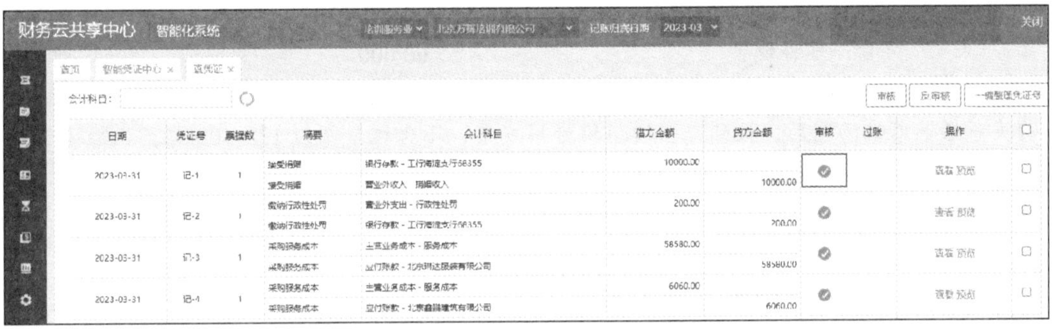

图 2-3-5　记账凭证显示审核标记

如果完成记账凭证审核后，发现记账凭证填制有误，这时可以登录财务云共享中心平台，在【查凭证】页面中勾选需要修改的记账凭证，单击【反审核】按钮，就可以取消审核，然后对记账凭证进行修改，如图 2-3-6 所示。

图 2-3-6　记账凭证反审核

**业务训练**

## 一、单选题

1. 根据下面的现金支票存根，下列账务处理正确的是（　　　）。

A. 借：银行存款——招商银行0101　　　　　60 000
　　　贷：库存现金　　　　　　　　　　　　　　60 000

B. 借：库存现金　　　　　　　　　　　　　60 000
　　　贷：银行存款——交通银行0123　　　　　60 000

C. 借：库存现金　　　　　　　　　　　　　60 000
　　　贷：银行存款——招商银行0123　　　　　60 000

D 借：银行存款——交通银行0101　　　　　60 000
　　　贷：库存现金　　　　　　　　　　　　　60 000

2. 北京三辉食品有限公司（一般纳税人）从北京怡华商贸有限公司购买商品果酱馅汤圆后，收到一张增值税专用发票，不含税金额为138 000元，税额为17 940元，其账务处理正确的是（　　　）。

A. 借：应收账款——北京怡华商贸有限公司　　　　　　　　155 940
　　　贷：主营业务收入　　　　　　　　　　　　　　　　　155 940

B. 借：库存商品——果酱馅汤圆　　　　　　　　　　　　　138 000
　　　应交税费——应交增值税（进项税额）　　　　　　　　17 940
　　　贷：应付账款——北京怡华商贸有限公司　　　　　　　155 940

C. 借：库存商品——果酱馅汤圆　　　　　　　　　　　　　155 940
　　　贷：应付账款——北京怡华商贸有限公司　　　　　　　155 940

D. 借：应收账款——北京怡华商贸有限公司　　　　　　　　155 940
　　　贷：主营业务收入　　　　　　　　　　　　　　　　　138 000
　　　　应付账款——北京怡华商贸有限公司　　　　　　　　17 940

3. 根据下面单据，销售商品应确认的收入金额为（　　　）元。

A. 31 640.00　　　　B. 16 000.00　　　　C. 28 000.00　　　　D. 3 640.00

4. 根据下面票据，实发工资是（　　　）元。

| 4 | | | 1月份工资明细表 | | | | 单位：元 |
|---|---|---|---|---|---|---|---|
| 姓名 | 应付工资 | 代扣养老保险 | 代扣医疗保险 | 代扣失业保险 | 代扣住房公积金 | 代扣个人所得税 | 实发工资 |
| 张栋梁 | 9500.00 | 760.00 | 190.00 | 19.00 | 1140.00 | 0.00 | 7391.00 |
| 杨子宁 | 8200.00 | 656.00 | 164.00 | 16.40 | 984.00 | 0.00 | 6379.60 |
| 张原 | 6000.00 | 480.00 | 120.00 | 12.00 | 720.00 | 0.00 | 4668.00 |
| 张高 | 8000.00 | 640.00 | 160.00 | 16.00 | 960.00 | 0.00 | 6224.00 |
| 范利 | 6500.00 | 520.00 | 130.00 | 13.00 | 780.00 | 0.00 | 5057.00 |
| 蔡方明 | 6000.00 | 480.00 | 120.00 | 12.00 | 720.00 | 0.00 | 4668.00 |
| 叶晓明 | 7000.00 | 560.00 | 140.00 | 14.00 | 840.00 | 0.00 | 5446.00 |
| 许少华 | 6000.00 | 480.00 | 120.00 | 12.00 | 720.00 | 0.00 | 4668.00 |
| 姚启南 | 8500.00 | 680.00 | 170.00 | 17.00 | 1020.00 | 0.00 | 6613.00 |
| 吕克杰 | 5000.00 | 400.00 | 100.00 | 10.00 | 600.00 | 0.00 | 3890.00 |
| 邓志荣 | 5000.00 | 400.00 | 100.00 | 10.00 | 600.00 | 0.00 | 3890.00 |
| 合计 | 75700.00 | 6056.00 | 1514.00 | 151.40 | 9084.00 | 0.00 | 58894.60 |

审核：张高　　　　　　　　　　　　　　　制单：范利

A. 75 700　　　B. 9 084　　　C. 58 894.6　　　D. 6 056

5. 北京三辉食品有限公司从北京怡华商贸有限公司购买原材料，取得增值税专用发票一张，票据的结算方式为"非现金结算"，其往来单位应填写（　　　）。

A. 不用填写　　　B. 北京三辉食品有限公司
C. 北京三辉　　　D. 北京怡华商贸有限公司

## 二、多选题

1. 下列费用可以归属于差旅费的有（　　　）。
A. 员工外地住宿费　　　B. 招待外地客户的餐费
C. 员工去往外地的交通费　　　D. 员工出差补贴

2. 运输发票备注栏里一般需要备注的内容包括（　　　）。
A. 起运地　　　B. 到达地
C. 车种车号　　　D. 运输货物信息

3. 生产车间的工人的工资不应记入的会计科目有（　　　）。
A. "生产成本"　　　B. "销售费用"
C. "管理费用"　　　D. "财务费用"

4. 企业在销售商品时代客户垫付的运杂费不应记入（　　　）会计科目。
A. "其他应收款"　　　B. "应付账款"
C. "应收账款"　　　D. "预付账款"

5. 下列关于加工制造业产品成本核算内容的账务处理，正确的有（　　　）。

A. 领用原材料　　　　　　　　借：生产成本

　　　　　　　　　　　　　　　　贷：原材料

B. 分配生产工人职工薪酬　　　借：生产成本

　　　　　　　　　　　　　　　　贷：应付职工薪酬——工资

C. 结转制造费用　　　　　　　借：生产成本

　　　　　　　　　　　　　　　　贷：制造费用

D. 结转管理费用　　　　　　　借：生产成本

　　　　　　　　　　　　　　　　贷：管理费用

## 三、判断题

1. 车间管理人员的工资及福利费应记入"制造费用"科目。　　　　　　　　　（　　　）

2. 企业长期借款利息和短期借款利息都应记入"财务费用"科目。　　　　　　（　　　）

3. 施工企业向金融机构借款所发生的手续费应记入"财务费用"科目。　　　　（　　　）

4. 江苏南联物流有限公司南京分公司收到一张过路费发票，这张发票应该按照费用入账。

　　　　　　　　　　　　　　　　　　　　　　　　　　　　　　　　　　　（　　　）

5. 一般纳税人收到增值税专用发票，不需要认证可以直接进行抵扣。　　　　　（　　　）

6. 员工在外地发生的住宿费应归属于业务招待费。　　　　　　　　　　　　　（　　　）

## 任务评价

完成了会计凭证审核的任务学习，参照下表判断自己对工作任务的掌握程度。已掌握的打√，未掌握的填写在工作记录与反思中。

| 工作任务 | 任务要求 | 掌握情况 |
| --- | --- | --- |
| 审核原始凭证 | 审核原始凭证的真实性、合规性 | |
| 审核记账凭证 | 审核生成的会计分录是否正确、手工录入的会计分录是否正确、与原始凭证的金额是否相符 | |

【工作记录与反思】

| 时间 | |
| --- | --- |
| 工作任务 | |
| 任务目标 | |
| | |
| 遇到的问题 | |
| | |
| 经验总结（解决问题的办法） | |
| | |

# 工作任务四　过账

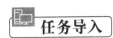
**任务导入**

　　勤诚财务共享中心审核会计完成了北京万舞培训有限公司的票据录入工作并对记账凭证进行了审核，接下来便是登记账簿的工作。在勤诚财务共享中心，账簿的登记过程就是过账的过程。

**预备知识**

　　财务共享服务中心的智能化主要体现在过账、结账以及报表生成的工作上，相比传统的手工过账，极大地提高了工作效率，避免了手工过账工作中可能会出现的账户登记错误以及金额登记错误的情况。

知识链接

会计账簿的登记

　　过账工作主要应该注意两点：第一，要保证所有业务均已记账，所有记账凭证均已审核；第二，在完成过账工作时要有两次过账操作。审核会计完成所有业务记账凭证审核后需进行第一次过账，过账结束后需要根据过账结果做结转损益的操作。结转损益完成后，审核会计需要对结转损益的会计凭证再次进行审核。审核后，需要进行第二次过账。两次过账后，才算完成了全部过账工作。

**工作指导**

微课

登记总分类账

微课

登记明细分类账

微课

登记日记账

## 一、过账

　　审核会计完成凭证审核操作后，即可开始过账工作。过账结束，则记账凭证的数据已全部登记到会计账簿上。具体操作为执行【账务处理】—【过账】—【过账】命令，如图 2-4-1 所示。

图 2-4-1　过账

　　完成过账后，【过账】栏出现【反过账】和【重新过账】选项。由此可以看出，会计在完成过账工作后，如果发现有漏记的业务或者需要更正的业务，可以执行【账务处理】—【过账】—【反过账】命令，重新对漏记业务进行补充，对错误业务进行更正，然后再进行重新过账，执行【账务处理】—【过账】—【重新过账】命令，如图 2-4-2 所示。

图 2-4-2　反过账

## 二、结转损益

审核会计完成第一次过账后，即可开始结转损益。结转损益后会新生成一张结转损益的记账凭证，会计需要对新生成的记账凭证重新进行审核，审核操作与审核记账凭证的操作一致，这里不赘述。结转损益的具体操作为：执行【账务处理】—【结转损益】—【结转损益】命令，如图 2-4-3 所示。

图 2-4-3　执行【结转损益】命令

审核会计完成结转损益操作后，应对需要结转的项目进行确认，单击【确定】按钮，系统弹出对话框，再次单击【确定】按钮，如图 2-4-4 所示。

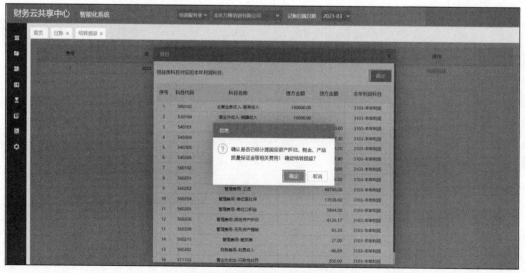

图 2-4-4　确认需要结转的项目

审核会计完成损益结转后，系统会提示对新生成的结转损益凭证进行审核及重新过账，单击【确定】按钮，如图 2-4-5 所示。

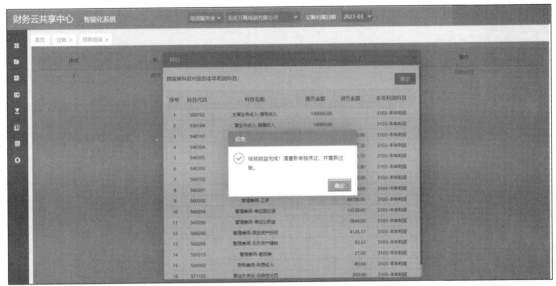

图 2-4-5 系统提示对新生成的结转损益凭证进行审核及重新过账

审核会计对新生成的结转损益凭证进行审核的操作是：在【查凭证】页面中勾选需要审核的结转损益凭证，单击【审核】按钮，如图 2-4-6 所示。

图 2-4-6 单击【审核】按钮

## 三、重新过账

审核会计完成对新生成的结转损益凭证的审核后需要重新过账以保证账簿记录的完整性，具体操作为：执行【账务处理】—【过账】—【重新过账】命令，如图 2-4-7 所示。

图 2-4-7　重新过账

 业务训练

## 一、单选题

1. 下列各项中，关于会计账簿分类的表述正确的是（　　　）。

　A. 按照外形特征可分为三栏式账簿、多栏式账簿和数量金额式账簿

　B. 按照填制方法可分为总分类账簿和明细分类账簿

　C. 按照用途可分为序时账簿、分类账簿和备查账簿

　D. 按照账页格式可分为订本式账簿、活页式账簿和卡片式账簿

2. 下列各项中，属于数量金额式账簿的是（　　　）。

　A. 库存商品明细账　　　　　　　　B. 短期借款明细账

　C. 银行存款日记账　　　　　　　　D. 制造费用明细账

3. 下列各项中，适合采用数量金额式账簿的是（　　　）。

　A. 管理费用明细账　　　　　　　　B. 库存商品明细账

　C. 应收账款明细账　　　　　　　　D. 原材料总账

4. 下列各项中，关于银行存款日记账的表述正确的是（　　　）。

　A. 应按实际发生的经济业务定期汇总登记

　B. 仅以银行存款付款凭证为记账依据

　C. 应按企业在银行开立的账户和币种分别设置

　D. 不得使用多栏式账页格式

## 二、多选题

1. 下列各项中，属于会计账簿的有（　　　）。

　A. 备查簿　　　　　　B. 日记账　　　　　　C. 总账　　　　　　D. 明细账

2. 下列各项中，适合采用三栏式明细分类账簿进行明细账核算的有（　　　）。

　A. 向客户赊销商品形成的应收账款　　　B. 生产车间发生的制造费用

　C. 购买并验收入库的原材料　　　　　　D. 向银行借入的短期借款

3. 下列账户中，需要采用数量金额式账簿进行明细登记的有（　　　）。

　A. 应收账款　　　　B. 生产成本　　　　C. 库存商品　　　　D. 原材料

4. 下列各项中，有关账簿表述正确的有（　　　）。

　A. 现金日记账、银行存款日记账、总分类账应使用订本账形式，各种明细分类账一般采用活页账形式

B. 三栏式明细分类账适用于收入、费用和利润分配明细分类账的核算

C. 数量金额式明细分类账适用于既要进行金额核算又要进行数量核算的账户

D. 多栏式明细分类账适用于应收账款、应付账款等账户的明细分类核算

5. 现金日记账的登记依据有（　　　　）。

A. 银行存款收款凭证　　　　　　B. 库存现金收款凭证

C. 库存现金付款凭证　　　　　　D. 银行存款付款凭证

6. 总分类账与明细分类账平行登记的要点有（　　　　）。

A. 记账人员相同　　　　　　　　B. 会计期间相同

C. 记账方向相同　　　　　　　　D. 金额相同

### 三、判断题

1. 总分类账与所辖明细分类账平行登记时，应做到方向相同、期间一致、金额相等。

（　　　）

2. 财务云共享中心平台开展过账工作前，要保证所有业务均已记账，所有记账凭证均已审核。

（　　　）

3. 财务云共享中心平台一经过账就无法撤回。（　　　）

4. 财务云共享中心平台在结转损益时，无须过账。（　　　）

5. 财务云共享中心平台至少需要进行两次过账操作才能完成全部过账工作。（　　　）

## 任务评价

完成了过账的任务学习，参照下表判断自己对工作任务的掌握程度。已掌握的打√，未掌握的填写在工作记录与反思中。

| 工作任务 | 任务要求 | 掌握情况 |
| --- | --- | --- |
| 手工过账工作 | 正确登记各种账簿，保证登账工作的准确性 | |
| 财务云共享中心平台过账工作 | 能按规范过账流程完成过账操作 | |

【工作记录与反思】

| 时间 | |
| --- | --- |
| 工作任务 | |
| **任务目标** | |
| | |
| **遇到的问题** | |
| | |
| **经验总结（解决问题的办法）** | |
| | |

# 工作任务五　对账与结账

## 任务导入

　　勤诚财务共享中心审核会计完成了平台过账的工作，即完成了账簿的登记工作。财务核算的最后一项工作是编制财务报表。在编制财务报表之前，勤诚财务共享中心审核会计还有一项重要工作就是对账与结账，以此来保证财务信息记录的准确性以及为编制财务报表做好准备。

## 预备知识

### 一、对账

微课

对账

　　对账是指在结账以前，对账簿记录所进行的核对工作，目的是保证会计账簿记录的真实性和可靠性。会计对账的主要内容如下。

　　（1）账证核对是指核对会计账簿与原始凭证及记账凭证的时间、凭证字号、内容、金额是否一致。

　　（2）账账核对是指核对会计账簿之间的记录是否相符，它是在账证核对的基础上进行的，核对内容包括：总分类账之间的核对，即核对总分类账中全部账户的本月借方发生额合计数与贷方发生额合计数是否相等，全部账户的期末借方余额合计数与贷方余额合计数是否相等；总分类账与所属明细分类账之间的核对，即检查总分类账户本期借、贷方发生额及期末余额与所属明细分类账本期借、贷方发生额及期末余额是否相等；总分类账与现金日记账、银行存款日记账的核对，即检查总分类账户与现金日记账、银行存款日记账本期发生额及期末余额是否相等；会计部门登记的各种财产物资明细分类账同财产物资保管或使用部门之间的核对，即检查各方期末财产物资是否相符。

　　（3）账实核对是指账簿记录账存数同现金、银行存款及其他各项财产物资的实存数之间的核对，一般是通过财产清查进行的，核对的内容包括：现金日记账账面余额与库存现金实际数额核对是否相等；银行存款日记账账面发生额与期末余额同银行对账单核对是否相等；各种财产物资明细分类账账面余额与财产物资实存数核对是否相等；各种往来款项明细账账面余额与有关债务、债权单位和个人核对是否相等。

### 二、结账

　　结账是指在将本期发生的经济业务全部登记入账的基础上，结算出每个账户的本期发生额和期末余额，据以编制财务报表，以总结某一时期内的经济活动情况和经营成果的一种方法。

　　结账前，必须将本期内发生的各项经济业务全部登记入账。这是结账工作的前提和基础，只有这样才能保证结账工作的正确性。

　　实行权责发生制的单位，按照权责发生制的要求，进行账项调整的账务处理，并在此基础上，进行有关转账业务的账务处理，合理确定本期应计的收入和费用；结平损益类账户；结出资产、负债、所有者权益类账户的本期发生额和余额，并结转下期。需要说明的是，不能为了赶制报表而提前结账，也不能将本期发生的经济业务延至下期登账，也不能先编财务报表后结账。

　　结账时，应结出每个账户的本期发生额和期末余额，包括现金日记账、银行存款日记账、总分类账以及有关明细分类账各账户的本期发生额和期末余额。

　　计算登记各种账簿本期发生额和期末余额的工作，一般按月进行，称为月结；有的账目应按季结算，称为季结；年度终了，还应进行年终结账，称为年结。

工作指导

# 一、对账工作要点

## （一）主要账户的对账审核

财务共享服务中心审核会计除了对以上每一笔经济业务逐笔进行凭证审核之外，还需要根据账户的性质和记账规则，对主要账户进行对账审核工作。实务工作中，审核会计的对账审核主要集中在账证核对和账账核对，应重点进行对账审核的账户有资金类账户、往来款项账户、存货类账户、"应交税费"账户以及损益类账户等。

### 1. 资金类账户的对账审核

资金类账户主要指库存现金和银行存款账户。库存现金作为资产类账户，应保证不能出现贷方余额。而对银行存款账户，应保证银行存款日记账的本期发生额、余额与银行对账单一致。

资金类账户的对账审核要点：将银行存款日记账的本期借方金额与银行对账单的本期贷方金额、银行存款日记账的本期贷方金额与银行对账单的本期借方金额以及二者的期末余额进行核对；检查是否存在未达账项。

审核会计登录财务云共享中心平台，查找银行存款日记账、银行对账单，执行【影像管理系统】—【影像获取】命令，在辅助类单据里查找银行对账单；执行【账簿】—【三栏式明细账】命令，选择银行存款下对应的二级科目，查看银行存款日记账；根据摘要将银行存款日记账和银行对账单的金额进行核对。

### 2. 往来款项账户的对账审核

在实务工作中，往来款项往往容易出现问题。例如对账不及时，会出现呆账；会计处理不规范，把应收账款计入其他应收款，会导致后期资金结算麻烦等。因此，需要做好内部控制，保证应收应付往来单位账务清晰、金额准确。

以北京万舞培训有限公司为例，讲解往来款项账户对账审核要点。根据科目余额表中"应收账款"的二级明细科目"北京民享餐饮有限公司"，查找明细账"应收账款——北京民享餐饮有限公司"；对当月的期初余额、本期借方发生额、本期贷方发生额、期末余额进行核对。

北京万舞培训有限公司"应收账款——北京民享餐饮有限公司"的科目余额表与"应收账款——北京民享餐饮有限公司"明细分类账核对如图 2-5-1 所示。

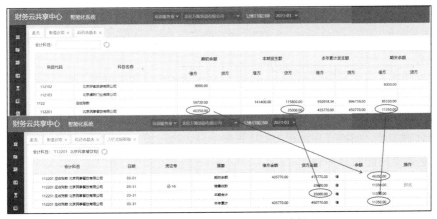

图 2-5-1 往来款项账户对账审核

### 3. 存货类账户的对账审核

在企业中，存货经常处于不断销售、耗用、购买或重置的状态，具有较强的变现能力和明显的流动性。存货类账户包括原材料、库存商品、在途物资、材料采购等，审核会计审核该类账户，应保证不能出现贷方余额。

### 4. "应交税费"账户的对账审核

"应交税费"账户用来核算企业应缴纳的各种税费，包括增值税、所得税、附加税费等。审核会计应对账审核应交税费各明细科目发生额、余额，确保准确无误。

对一般纳税人应交增值税的审核，将"应交税费——应交增值税（销项税额）"专栏贷方合计金额与增值税专用发票汇总统计表、增值税普通发票汇总统计表、增值税电子普通发票汇总统计表中"实际销项税额"核对无误，同时也应包含无票收入计算的增值税销项税额；将"应交税费——应交增值税（进项税额）"专栏借方合计金额与"进项税额认证清单"核对无误。

北京万舞培训有限公司"应交税费——应交增值税"科目余额表与"应交税费——应交增值税"明细分类账核对如图 2-5-2 所示。

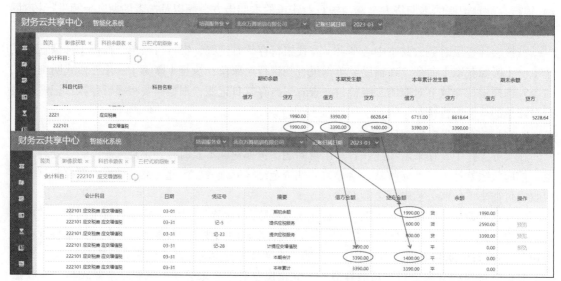

图 2-5-2 "应交税费"账户对账审核

"应交税费"账户的对账审核要点是通过科目余额表，查找"应交税费——应交增值税（销项税额）"科目本期发生额、期末余额，与该账户的明细分类账核对金额。若发现金额不符，通过凭证号查找问题。

对小规模纳税人应交税费的审核，需将"应交税费——应交增值税"明细科目与增值税开票汇总统计表核对无误。一定要注意该小规模纳税人是否享受增值税减免税政策。

在保证增值税计算准确无误的情况下，再计算附加税费。例如，城市维护建设税、教育费附加、地方教育附加等，同样要注意相关附加税费的减免税政策。

### 5. 损益类账户的对账审核

季度末，计算企业所得税时，一定保证营业收入、营业成本、利润总额准确无误。例如，将企业所得税计算表中的"营业收入"项目与"主营业务收入""其他业务收入"项目的加总金额核对。

损益类账户的对账审核要点是营业收入要包括主营业务收入和其他业务收入；企业所得税计算表中的"营业收入"项目，应等于主营业务收入与其他业务收入当月发生额合计等。

实务工作中，主要账户的审核范围较广，这里不一一展开。审核会计应充分运用职业判断，熟练掌握账户之间的关系，以及账户与账簿、报表、税费的勾稽关系，做好对账审核工作。

### （二）期末事项的对账审核

月末，审核会计需要对期末事项涉及的相关数据进行审核，常见的期末事项包括计提固定资产折旧、计提无形资产摊销、计提职工工资、房屋租金摊销、结转损益等，确保计提、摊销、结转事项均无遗漏。

#### 1. 计提固定资产折旧的对账审核

通常情况下，企业采用年限平均法计提折旧。审核会计可通过查看固定资产折旧明细表，查看当月的折旧额是否有异常，是否有新增的固定资产或者处置固定资产。对账审核的要点包括固定资产的入账时间、月折旧额是否异常、固定资产是否发生增减变动。

审核固定资产折旧时，可执行【特殊凭证】—【费用摊销】—【固定资产】命令，查看固定资产折旧明细表，如图 2-5-3 所示。

| 27 | | | | | | | | | | | |
|---|---|---|---|---|---|---|---|---|---|---|---|
| 固定资产折旧明细表 | | | | | | | | | | | |
| 编制单位：北京万鹰培训有限公司 | | | | | 日期：2023年3月31日 | | | | | 单位：元 | |
| 使用部门 | 名称 | 单位 | 数量 | 购入日期 | 折旧方法 | 原值 | 残值率 | 使用年限 | 残值 | 月折旧额 | 累计折旧 | 净值 | 备注 |
| 管理部 | 海尔空调 | 台 | 4 | 2022/4/1 | 年限平均法 | 20000.00 | 5% | 5 | 1000 | 316.67 | 3483.37 | 16516.63 |
| 管理部 | 工作台 | 套 | 1 | 2022/4/1 | 年限平均法 | 55000.00 | 5% | 5 | 2750 | 870.83 | 9579.13 | 45420.87 |
| 管理部 | 华硕笔记本电脑 | 台 | 2 | 2022/6/1 | 年限平均法 | 10000.00 | 5% | 3 | 500 | 263.89 | 2375.01 | 7624.99 |
| 管理部 | 打印机 | 台 | 1 | 2022/6/1 | 年限平均法 | 3800.00 | 5% | 3 | 190 | 100.28 | 902.52 | 2897.48 |
| 管理部 | 茶饮柜 | 台 | 1 | 2021/9/1 | 年限平均法 | 4000.00 | 5% | 5 | 200 | 63.33 | 1139.94 | 2860.06 |
| 管理部 | 茶饮车 | 台 | 1 | 2021/9/1 | 年限平均法 | 2800.00 | 5% | 5 | 140 | 44.33 | 797.94 | 2002.06 |
| 管理部 | 海尔冰箱 | 台 | 1 | 2021/9/1 | 年限平均法 | 16800.00 | 5% | 5 | 840 | 266.00 | 4788.00 | 12012.00 |
| 管理部 | 海尔冰柜 | 台 | 1 | 2021/9/1 | 年限平均法 | 14000.00 | 5% | 5 | 700 | 221.67 | 3990.06 | 10009.94 |
| 管理部 | 长城皮卡 | 辆 | 1 | 2022/1/2 | 年限平均法 | 100000.00 | 5% | 4 | 5000 | 1979.17 | 27708.38 | 72291.62 |
| 合 | 计 | | | | | 226400.00 | | | 11320 | 4126.17 | 54764.35 | 171635.65 |
| | | 制单：陈红梅 | | | | | | | | | 审核：叶鹏飞 | |

图 2-5-3　固定资产折旧明细表

#### 2. 计提职工工资的对账审核

将计提的职工工资、社保金额与工资表、社保计算表中的金额核对，保证数据准确无误。

#### 3. 结转损益的对账审核

期末，应将各损益类账户的金额结转至"本年利润"账户，结转后无余额。因此，月末需检查是否生成损益结转的记账凭证，结转后损益类账户应无余额。

登录财务云共享中心平台，执行【账簿】—【多栏式明细账】命令，选择科目后单击【查询】，每个损益类账户都要点进去查看是否无余额。审核损益类账户的金额是否全部结转至"本年利润"账户。

## 二、结账的平台操作

财务共享服务中心审核会计完成对账审核以及第二次过账工作后，即可进行结账工作。企业传统手工会计的结账工作相对比较烦琐，工作量也比较大。财务共享服务中心的智能化结账能极大地提高工作效率以及结账的准确性，并为编制财务报表奠定基础。财务云共享中心平台结账的具体操作流程为：执行【账务处理】—【结账】—【期末结账】命令，如图 2-5-4 所示。

图 2-5-4　期末结账

 **业务训练**

## 一、单选题

1. 在企业与银行双方记账无误的情况下银行存款日记账与银行对账单余额不一致是由于有（　　）存在。

  A. 应收账款　　　　B. 应付账款　　　　C. 未达账项　　　　D. 其他货币资金

2. 下列各项中，属于账实核对的是（　　）。

  A. 总账和明细账核对　　　　　　　　　B. 银行存款日记账和银行对账单核对

  C. 账簿记录和记账凭证核对　　　　　　D. 总账和日记账核对

3. 下列各项中，属于账账核对的是（　　）。

  A. 各项财产物资明细账与财产物资的实有数额定期核对

  B. 银行存款日记账余额与银行对账单余额核对

  C. 总账账户借方发生额合计与有关明细账账户借方发生额合计核对

  D. 各种应收、应付账款明细账账面余额与有关债权、债务单位的账面记录相核对

4. 以下不属于对账审核的主要账户的是（　　）。

  A. 所有者权益类账户　　　　　　　　　B. 资金类账户

  C. 往来款项账户　　　　　　　　　　　D. 存货类账户

5. 对小规模纳税人应交税费的审核，需将"应交税费——应交增值税"明细科目与（　　）核对无误。

  A. 增值税普通发票　　　　　　　　　　B. 增值税专用发票

  C. 增值税开票汇总统计表　　　　　　　D. 增值税清单发票

## 二、多选题

1. 在企业中，存货经常处于不断销售、耗用、购买或重置的状态，具有较快的变现能力和明显的流动性，因此，期末需要对存货类账户进行审核，需审核的存货类账户包括（　　）。

  A. 原材料　　　　B. 库存商品　　　　C. 在途物资　　　　D. 材料采购

2. 期末，损益类账户的对账审核要点包括（　　）。

  A. 主营业务收入的审核　　　　　　　　B. 其他业务收入的审核

  C. 主营业务成本的审核　　　　　　　　D. 其他业务成本的审核

3. 计提固定资产折旧对账审核的要点包括（　　）。

  A. 固定资产的入账时间　　　　　　　　B. 月折旧额是否异常

C. 固定资产是否发生增减变动　　　　D. 固定资产是否减值

4. 审核会计需要对期末事项涉及的相关数据进行审核，常见的期末事项包括（　　　　）。

　　A. 计提固定资产折旧　　　　　　　B. 计提无形资产摊销

　　C. 计提职工工资　　　　　　　　　D. 结转损益

### 三、判断题

1. 期末对账时，也包括账证核对，即核对会计账簿记录与原始凭证、记账凭证的时间、凭证字号、内容、金额是否一致，记账方向是否相符。　　　　　　　　　　（　　　）

2. 会计账簿和记账凭证核对属于账账核对。　　　　　　　　　　　　　　（　　　）

3. 月末不需检查是否生成损益结转的记账凭证。　　　　　　　　　　　　（　　　）

4. 计提的职工工资、社保金额应与工资表、社保计算表中的金额核对，以保证数据准确无误。

（　　　）

5. 审核会计可通过查看固定资产折旧明细表，查看当月的折旧额是否有异常，是否有新增的固定资产或者处置固定资产。　　　　　　　　　　　　　　　　　（　　　）

### 任务评价

完成了对账与结账的任务学习，参照下表判断自己对工作任务的掌握程度。已掌握的打√，未掌握的填写在工作记录与反思中。

| 工作任务 | 任务要求 | 掌握情况 |
| --- | --- | --- |
| 主要账户的对账审核 | 审核主要账户的余额方向是否正确，金额是否正确 | |
| 期末事项的对账审核 | 审核期末计提、结转事项是否完成，金额是否正确 | |
| 期末结账操作 | 按照期末结账要求完成财务云共享中心平台结账业务操作 | |

【工作记录与反思】

| 时间 | |
| --- | --- |
| 工作任务 | |
| 任务目标 | |
| | |
| 遇到的问题 | |
| | |
| 经验总结（解决问题的办法） | |
| | |

# 工作任务六　财务报表

　　勤诚财务共享中心完成了北京万舞培训有限公司的票据录入、凭证审核、过账、对账以及结账等工作。在勤诚财务共享中心，财务核算工作的最后一项就是生成审核财务报表。财务云共享中心平台通过简单的操作就可以生成财务报表。审核会计还需运用财务报表的编制原理对生成的财务报表进行审核。

**预备知识**

## 一、认识财务报表

　　财务报表是指对企业财务状况、经营成果和现金流量进行结构性表述的报表。一套完整的财务报表至少应当包括"四表一注"，即资产负债表、利润表、现金流量表、所有者权益变动表和附注，并且这些组成部分在列报上具有同等的重要程度，企业不得强调某张报表或某些报表（或附注）较其他报表（或附注）更为重要。附注是对在资产负债表、利润表、现金流量表和所有者权益变动表等报表中列示项目的文字描述或明细资料，以及对未能在这些报表中列示的项目的说明等。

　　财务报表列报是指交易和事项在报表中的列示和在附注中的披露。其中，"列示"通常反映资产负债表、利润表、现金流量表和所有者权益变动表等报表中的信息；"披露"通常主要反映附注中的信息。

　　财务报表应当依据国家统一会计制度要求，根据登记完整、核对无误的会计账簿记录和其他有关资料编制，做到数字真实、计算准确、内容完整、说明清楚。

　　企业编制财务报表时应当对企业持续经营能力进行评估；除现金流量表信息外，企业应当按照权责发生制编制财务报表；企业财务报表项目的列报应当在各个会计期间保持一致；企业单独列报或汇总列报相关项目时应当遵循重要性原则；企业财务报表项目一般不得以金额抵销后的净额列报等。

## 二、资产负债表

　　资产负债表是反映企业在某一特定日期的财务状况的报表，是对企业特定日期的资产、负债和所有者权益的结构性表述。它反映企业在某一特定日期所拥有或控制的经济资源、所承担的现时义务和所有者对净资产的要求权。其中，特定日期分别指会计期间中会计年度的年末及中期的月末、季末和半年末（如 6 月 30 日）等；财务状况是指企业经营活动及其结果在某一特定日期的资金结构状况及其表现，表明企业取得资金的来路和这些资金的使用状态与去向，如资产负债率是反映企业财务状况的重要指标，表明企业在特定日期所使用的资金中通过负债取得的资金的比率。

　　资产负债表可以反映企业在某一特定日期所拥有或控制的经济资源、所承担的现时义务和所有者对净资产的要求权，帮助财务报表使用者全面了解企业的财务状况，分析企业的偿债能力等，从而为其做出经济决策提供依据。

微课

编制资产负债表

## 三、利润表

利润表，又称损益表，是反映企业在一定会计期间的经营成果的报表。它是在会计凭证、会计账簿等会计资料的基础上进一步确认企业一定会计期间经营成果的结构性表述，综合反映企业利润的实现过程和利润的来源及构成情况，是对企业一定会计期间经营业绩的系统总结。

微课

编制利润表

利润表有助于财务报表使用者分析判断企业净利润的质量及其风险，评价企业经营管理效率，有助于财务报表使用者预测企业净利润的持续性，从而做出正确的决策。利润表可以反映企业在一定会计期间的收入实现情况，如实现的营业收入、取得的投资收益、发生的公允价值变动损益及营业外收入等对利润的贡献大小；可以反映企业一定会计期间的费用情况，如发生的营业成本、税金及附加、销售费用、管理费用、财务费用、营业外支出等对利润的影响程度；可以反映企业一定会计期间的净利润实现情况，分析判断企业受托责任的履行情况，进而反映企业资本的保值增值情况，为企业管理者免除受托责任提供依据；将利润表资料及信息与资产负债表资料及信息相结合进行综合计算分析，如将营业成本与存货或资产总额的平均余额进行比较，可以反映企业运用其资源的能力和效率，便于分析判断企业资金周转情况及盈利能力和水平，进而判断企业未来的盈利增长和发展趋势，做出相应经济决策。

### 工作指导

## 一、生成资产负债表

财务报表是财务核算的最终产品，为了保证其数据准确无误，就必须清楚表内及表间的勾稽关系，并且在生成报表前完成过账、结账等工作。

在财务云共享中心平台中，执行【报表】—【资产负债表】—【生成报表】命令，系统会自动生成资产负债表，如图 2-6-1 所示。

图 2-6-1 生成资产负债表

## 二、生成利润表

利润表的生成方式与资产负债表的生成方式相同。在财务云共享中心平台中，执行【报表】—【利润表】—【生成报表】命令，系统会自动生成利润表，如图 2-6-2 所示。

图 2-6-2　生成利润表

## 三、财务报表的审核要点

财务共享服务中心财务核算智能化的功能之一就是自动生成财务报表。生成财务报表的操作很简单，但是作为财务共享服务中心的审核会计不但要掌握生成报表的平台操作，还要懂财务报表的编制原理，并且可以对生成的财务报表进行审核。

审核会计可以通过执行【报表】—【资产负债表】/【利润表】—【查看报表】命令，查看资产负债表、利润表，如图 2-6-3 和图 2-6-4 所示。

图 2-6-3　查看资产负债表

图 2-6-4　查看利润表

实务工作中，一般企业的财务报表包括资产负债表、利润表、现金流量表等。审核会计需要审核表内以及表间的勾稽关系。

### 1. 审核资产负债表

资产负债表是反映企业财务状况的报表，包括资产、负债、所有者权益三个会计要素，且三要素之间的总体关系为：资产=负债+所有者权益。

在资产负债表中，首先，要保证表内关系正确，即"资产=负债+所有者权益"。其次，要保证表间关系正确，资产负债表"货币资金"项目期末余额应与本期现金流量表中"六、期末现金及现金等价物余额"项目的金额相等。资产负债表报表项目"未分配利润"期末余额与期初余额相减后的差额应等于本期利润表中的"净利润"项目。

资产负债表的表内关系审核要点包括表内填列内容是否完整，如日期是否漏填及有关人员签章是否齐全等；表内相关数据的准确性，如将表内左右两边项目数字分别相加，计算资产的总额是否等于负债总额与所有者权益总额之和；表内综合项目的填列是否正确，如资产负债表"上年年末余额"栏内各项数字与上年年末资产负债表的"期末余额"栏内所列数字是否一致。

### 2. 审核利润表

利润表是反映企业在一定会计期间经营成果的财务报表。系统生成利润表后，审核会计需将利润表的相关数据与"本年利润"科目的发生额、余额进行核对，保证数据准确无误。

### 3. 审核现金流量表

现金流量表是反映一定时期内（如月度、季度或年度）企业经营活动、投资活动和筹资活动对其现金及现金等价物所产生影响的财务报表。审核时，需将本期资产负债表中的"货币资金"项目期末余额与上期资产负债表中"货币资金"项目期末余额相减，看差额是否与本期现金流量表中"五、现金及现金等价物净增加额"项目的金额相同。

微课

编制现金流量表

目前，财务云共享中心平台仅内置资产负债表、利润表，审核会计只需确认这两张报表的数据无误即可。

## 业务训练

### 一、单选题

1. 会计报表编制的依据是（　　）。

    A. 原始凭证　　　　B. 记账凭证　　　　C. 会计凭证　　　　D. 账簿

2. 我国利润表的格式为（　　）。

    A. 单步式　　　　B. 多步式　　　　C. 报告式　　　　D. 账户式

3. 下列不应直接记入利润表的是（　　）。

    A. 销售费用　　　　B. 营业外支出　　　　C. 所得税费用　　　　D. 制造费用

4. 下列报表中，其结构有账户式和报告式的是（　　）。

    A. 资产负债表　　　　　　　　　　　B. 利润表

    C. 所有者权益变动表　　　　　　　　D. 现金流量表

5. 资产负债表是反映企业（　　）财务状况的报表。

    A. 一定时间内　　　B. 一年内　　　C. 一个月内　　　D. 某一特定日期

6. 现金流量表中的"六、期末现金及现金等价物余额"项目一般等于（　　）。

    A. 资产负债表中"货币资金"项目的期初金额

B. 资产负债表中"货币资金"项目的期末金额

C. "库存现金"账户期末余额

D. "银行存款"账户期末余额

7. 杭州淘鞋批发有限公司本期营业收入为 300 万元，管理费用为 37 万元，投资收益为 88 万元，营业外支出为 10 万元，所得税费用为 40 万元。假定不考虑其他因素，该公司本期净利润为（    ）。

    A. 301 万元　　　　B. 250 万元　　　　C. 213 万元　　　　D. 350 万元

## 二、多选题

1. 资产负债表是（    ）。

    A. 反映企业财务状况的报表　　　　　　B. 反映企业报告期末财务状况的报表

    C. 反映企业报告期间财务状况的报表　　D. 反映企业财务状况的静态报表

2. 资产负债表中"货币资金"项目编制的依据是（    ）。

    A. 库存现金　　　　B. 银行存款　　　　C. 其他货币资金　　　　D. 交易性金融资产

3. 利润表中的"营业收入"项目应根据（    ）之和来填列。

    A. 主营业务收入　　　B. 其他业务收入　　　C. 投资收益　　　D. 营业外收入

4. 下列报表中属于动态报表的有（    ）。

    A. 资产负债表　　　　　　　　　　　　B. 利润表

    C. 现金流量表　　　　　　　　　　　　D. 所有者权益变动表

5. 资产负债表的"存货"项目，应根据（    ）账户的期末余额填列。

    A. "原材料"　　　　B. "生产成本"　　　　C. "库存商品"　　　　D. "在途物资"

## 三、判断题

1. 利润表的格式可以有多步式和单步式两种，我国企业采用的是多步式利润表。（    ）

2. 财务报表按其反映的内容，可以分为动态财务报表和静态财务报表，资产负债表是反映在某一时期企业财务状况的财务报表。（    ）

3. 利润表反映的是企业某一时点的经营成果，利润表中各项目的金额反映的是本期发生额。（    ）

4. 编制财务报表的主要目的就是为财务报表使用者决策提供信息。（    ）

5. 资产负债表的编制依据为"资产=负债+所有者权益"。（    ）

6. 利润表"净利润"项目的本期金额，一定与"本年利润"科目期末余额相同。（    ）

## 任务评价

完成了财务报表的任务学习，参照下表判断自己对工作任务的掌握程度。已掌握的打√，未掌握的填写在工作记录与反思中。

| 工作任务 | 任务要求 | 掌握情况 |
| --- | --- | --- |
| 生成资产负债表 | 按财务云共享中心平台操作要求生成资产负债表，审核资产负债表的正确性 | |
| 生成利润表 | 按财务云共享中心平台操作要求生成利润表，审核利润表的正确性 | |

【 工作记录与反思 】

| 时间 | |
|---|---|
| 工作任务 | |

| 任务目标 |
|---|
| |

| 遇到的问题 |
|---|
| |

| 经验总结（解决问题的办法） |
|---|
| |

# 项目三

# 纳税申报工作

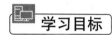 **学习目标**

**知识目标**

1. 熟悉增值税、城市维护建设税、教育费附加、地方教育附加、印花税、企业所得税、个人所得税等内容。

2. 熟悉国家减免税优惠政策的内容。

3. 熟悉税收征收管理法中纳税申报管理的相关规定。

**能力目标**

1. 能够依照相关政策法规，正确计算各税种当期应纳税额。

2. 能应用电子报税系统，完成增值税及附加税费、印花税、企业所得税申报缴纳和个人所得税、社保费计算与缴纳工作。

3. 能够将纳税申报表与账、票核对，复核纳税申报表数据的准确性。

**素质目标**

1. 有办税会计的职业素质，遵纪守法，牢记宪法规定。

2. 有良好的职业道德和人文素质，工作细心，责任心强，善于沟通协调，擅长与税务部门、银行等联系。

3. 有不断学习进取的精神，随时关注财税政策变化，注重知识的更新和完善。

**学习引领**

财务共享服务中心财务人员对企业当月发生的经济业务进行会计核算后，还要根据《中华人民共和国税收征收管理法》的规定，在规定的纳税申报期内，向税务局申报税费，一般企业需要定期申报的税费主要有增值税、城市维护建设税、教育费附加、地方教育附加、印花税、企业所得税、个人所得税等相关税费，因此，纳税申报是企业财务人员需要定期完成的一项重要的日常工作，需要认真对待。依法纳税也是每个企业、每个公民的义务，应该具备依法纳税的意识。

【思考】申报这些主要的税费前需要准备哪些税务资料，纳税申报的流程是什么，如何填写纳税申报表，企业如何履行好依法纳税义务？

# 工作任务一 计算与申报增值税及附加税费

 **任务导入**

北京一鸣伞业有限公司位于北京市东城区东城街道宁夏路 729 号，主要从事遮阳伞、雨伞的生产与销售，为一般纳税人，系小型微利企业，法定代表人为李佳惠。该公司 3 月的经济业务已完成了相关的账务处理，接下来需要财务共享服务中心财务人员根据公司提供的报税资料，进行整理、审核、统计，并计算应纳税额，同时在 4 月申报期内登录电子税务局完成 3 月的增值税及附加税费申报与税款缴纳。

北京晨优饮料有限公司位于北京市东城区北辛街道民风路 1989 号，主要经营饮料的生产与销售，为小规模纳税人，法定代表人为孟晶滢。该公司 3 月的经济业务已完成了相关的账务处理，接下来需要财务共享服务中心财务人员根据公司提供的报税资料，进行整理、审核、统计，并计算应纳税额，同时在 4 月申报期内登录电子税务局完成第一季度增值税及附加税费申报与税款缴纳。

**预备知识**

## 一、增值税纳税人

在中华人民共和国境内销售货物、服务、无形资产、不动产（以下简称"应税交易"），以及进口货物的单位和个人（包括个体工商户），为增值税的纳税人。按纳税人的经营规模和会计核算是否健全，增值税纳税人可划分为一般纳税人和小规模纳税人。

### （一）一般纳税人

一般纳税人指应税交易的年应税销售额超过财政部、国家税务总局规定标准的纳税人。

下列纳税人不办理一般纳税人资格认定：个体工商户以外的其他个人；选择按照小规模纳税人纳税的非企业性单位；选择按照小规模纳税人纳税的不经常发生应税行为的企业。

### （二）小规模纳税人

小规模纳税人是指年应征增值税销售额未超过五百万元的纳税人。年应税销售额超过规定标准但不经常发生应税行为的单位和个体工商户，可以选择按小规模纳税人纳税。

微课

中小微企业纳税申报

## 二、增值税征税范围

增值税征税范围包括在境内发生的应税交易以及进口货物等，具体规定如下。

（1）销售或者进口货物。货物是指有形动产，包括电力、热力、气体在内。销售货物是指有偿转让货物的所有权。

（2）销售服务。销售服务包括有偿提供加工修理修配服务、交通运输服务、邮政服务、基础电信服务、建筑服务、金融服务、现代服务、生活服务。

（3）销售无形资产。销售无形资产是指转让无形资产所有权或者使用权的业务活动。无形资产包括技术、商标、著作权、商誉、自然资源使用权和其他权益性无形资产。

（4）销售不动产。销售不动产是指有偿转让不动产所有权的业务活动。不动产包括建筑物、构筑物等。

## 三、增值税税率及征收率

小规模纳税人常用的征收率是 3%，其具体适用范围可扫描右侧二维码了解。

一般纳税人适用的税率主要有 13%、9%、6%、0%四档税率，征收率为 3%，特殊业务征收率减按 2%计算。其具体适用范围可扫描右侧二维码了解。

## 四、增值税应纳税额计算

一般纳税人和小规模纳税人增值税的计算方法及纳税申报表填写方法不同，因此在计算申报增值税时，要结合纳税人的性质，进行税额计算与申报操作。

### （一）一般纳税人税额计算

一般纳税人发生应税交易应当按照一般计税方法，通过销项税额抵扣进项税额计算应纳税额的方式，计算缴纳增值税。其计算公式为

当期应纳税额=当期销项税额-（当期进项税额-进项税额转出）-上期留抵税额

当期进项税额大于当期销项税额的部分，纳税人可以按照国务院的规定选择结转下期继续抵扣或者申请退还。

#### 1. 当期销项税额的计算

当期销项税额=当期销售额×税率

销售额是指纳税人发生应税交易取得的与之相关的价款，包括货币和非货币形式的经济利益对应的全部价款，增值税是价外税，应税交易的销售额不包括按照一般计税方法计算的销项税额和按照简易计税方法计算的应纳税额。

对视同应税交易以及销售额为非货币形式的，纳税人应当按照市场价格确定销售额。

《中华人民共和国增值税法》规定，有下列情形之一的，视同应税交易，应当依照规定缴纳增值税：

① 单位和个体工商户将自产或者委托加工的货物用于集体福利或者个人消费；

② 单位和个体工商户无偿转让货物；

③ 单位和个人无偿转让无形资产、不动产或者金融商品。

#### 2. 当期进项税额的确定

进项税额是指纳税人购进货物、服务、无形资产、不动产支付或者负担的增值税税额。一般纳税人发生购进业务时，纳税人应当凭法律、行政法规或者国务院规定的增值税扣税凭证从销项税额中抵扣进项税额。目前可作为进项税额抵扣的票据类别及抵扣方式如表 3-1-1 所示。

表 3-1-1　　　　　　　　　可作为进项税额抵扣的票据类别及抵扣方式

| 序号 | 票据类别 | 抵扣方式 | 抵扣税额 |
|---|---|---|---|
| 1 | 增值税专用发票 | 登录税务数字账户确认发票用途后勾选抵扣 | 发票上注明的税额 |
| 2 | 机动车销售统一发票 | | |
| 3 | 收费公路通行费增值税电子普通发票 | | |
| 4 | 海关专用缴款书 | 登录税务数字账户勾选抵扣 | 海关专用缴款书上注明的税额 |
| 5 | 解缴税款的完税凭证 | 填列申报 | 完税凭证上注明的税额 |
| 6 | 农产品收购发票或销售发票 | 计算抵扣 | ① 用于生产或委托加工适用 13%税率的货物，抵扣税额=买价×10% |
| | | | ② 用于其他货物生产，抵扣税额=买价×9% |
| 7 | 桥闸通行费发票 | 计算抵扣 | 可抵扣进项税额=发票上注明的金额÷（1+5%）×5% |
| 8 | 国内旅客运输客票 | 计算抵扣（票面需要注明旅客身份信息） | ① 航空运输电子客票行程单<br>可抵扣税额=（票价+燃油附加费）÷（1+9%）×9% |
| | | | ② 铁路车票可抵扣税额=票价÷（1+9%）×9%<br>备注：新版电子火车票直接按注明税额抵扣 |
| | | | ③ 公路、水路等客票可抵扣税额=票价÷（1+3%）×3% |
| | | 填列申报 | 增值税电子普通发票，为发票上注明的税额 |
| 9 | 外贸企业进项税额抵扣证明 | 填列申报 | 按注明的税额抵扣 |

### 3. 进项税额转出的判断

纳税人购进业务已抵扣进项税额，但后期发现凭证不合规，或发生了不得抵扣的情形，则需要进行进项税额转出。

纳税人的下列进项税额不得从其销项税额中抵扣：①适用简易计税方法计税项目对应的进项税额；②免征增值税项目对应的进项税额；③非正常损失项目对应的进项税额；④购进并用于集体福利或者个人消费的货物、服务、无形资产、不动产对应的进项税额；⑤购进并直接用于消费的餐饮服务、居民日常服务和娱乐服务对应的进项税额；⑥国务院规定的其他进项税额。

### （二）小规模纳税人税额计算

小规模纳税人可以按照销售额和征收率计算应纳税额的简易计税方法，计算缴纳增值税，其计算公式为

$$应纳税额 = 销售额 × 征收率$$

如果销售额中包含增值税税额，需要按下列公式换算为不含税销售额：

$$不含增值税的销售额 = 含增值税销售额 ÷ （1+征收率）$$

※ 此处图标为"工作指导"标题框

## 一、一般纳税人增值税及附加税费纳税申报流程及要点

### （一）在税务数字账户办理发票勾选确认业务

纳税人每月申报增值税及附加税费时，需要先进入电子税务局对当期购进业务的发票进行勾选、用途确认并统计，勾选认证通过后，本期报税时才能抵扣进项税额。

（1）登录财务共享（云税务）平台，执行【任务办理】—【税务数字服务】命令，如图 3-1-1 所示。进入【税务数字账户】页面，如图 3-1-2 所示。

图 3-1-1　选择【税务数字服务】

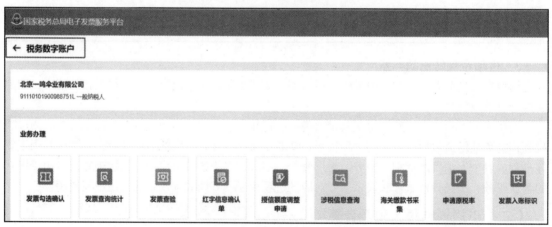

图 3-1-2　【税务数字账户】页面

在【税务数字账户】页面，纳税人可进行发票勾选确认、查询统计、查验等，并能查看税收政策和发票风险提示。

（2）在【税务数字账户】页面，单击【发票勾选确认】，进入【用票业务功能】页面，如图 3-1-3 所示。

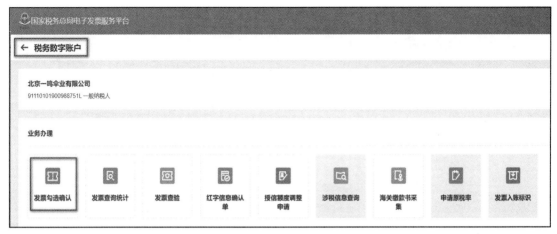

图 3-1-3　【用票业务功能】页面

（3）在【用票业务功能】页面，单击【抵扣类勾选】，在【发票】选项卡中的【勾选状态】栏选择【未勾选】，根据需要输入或选择相关查询条件，然后单击【查询】按钮，在勾选操作区以列表形式显示符合查询条件的发票，选择要勾选的发票信息，如图 3-1-4 所示。

图 3-1-4　抵扣类发票勾选查询页面

（4）单击【提交勾选】按钮，然后单击【确定】按钮，打开提示提交成功的对话框，单击【确定】按钮，如图 3-1-5 所示。

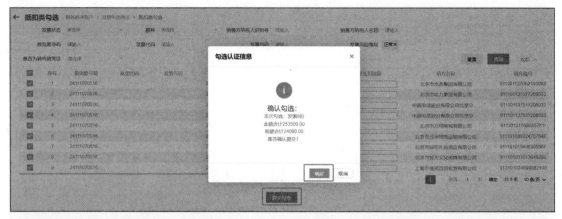

图 3-1-5　提交、确定勾选发票

（5）执行【税务数字账户】—【发票勾选确认】—【抵扣类勾选】—【统计确认】命令，单击【申请统计】按钮进行统计，如图 3-1-6 所示。

图 3-1-6　申请统计

（6）申请统计提交后系统将对发票勾选结果进行实时统计，核对统计数据无误后，需对统计表进行确认，单击【统计确认】按钮，打开【统计确认】对话框，如图 3-1-7 所示。

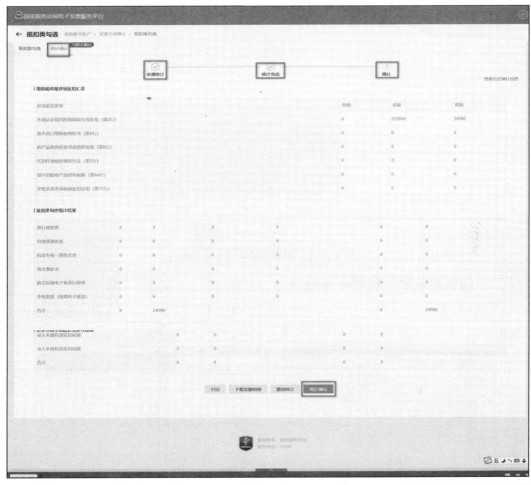

图 3-1-7　统计确认

（7）单击【确认】按钮，关闭对话框，输出结果，下方出现【撤销确认】按钮，如图 3-1-8 所示。

图 3-1-8　出现【撤销确认】按钮

## （二）增值税及附加税费申报表填写

（1）进入财务共享（云税务）平台，单击【北京市电子税务局】，进入北京市电子税务局网站，输入用户名、密码，验证通过后，单击【登录】按钮，如图 3-1-9 所示。

图 3-1-9　登录北京市电子税务局

（2）执行【申报税（费）清册】—【按期应申报】命令，页面右侧即显示相关税费申报项目。单击【增值税及附加税费申报表（一般纳税人）】征收项目后的【填写申报表】按钮，如图3-1-10所示。

图3-1-10 选择【增值税及附加税费申报表（一般纳税人）】征收项目

（3）进入申报表填写页面，填写增值税及附加税费纳税申报表主表及各个附表，具体填写过程如下。

① **了解背景单据及企业信息说明**。根据企业信息说明了解企业能否享受税收优惠政策以及其他影响纳税申报表填写的情况。北京一鸣伞业有限公司属于小型微利企业，其城市维护建设税、教育费附加、地方教育附加、印花税可享受减半征收的税收优惠。其企业信息说明如图3-1-11所示。

图3-1-11 企业信息说明

了解企业基本信息后，开始填写增值税及附加税费纳税申报表的主表及相关附表，填写时要注意填表顺序，一般先填附表，附表数据会自动同步到主表。下面按填表顺序，对北京一鸣伞业有限公司3月的增值税及附加税费纳税申报表的填写过程及方法进行说明。

② **填写《增值税及附加税费申报表附列资料（一）》（本期销售情况明细）**。该表反映了纳税人各种销售业务的销售额和销项税额的总体情况，填写前，一方面要将销售业务按发票类型、税目、税率的不同制作本期销售情况统计表，注意在制作统计表时，对未开票收入等相关数据也要进行统计整理。另一方面要进入税务数字账户查询、统计并打印出本期开票信息，比如增值税专用发票汇总表、增值税普通发票汇总表、增值税电子普通发票汇总表等本企业开具的各种发票汇总表，将各种发票汇总表与本期销售情况统计表进行核对，核对无误后可依据本期销

售情况统计表填写《增值税及附加税费申报表附列资料（一）》（本期销售情况明细），如图 3-1-12 所示。

图 3-1-12　依据本期销售情况统计表填写附列资料（一）

填写时，如果涉及"差额征税"的销售项目，还需要填写《增值税及附加税费申报表附列资料（三）》（服务、不动产和无形资产扣除项目明细）。

填写《增值税及附加税费申报表附列资料（一）》（本期销售情况明细）的关键是会判断不同情况下的销售额应填写到表中的哪个列次和行次，判断的基本思路如下。

a. 根据销售业务所开具发票的种类，界定销售额需要填到表中的哪个列次，界定方法如表 3-1-2 所示。

表 3-1-2　　　　　　　　　按发票种类选择填写列次

| 发票开具情况 | 销售额填写列次 |
| --- | --- |
| 增值税专用发票、机动车销售统一发票销售额 | 第 1 列次：开具增值税专用发票 |
| 普通发票、定额发票和其他发票销售额 | 第 3 列次：开具其他发票 |
| 无票销售业务、视同销售业务销售额 | 第 5 列次：未开具发票 |
| 纳税检查需要补税的业务销售额 | 第 7 列次：纳税检查调整 |
| 自动汇总第 1、3、5、7 列次销售额 | 第 9 列次：合计 |

销售额填写后，系统自动计算第 2 列、第 4 列、第 6 列、第 8 列"销项（应纳）税额"。第 9 列、第 10 列、第 11 列，是自动汇总计算的。第 12 列"服务、不动产和无形资产扣除项目本期实际扣除金额"是有"差额征税"业务的纳税人填写的，有这些业务的纳税人先填写《增值税及附加税费申报表附列资料（三）》（服务、不动产和无形资产扣除项目明细）中的相关项目后，自动同步到本列。第 13 列=第 11 列-第 12 列，系统自动计算。第 14 列=第 13 列÷（1+税率或征收率）×税率或征收率，系统自动计算。

b. 根据销售业务的计税模式、税目及税率，界定销售额需要填到表中的哪个行次，行次选择方法如表3-1-3所示。

表3-1-3                         按计税模式选择填写的行次

| 计税模式 | 销售额填写行次 |
|---|---|
| 一般计税方法计税 | 第1~7行 |
| 简易计税方法计税 | 第8~15行 |
| 免抵退税 | 第16~17行 |
| 免税 | 第18~19行 |

c. 分析北京一鸣企业有限公司本期销售情况统计表统计出的票种、税目、税率开票情况，填写《增值税及附加税费申报表附列资料（一）》（本期销售情况明细）。

③ 填写《增值税及附加税费申报表附列资料（三）》（服务、不动产和无形资产扣除项目明细）。

该表适用于纳税人提供服务、不动产和无形资产有扣除项目的纳税人，即有"差额征税"业务的纳税人，其他纳税人不需要填写。

差额征税是以取得的全部价款和价外费用，扣除支付给其他纳税人的规定项目后的销售额来计算税款的方法。

北京一鸣伞业有限公司销售不动产含税销售额为315 000元，该笔业务适用差额征税方法计算应交税额。已知所销售的商用店铺当初的买价为180 000元，则该笔业务应纳税额=（315 000-180 000）÷（1+5%）×5%≈6 428.57（元）。

《增值税及附加税费申报表附列资料（三）》（服务、不动产和无形资产扣除项目明细）的填写如图3-1-13所示。

| 项目及栏次 | | 本期服务、不动产和无形资产价税合计额（免税销售额） | 服务、不动产和无形资产扣除项目 | | | | |
|---|---|---|---|---|---|---|---|
| | | | 期初余额 | 本期发生额 | 本期应扣除金额 | 本期实际扣除金额 | 期末余额 |
| | | 1 | 2 | 3 | 4=2+3 | 5(5≤1且5≤4) | 6=4-5 |
| 13%税率的项目 | 1 | 0.00 | 0.00 | | 0.00 | | 0.00 |
| 9%税率的项目 | 2 | 0.00 | 0.00 | | 0.00 | | 0.00 |
| 6%税率的项目（不含金融商品转让） | 3 | | 0.00 | | 0.00 | | 0.00 |
| 6%税率的金融商品转让项目 | 4 | | 0.00 | | 0.00 | | 0.00 |
| 5%征收率的项目 | 5 | 315000.00 | 0.00 | 180000 | 180000.00 | 180000 | 0.00 |
| 3%征收率的项目 | 6 | | 0.00 | | 0.00 | | 0.00 |
| 免抵退税的项目 | 7 | 0.00 | 0.00 | | 0.00 | | 0.00 |
| 免税的项目 | 8 | 0.00 | 0.00 | | 0.00 | | 0.00 |

**增值税及附加税费申报表附列资料（三）** （服务、不动产和无形资产扣除项目明细）

纳税人识别号：9111010190098875 1L
所属时期：2024-03-01 至2024-03-31
纳税人名称：北京一鸣伞业有限公司
填表日期：2024-04-01
金额单位：元至角分

图3-1-13 填写《增值税及附加税费申报表附列资料（三）》（服务、不动产和无形资产扣除项目明细）

该表填写完毕并保存后，本期实际扣除的金额180 000元，会同步到《增值税及附加税费申报表附列资料（一）》（本期销售情况明细）的第12列9b行。至此，北京一鸣企业有限公司《增值税及附加税费申报表附列资料（一）》（本期销售情况明细）填写完毕，如图3-1-14所示。

④ 填写《增值税及附加税费申报表附列资料（二）》（本期进项税额明细）。

该表反映纳税人本期申报抵扣的进项税额、进项税额转出额、待抵扣进项税额及其他栏。

**增值税及附加税费申报表附列资料（一）**
**（本期销售情况明细）**

纳税人识别号：911101019009887511L　　纳税人名称：北京一鸣伞业有限公司
税款所属时期：2024年3月1日至2024年3月31日　　填表日期2024-04-01

| 项目及栏次 | | 栏次 | 开具增值税专用发票 销售额 (1) | 销项(应纳)税额 (2) | 开具其他发票 销售额 (3) | 销项(应纳)税额 (4) | 未开具发票 销售额 (5) | 销项(应纳)税额 (6) | 纳税检查调整 销售额 (7) | 销项(应纳)税额 (8) | 合计 销售额 9=1+3+5+7 | 销项(应纳)税额 10=2+4+6+8 | 价税合计 11=9+10 | 服务、不动产和无形资产扣除项目本期实际扣除金额 (12) | 扣除后 含税(免税)销售额 13=11-12 | 销项(应纳)税额 14=13÷(100%+税率或征收率)×税率或征收率 |
|---|---|---|---|---|---|---|---|---|---|---|---|---|---|---|---|---|
| 一、一般计税方法计税 全部征税项目 | 13%税率的货物及加工修理修配劳务 | 1 | 120000 | 15600 | 814000 | 105820 | | | | | 934000 | 121420 | | | —— | —— |
| | 13%税率的服务、不动产和无形资产 | 2 | | | | | | | | | | | | | —— | —— |
| | 9%税率的货物及加工修理修配劳务 | 3 | | | | | | | | | | | | | —— | —— |
| | 9%税率的服务、不动产和无形资产 | 4 | | | | | | | | | | | | | —— | —— |
| | 6%税率 | 5 | | | | | | | | | | | | | —— | —— |
| 其中：即征即退项目 | 即征即退货物及加工修理修配劳务 | 6 | —— | —— | —— | —— | —— | —— | —— | —— | | | | | —— | —— |
| | 即征即退服务、不动产和无形资产 | 7 | —— | —— | —— | —— | —— | —— | —— | —— | | | | | —— | —— |
| 二、简易计税方法计税 全部征税项目 | 6%征收率 | 8 | | | | | | | | | | | | | | |
| | 5%征收率的货物及加工修理修配劳务 | 9a | | | | | | | | | | | | | —— | —— |
| | 5%征收率的服务、不动产和无形资产 | 9b | | | 300000 | 15000 | | | —— | —— | 300000 | 15000 | 315000 | 180000 | 135000 | 6428.57 |
| | 4%征收率 | 10 | | | | | | | | | | | | | | |
| | 3%征收率的货物及加工修理修配劳务 | 11 | | | 80000 | 2400 | | | | | 80000 | 2400 | | | | |
| | 3%征收率的服务、不动产和无形资产 | 12 | | | | | | | | | | | | | | |
| | 预征率 ___% | 13a | | | | | | | | | | | | | | |
| | 预征率 ___% | 13b | | | | | | | | | | | | | | |
| | 预征率 ___% | 13c | | | | | | | | | | | | | | |
| 其中：即征即退项目 | 即征即退货物及加工修理修配劳务 | 14 | —— | —— | —— | —— | —— | —— | —— | —— | | | | | —— | —— |
| | 即征即退服务、不动产和无形资产 | 15 | —— | —— | —— | —— | —— | —— | —— | —— | | | | | —— | —— |
| 三、免抵退税 | 货物及加工修理修配劳务 | 16 | | | | | | | | | | | | | | |
| | 服务、不动产和无形资产 | 17 | | | | | | | | | | | | | | |
| 四、免税 | 货物及加工修理修配劳务 | 18 | | | | | | | | | | | | | | |
| | 服务、不动产和无形资产 | 19 | | | | | | | | | | | | | | |

图3-1-14　填写《增值税及附加税费申报表附列资料（一）》（本期销售情况明细）

a.“申报抵扣的进项税额”的填写。“申报抵扣的进项税额”栏跨第1至12行，填写纳税人本期能够抵扣的各种票据的进项税额。

对能够在税务数字账户勾选且确认的增值税专用发票、机动车销售统一发票、通行费电子普通发票等票据的进项税额，可自动同步到本表的第2行，进而汇总到第1行进行抵扣。北京一鸣伞业有限公司本期勾选抵扣的增值税专用发票有9份，金额为253 500元，进项税额为24 090元。

其他票据需要“计算抵扣”或“直接填列抵扣”，填写到相关栏次。“背景单据”显示北京一鸣伞业有限公司本月员工报销的差旅费票据中，机票、高铁票、公路客运发票按国内旅客运输业务抵扣进项税额，需要计算填写到该表，计算抵扣结果如表3-1-4所示。

表3-1-4　　　　　　　国内旅客运输业务抵扣进项税额计算情况

| 类型 | 份数 | 金额/元 | 备注 | 不含税金额/元 | 税额/元 | 填写栏次 |
|---|---|---|---|---|---|---|
| 机票 | 2 | 1 370 | 票价1 170元、燃油附加费100元、其他税费100元 | （1 170+100）÷（1+9%）≈1 165.14 | 1 165.14×9%≈104.86 | 发票份数6份、金额1 781.64元，税额147.36元填到表中第8b行“其他”栏；同时填到表上第10行“本期用于抵扣的旅客运输服务扣税凭证”栏 |
| 高铁票 | 2 | 436 | —— | 436÷（1+9%）=400 | 400×9%=36 | |
| 公路客运发票 | 2 | 223 | —— | 223÷（1+3%）≈216.50 | 216.50×3%≈6.50 | |
| 合计 | 6 | 2 029 | | 1 781.64 | 147.36 | |

b."进项税额转出额"的填写。"进项税额转出"栏跨第 13 至 23b 行，填写按税法规定不得从销项税额中抵扣，即需要转出的进项税额。

北京一鸣伞业有限公司的"盘盈盘亏处理报告"显示该公司 3 月发生原材料盘亏，盘亏的材料金额及前期抵扣过的进项税额如图 3-1-15 所示。

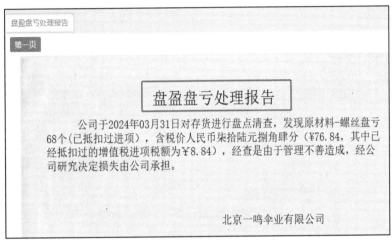

图 3-1-15 盘盈盘亏处理报告

"盘盈盘亏处理报告"显示原材料盘亏原因是管理不善，前期抵扣过的进项税额 8.84 元需要做进项税额转出，填入《增值税及附加税费申报表附列资料（二）》（本期进项税额明细）的第 16 行"非正常损失"栏。

c."待抵扣进项税额"的填写。"待抵扣进项税额"栏跨第 24 至 34 行，分别反映纳税人已经取得，但按税法规定不符合抵扣条件，暂不予在本期申报抵扣的进项税额情况及按税法规定不允许抵扣的进项税额情况，北京一鸣伞业有限公司本期没有发生待抵扣进项税额的业务，无需填写。

d."其他"的填写。"其他"栏第 35 行"本期认证相符的增值税专用发票"填写本期认证相符的增值税专用发票、通行费电子发票的情况。第 36 栏"代扣代缴税额"填写纳税人扣缴的应税劳务、服务、不动产和无形资产增值税税额之和。

北京一鸣伞业有限公司本期认证相符的 9 份专用发票的份数、金额、税额填写在第 35 行。该公司《增值税及附加税费申报表附列资料（二）》（本期进项税额明细）填写如图 3-1-16 所示。

⑤ 填写《增值税及附加税费申报表附列资料（四）》（税额抵减情况表）。该表的填写分为两大类七种情况的填写，第一大类抵减项目，包括五种可抵减税额的项目，第二大类是加计抵减项目，包括两种可加计抵减的情况，如图 3-1-17 所示。

⑥ 填写《增值税减免税申报明细表》。本表由享受增值税减免税优惠政策的增值税一般纳税人和小规模纳税人填写。填写时要根据国家税务总局最新发布的《减免税政策代码目录》所列减免性质代码、减免项目名称填写。同时有多个减征项目的，应分别填写。

北京一鸣伞业有限公司税控系统维护费 280 元，在填入《增值税及附加税费申报表附列资料（四）》（税额抵减情况表）的同时，还要填入《增值税减免税申报明细表》，减税性质代码及名称为"01129914《财政部 国家税务总局关于增值税税控系统专用设备和技术维护费用抵减增值税税额有关政策的通知》（财税〔2012〕15 号）"。

## 增值税及附加税费申报表附列资料（二）
### （本期进项税额明细）

纳税人识别号：91110101900988751L　　纳税人名称：北京一鸣伞业有限公司
所属时期：2024-03-01　　至2024-03-31　　填表日期：2024-04-01

金额单位：元至角分

### 一、申报抵扣的进项税额

| 项目 | 栏次 | 份数 | 金额 | 税额 |
|---|---|---|---|---|
| （一）认证相符的增值税专用发票 | 1=2+3 | 9 | 253500.00 | 24090.00 |
| 其中：本期认证相符且本期申报抵扣 | 2 | 9 | 253500.00 | 24090.00 |
| 前期认证相符且本期申报抵扣 | 3 | | | |
| （二）其他扣税凭证 | 4=5+6+7+8 | 6 | 1781.64 | 147.36 |
| 其中：海关进口增值税专用缴款书 | 5 | 0 | 0 | 0 |
| 农产品收购发票或者销售发票 | 6 | | | |
| 代扣代缴税收缴款凭证 | 7 | | ------ | ------ |
| 加计扣除农产品进项税额 | 8a | ------ | ------ | |
| 其他 | 8b | 6 | 1781.64 | 147.36 |
| （三）本期用于购建不动产的扣税凭证 | 9 | | | |
| （四）本期用于抵扣的旅客运输服务扣税凭证 | 10 | 6 | 1781.64 | 147.36 |
| （五）外贸企业进项税额抵扣证明 | 11 | | ------ | ------ |
| 当期申报抵扣进项税额合计 | 12=1+4+11 | 15 | 255281.64 | 24237.36 |

### 二、进项税额转出额

| 项目 | 栏次 | 税　　额 |
|---|---|---|
| 本期进项税额转出额 | 13=14至23之和 | 8.84 |
| 其中：免税项目用 | 14 | |
| 集体福利、个人消费 | 15 | |
| 非正常损失 | 16 | 8.84 |
| 简易计税方法征税项目用 | 17 | |
| 免抵退税办法不得抵扣的进项税额 | 18 | |
| 纳税检查调减进项税额 | 19 | |
| 红字专用发票信息表注明的进项税额 | 20 | |
| 上期留抵税额抵减欠税 | 21 | |
| 上期留抵税额退税 | 22 | |
| 异常凭证转出进项税额 | 23a | |
| 其他应作进项税额转出的情形 | 23b | |

### 三、待抵扣进项税额

| 项目 | 栏次 | 份数 | 金额 | 税额 |
|---|---|---|---|---|
| （一）认证相符的增值税专用发票 | 24 | | ------ | ------ |
| 期初已认证相符但未申报抵扣 | 25 | | | |
| 本期认证相符且本期未申报抵扣 | 26 | | | |
| 期末已认证相符但未申报抵扣 | 27 | | | |
| 其中：按照税法规定不允许抵扣 | 28 | | | |
| （二）其他扣税凭证 | 29=30至33之和 | 0 | 0.00 | 0.00 |
| 其中：海关进口增值税专用缴款书 | 30 | | | |
| 农产品收购发票或销售发票 | 31 | | | |
| 代扣代缴税收缴款凭证 | 32 | | ------ | |
| 其他 | 33 | | | |
| | 34 | | | |

### 四、其　他

| 项目 | 栏次 | 份数 | 金额 | 税额 |
|---|---|---|---|---|
| 本期认证相符的增值税专用发票 | 35 | 9 | 253500.00 | 24090.00 |
| 代扣代缴税额 | 36 | | ------ | |

图 3-1-16　填写《增值税及附加税费申报表附列资料（二）》（本期进项税额明细）

　　北京一鸣伞业有限公司销售自己使用过的固定资产客车不含税销售额 80 000 元，适用按简易计税办法依 3%征收率减按 2%征收增值税政策，则减免的税额为 80 000×1%=800（元）。填入《增值税减免税申报明细表》时，减税性质代码及名称为"01129924《财政部 国家税务总局关于简并增值税征收率政策的通知》（财税〔2014〕57 号）"。填写结果如图 3-1-18 所示。

图 3-1-17 填写《增值税及附加税费申报表附列资料（四）》（税额抵减情况表）

图 3-1-18 填写《增值税减免税申报明细表》

⑦ 填写主表《增值税及附加税费申报表》（一般纳税人适用）。

在上述附列资料及减免税申报明细表填写完毕并保存后，相关数据会自动同步到主表的相关栏次，但部分栏次的数据需要在主表上直接填写。

主表第 2 栏"其中：应税货物销售额"：填写纳税人本期按适用税率计算增值税的应税货物的销售额，包含在财务上不做销售处理但按税法规定应缴纳增值税的视同销售货物和价外费用销售额，以及外贸企业作价销售进料加工复出口货物的销售额。北京一鸣伞业有限公司本月按适用税率计算的应税货物销售额为 934 000 元，填写在本栏。

主表第 23 栏"应纳税额减征额"：填写纳税人本期按照税法规定减征的增值税应纳税额，包含按规定可在增值税应纳税额中全额抵减的增值税税控系统专用设备费用以及技术维护费，支持和促进重点群体创业就业、扶持自主就业退役士兵创业就业等有关税收政策可扣减的增值税税额，按照规定可填列的减按征收对应的减征增值税税额等。北京一鸣伞业有限公司本月销售自己使用过的固定资产减免的 800 元填写在本栏。主表填写完毕后保存，第 34 栏"本期应补（退）税额" 105 220.05 元是该公司本月应交的增值税税额，本栏数是计算城市维护建设税及附加税费的计税依据。

相关栏次补充填写完毕后，北京一鸣伞业有限公司《增值税及附加税费申报表》（一般纳税人适用）如图 3-1-19 所示。

**增 值 税 及 附 加 税 费 申 报 表**

（一般纳税人适用）

纳税人识别号:9111010190098875IL　　　　　纳税人名称:北京一鸣伞业有限公司

所属时期:2024-03-01　至2024-03-31　　　　填表日期:2024-04-01

金额单位: 元至角分

| | 项目 | 栏次 | 一般项目 | | 即征即退项目 | |
|---|---|---|---|---|---|---|
| | | | 本 月 数 | 本 年 累 计 | 本 月 数 | 本 年 累 计 |
| 销售额 | （一）按适用税率计税销售额 | 1 | 934000.00 | 2064769.20 | 0.00 | 0.00 |
| | 其中: 应税货物销售额 | 2 | 934000.00 | 1137000.00 | | 0.00 |
| | 应税劳务销售额 | 3 | | 0.00 | | 0.00 |
| | 纳税检查调整的销售额 | 4 | 0.00 | 0.00 | | 0.00 |
| | （二）按简易办法计税销售额 | 5 | 380000.00 | 380000.00 | 0.00 | 0.00 |
| | 其中: 纳税检查调整的销售额 | 6 | | 0.00 | | 0.00 |
| | （三）免、抵、退办法出口销售额 | 7 | 0.00 | 0.00 | ------ | ------ |
| | （四）免税销售额 | 8 | 0.00 | 0.00 | ------ | ------ |
| | 其中: 免税货物销售额 | 9 | | 0.00 | ------ | ------ |
| | 免税劳务销售额 | 10 | | 0.00 | ------ | ------ |
| 税款计算 | 销项税额 | 11 | 121420.00 | 268420.00 | 0.00 | 0.00 |
| | 进项税额 | 12 | 24237.36 | 104237.36 | | |
| | 上期留抵税额 | 13 | 0.00 | | | |
| | 进项税额转出 | 14 | 8.84 | 8.84 | | 0.00 |
| | 免、抵、退应退税额 | 15 | | 0.00 | ------ | ------ |
| | 按适用税率计算的纳税检查应补缴税额 | 16 | 0.00 | 0.00 | | |
| | 应抵扣税额合计 | 17=12+13-14-15+16 | 24228.52 | ------ | 0.00 | ------ |
| | 实际抵扣税额 | 18 (如17<11，则为17，否则为11) | 24228.52 | 0.00 | 0.00 | 0.00 |
| | 应纳税额 | 19=11-18 | 97191.48 | 164191.48 | 0.00 | 0.00 |
| | 期末留抵税额 | 20=17-18 | 0.00 | | 0.00 | ------ |
| | 简易计税办法计算的应纳税额 | 21 | 8828.57 | 8828.57 | 0.00 | 0.00 |
| | 按简易计税办法计算的纳税检查应补缴税额 | 22 | | 0.00 | ------ | ------ |
| | 应纳税额减征额 | 23 | 800 | 800.00 | 0.00 | 0.00 |
| | 应纳税额合计 | 24=19+21-23 | 105220.05 | 172220.05 | 0.00 | 0.00 |
| 税款缴纳 | 期初未缴税额（多缴为负数） | 25 | 46480.00 | | 0.00 | |
| | 实收出口开具专用缴款书退税额 | 26 | | 0.00 | | |
| | 本期已缴税额 | 27=28+29+30+31 | 46480.00 | 67000.00 | 0.00 | 0.00 |
| | ①分次预缴税额 | 28 | | ------ | | 0.00 |
| | ②出口开具专用缴款书预缴税额 | 29 | | ------ | | ------ |
| | ③本期缴纳上期应纳税额 | 30 | 46480.00 | 67000.00 | 0.00 | 0.00 |
| | ④本期缴纳欠缴税额 | 31 | | 0.00 | | 0.00 |
| | 期末未缴税额（多缴为负数） | 32=24+25+26-27 | 105220.05 | 105220.05 | 0.00 | 0.00 |
| | 其中: 欠缴税额（≥0） | 33=25+26-27 | 0.00 | ------ | 0.00 | ------ |
| | 本期应补（退）税额 | 34=24-28-29 | 105220.05 | ------ | 0.00 | ------ |
| | 即征即退实际退税额 | 35 | ------ | ------ | | 0.00 |
| | 期初未缴查补税额 | 36 | | 0.00 | ------ | ------ |
| | 本期入库查补税额 | 37 | | 0.00 | ------ | ------ |
| | 期末未缴查补税额 | 38=16+22+36-37 | | 0.00 | ------ | ------ |
| 附加税费 | 城市维护建设税本期应补（退）税额 | 39 | 3682.70 | 6936.30 | | |
| | 教育费附加本期应补（退）费额 | 40 | 1578.30 | 2972.70 | | |
| | 地方教育附加本期应补（退）费额 | 41 | 1052.20 | 1981.80 | | |

图 3-1-19　填写《增值税及附加税费申报表》（一般纳税人适用）

⑧ 填写《增值税及附加税费申报表附列资料（五）》（附加税费情况表）。本表反映纳税人城市维护建设税、教育费附加、地方教育附加情况，纳税人结合自己的实际情况勾选是否适用小型微利企业"六税两费"减免政策和减免政策适用主体，填写适用减免政策起止时间和能享受到的减免税优惠的金额。《增值税及附加税费申报表》（一般纳税人适用）第 34 栏"本期应补（退）税额"计算完毕后，会同步到此表成为附加税费的计税依据。

北京一鸣伞业有限公司属于小型微利企业，其城市维护建设税、教育费附加、地方教育附加、印花税减半征收，计税依据 105 220.05 元来源于《增值税及附加税费申报表》（一般纳税人适用）第 34 栏"本期应补（退）税额"，适用的城市维护建设税税率为 7%，教育费附加征收率为 3%，地方教育附加征收率为 2%，具体如图 3-1-20 所示。

图 3-1-20　填写《增值税及附加税费申报表附列资料（五）》（附加税费情况表）

至此，北京一鸣伞业有限公司增值税及附加税费申报表全部填写完毕，进入主表再一次保存，然后单击【申报】，申报后，系统会提示是否进入缴纳流程，若进入缴纳流程，选择对应的缴纳方式，单击【进行缴款】，缴款成功后，就完成了该公司 3 月的增值税及附加税费计算与申报工作。

## 二、小规模纳税人增值税及附加税费申报流程及要点

小规模纳税人增值税及附加税费申报大多数采用的是按季申报的形式，一般在季度结束的次月 15 日之前完成纳税申报工作。申报工作流程如下。

### （一）编制销售情况汇总表、制作税费计算表

申报前报税会计应将季度的增值税普通发票汇总表、增值税电子普通发票汇总表、增值税专用发票汇总表及无票收入等相关报税资料进行汇总，编制销售情况汇总表，并制作税费计算表，并与账簿进行详细核对，核对无误后才可填写到相应表中。

### （二）小规模纳税人增值税及附加税费申报表的组成

小规模纳税人的增值税及附加税费申报表有 4 张。一张是主表，即《增值税及附加税费申报表》（小规模纳税人适用），如图 3-1-21 所示。有 2 张是主表的附列资料，分别是《增值税及附加税费申报表（小规模纳税人适用）附列资料（一）》（服务、不动产和无形资产扣除项目明细），如图 3-1-22 所示；《增值税及附加税费申报表（小规模纳税人适用）附列资料（二）》（附加税费情况表），如图 3-1-23 所示。如纳税人有符合国家政策的增值税减免税情况，则需多填写 1 张《增值税减免税申报明细表》，如图 3-1-24 所示。

增值税及附加税费申报表
（小规模纳税人适用）

纳税人识别号（统一社会信用代码）：□□□□□□□□□□□□□□□□□□□□

纳税人名称：

税款所属期：　　年　月　日至　　年　月　日　　　　　　金额单位：元（列至角分）
　　　　　　　　　　　　　　　　　　　　　　　　填表日期：　　年　月　日

| 项目 | 栏次 | 本期数 | | 本年累计 | |
|---|---|---|---|---|---|
| | | 货物及劳务 | 服务、不动产和无形资产 | 货物及劳务 | 服务、不动产和无形资产 |
| 一、计税依据 | （一）应征增值税不含税销售额（3%征收率） | 1 | | | | |
| | 增值税专用发票不含税销售额 | 2 | | | | |
| | 其他增值税发票不含税销售额 | 3 | | | | |
| | （二）应征增值税不含税销售额（5%征收率） | 4 | —— | | —— | |
| | 增值税专用发票不含税销售额 | 5 | —— | | —— | |
| | 其他增值税发票不含税销售额 | 6 | —— | | —— | |
| | （三）销售使用过的固定资产不含税销售额 | 7(7≥8) | | —— | | —— |
| | 其中：其他增值税发票不含税销售额 | 8 | | —— | | —— |
| | （四）免税销售额 | 9=10+11+12 | | | | |
| | 其中：小微企业免税销售额 | 10 | | | | |
| | 未达起征点销售额 | 11 | | | | |
| | 其他免税销售额 | 12 | | | | |
| | （五）出口免税销售额 | 13(13≥14) | | | | |
| | 其中：其他增值税发票不含税销售额 | 14 | | | | |
| 二、税款计算 | 本期应纳税额 | 15 | | | | |
| | 本期应纳税额减征额 | 16 | | | | |
| | 本期免税额 | 17 | | | | |
| | 其中：小微企业免税额 | 18 | | | | |
| | 未达起征点免税额 | 19 | | | | |
| | 应纳税额合计 | 20=15-16 | | | | |
| | 本期预缴税额 | 21 | | | —— | —— |
| | 本期应补（退）税额 | 22=20-21 | | | —— | —— |
| 三、附加税费 | 城市维护建设税本期应补（退）税额 | 23 | | | | |
| | 教育费附加本期应补（退）费额 | 24 | | | | |
| | 地方教育附加本期应补（退）费额 | 25 | | | | |

图 3-1-21 《增值税及附加税费申报表》（小规模纳税人适用）样例

增值税及附加税费申报表（小规模纳税人适用）附列资料（一）

（服务、不动产和无形资产扣除项目明细）

税款所属期：　　年　月　日至　　年　月　日　　　　　填表日期：　年　月　日

纳税人名称（公章）：　　　　　　　　　　　　　　金额单位：元（列至角分）

**应税行为（3%征收率）扣除额计算**

| 期初余额 | 本期发生额 | 本期扣除额 | 期末余额 |
|---|---|---|---|
| 1 | 2 | 3（3≤1+2之和，且3≤5） | 4=1+2-3 |

**应税行为（3%征收率）计税销售额计算**

| 全部含税收入（适用3%征收率） | 本期扣除额 | 含税销售额 | 不含税销售额 |
|---|---|---|---|
| 5 | 6=3 | 7=5-6 | 8=7÷1.03 |

**应税行为（5%征收率）扣除额计算**

| 期初余额 | 本期发生额 | 本期扣除额 | 期末余额 |
|---|---|---|---|
| 9 | 10 | 11（11≤9+10之和，且11≤13） | 12=9+10-11 |

**应税行为（5%征收率）计税销售额计算**

| 全部含税收入（适用5%征收率） | 本期扣除额 | 含税销售额 | 不含税销售额 |
|---|---|---|---|
| 13 | 14=11 | 15=13-14 | 16=15÷1.05 |

图 3-1-22 附列资料（一）样例

**增值税及附加税费申报表（小规模纳税人适用）附列资料（二）**

**（附加税费情况表）**

税（费）款所属时间： 年 月 日至 年 月 日

纳税人名称：（公章） 金额单位：元（列至角分）

| 税（费）种 | 计税（费）依据 | 税（费）率（%） | 本期应纳税（费）额 | 本期减免税（费）额 | | 增值税小规模纳税人"六税两费"减征政策 | | 本期已缴税（费）额 | 本期应补（退）税（费）额 |
|---|---|---|---|---|---|---|---|---|---|
| | 增值税税额 | | | 减免性质代码 | 减免税（费）额 | 减征比例（%） | 减征额 | | |
| | 1 | 2 | 3=1×2 | 4 | 5 | 6 | 7=（3-5）×6 | 8 | 9=3-5-7-8 |
| 城市维护建设税 | | | | | | | | | |
| 教育费附加 | | | | | | | | | |
| 地方教育附加 | | | | | | | | | |
| 合计 | —— | | | | | —— | | | |

图 3-1-23 附列资料（二）样例

**增值税减免税申报明细表**

税款所属时间：自 年 月 日至 年 月 日

纳税人名称（公章）： 金额单位：元（列至角分）

| 减税性质代码及名称 | 栏次 | 一、减税项目 | | | | |
|---|---|---|---|---|---|---|
| | | 期初余额 1 | 本期发生额 2 | 本期应抵减税额 3=1+2 | 本期实际抵减税额 4≤3 | 期末余额 5=3-4 |
| 合计 | 1 | | | | | |
| | 2 | | | | | |
| | 3 | | | | | |
| | 4 | | | | | |
| | 5 | | | | | |
| | 6 | | | | | |
| 免税性质代码及名称 | 栏次 | 二、免税项目 | | | | |
| | | 免征增值税项目销售额 1 | 免税销售额扣除项目本期实际扣除金额 2 | 扣除后免税销售额 3=1-2 | 免税销售额对应的进项税额 4 | 免税额 5 |
| 合 计 | 7 | | | | | |
| 出口免税 | 8 | | —— | —— | —— | |
| 其中：跨境服务 | 9 | | —— | —— | —— | |
| | 10 | | | | —— | |

图 3-1-24 《增值税减免税申报明细表》样例

### （三）判断是否达到起征点及销售业务开具发票的种类

填写小规模纳税人纳税申报表之前，首先要判断本期销售额是否达到起征点，判断标准如下。

一是以纳税人所有增值税应税交易行为（包括销售货物、服务、无形资产、不动产）合并计算销售额，来判断是否达到免税标准。按《关于明确增值税小规模纳税人减免增值税等政策的公告》（财政部 税务总局公告 2023 年第 1 号）的规定，增值税小规模纳税人发生增值税应税交易行为，合计月销售额未超过 10 万元（以 1 个季度为 1 个纳税期的，季度销售额未超过 30 万元）的，免征增值税。

二是为剔除偶然发生的不动产销售业务的影响，使纳税人更充分享受优惠政策，又同时规定，小规模纳税人合计月（季）销售额虽超过 10（按季 30）万元，但在扣除本期发生的销售不动产的销售额后仍未超过 10（按季 30）万元的，其销售货物、服务、无形资产取得的销售额，仍可享受免税政策；但不动产销售额正常征税。

三是适用增值税"差额征税"政策的小规模纳税人，以差额后的余额为销售额判断是否可以享受免征增值税的优惠政策。

注意上述免税销售额不得开具增值税专用发票，如果开具的是增值税专用发票，不管是否达到起征点，销售额都要正常征税。

### （四）税表填写栏次的选择

（1）小规模纳税人发生增值税应税交易行为，合计销售额达到起征点，结合开具发票的种类及征收率，将销售额填写在主表上第 1 至 8 栏的相应栏次。

（2）小规模纳税人发生增值税应税交易行为，合计销售额如未达到起征点，且全部开具的是增值税普通发票，则全部销售额享受免税优惠。

免税销售额填写在主表中的"免税销售额"的相关栏次，具体为：如果纳税人登记注册类型为非"个体"，填写在第 10 栏"小微企业免税销售额"；如果纳税人登记注册类型为"个体"，填写在第 11 栏"未达起征点销售额"。如没有其他免税项目，则无须填报《增值税减免税申报明细表》。

（3）如果纳税人合计销售额虽未达到起征点，但有部分销售额开具的是增值税专用发票，则增值税专用发票的销售额需要缴税，填写在主表上第 2 栏或第 5 栏"增值税专用发票不含税销售额"相应栏次。其他发票的销售额正常填写在免税栏次，享受免税优惠。

（4）《关于增值税小规模纳税人减免增值税政策的公告》（财政部 税务总局公告 2023 年第 19 号）规定，延续小规模纳税人增值税减免政策，将"增值税小规模纳税人适用 3%征收率的应税销售收入，减按 1%征收率征收增值税；适用 3%预征率的预缴增值税项目，减按 1%预征率预缴增值税"两项优惠政策执行至 2027 年 12 月 31 日。

减按 1%征收率征收增值税的销售额填写在主表第 1 栏"应征增值税不含税销售额（3%征收率）"相应栏次，对应减征的增值税应纳税额按销售额的 2%计算并填写在主表第 16 栏"本期应纳税额减征额"及《增值税减免税申报明细表》减税项目相应栏次。

（5）对于差额征税业务，需要将差额征税的计税销售额及扣除额填写在《增值税及附加税费申报表（小规模纳税人适用）附列资料（一）》（服务、不动产和无形资产扣除项目明细）上的相应栏次。填写完毕保存后，相关数据会自动同步到主表上的相应栏次。

### （五）北京晨优饮料有限公司增值税及附加税费申报表填写

下面对北京晨优饮料有限公司第一季度的增值税及附加税费申报表进行填写与申报，实务中需要先进入税务数字账户对开出的票据进行汇总，将发票查询整理为发票汇总表，为填表做资料的准备。

#### 1. 分析北京晨优饮料有限公司季度销售额是否达到起征点

该公司"第一季度经营业务说明"如图 3-1-25 所示，"本期销售情况统计表"如图 3-1-26 所示，该公司货物及不动产不含税销售额总计 734 000 元，扣除不动产车位的不含税销售额 460 000 元，则货物不含税销售额为 274 000 元，未达到起征点 300 000 元，因此开具增值税普通发票的货物销售额可享受免税优惠，开具增值税专用发票的销售额需正常缴税。

## 第一季度经营业务说明

北京晨优饮料有限公司系增值税小规模纳税人，从事饮料生产等经营项目。2024年第1季度发生业务如下：

1. 本季度销售苹果味饮料取得不含税收入48000.00元，企业自行开具增值税专用发票；

2. 本季度销售复合口味饮料取得不含税收入50000.00元，销售西柚味饮料取得不含税收入34000.00元，销售苹果味饮料取得不含税收入22000.00元，已开具增值税普通发票；

3. 本季度销售外购车位取得不含税收入460000.00元，已经开具增值税普通发票，该车位购买价为含税价350000.00元。

4. 本季度销售使用过的小轿车取得不含税收入120000.00元，已经开具增值税专用发票。

图 3-1-25　第一季度经营业务说明

### 本期销售情况统计表

| 开票情况 | 应税项目 | 金额/元 | 税率（征收率） | 税额/元 | 备注 |
|---|---|---|---|---|---|
| 电子发票（增值税专用发票） | *软饮料*苹果味 | 48000.00 | 3% | 1440.00 | |
| 电子发票（普通发票） | *软饮料*复合口味 | 50000.00 | 1% | 500.00 | |
| 电子发票（普通发票） | *软饮料*西柚味 | 34000.00 | 1% | 340.00 | |
| 电子发票（普通发票） | *软饮料*苹果味 | 22000.00 | 1% | 220.00 | |
| 电子发票（增值税专用发票） | *机动车*小轿车 | 120000.00 | 3% | 3600.00 | |
| 电子发票（普通发票） | *不动产*车位 | 460000.00 | 5% | 23000.00 | |

图 3-1-26　销售情况统计表

### 2. 北京晨优饮料有限公司纳税申报表的填写分析

根据该公司票据开具的种类、涉及的税目及税率情况，第一季度业务的增值税及附加税费申报表填写要点如表 3-1-5 所示。

表 3-1-5　　　　　　　　　　增值税及附加税费申报表填写要点

| 发票种类 | 应税项目 | 金额/元 | 征收率 | 票面税额/元 | 填写栏次 | 填写列次 |
|---|---|---|---|---|---|---|
| 增值税专用发票 | *软饮料*苹果味 | 48 000 | 3% | 1 440 | 开具专票不能享受税收减免优惠，48 000 元填入主表第 2 栏"增值税专用发票不含税销售额" | |
| 增值税专用发票 | *机动车*小轿车 | 120 000 | 3% | 3 600 | 开具专票不能享受税收减免优惠，120 000 元填入主表第 7 栏"销售使用过的固定资产不含税销售额" | |
| 增值税普通发票 | *软饮料*复合口味 | 50 000 | 1% | 500 | ① 货物季度销售额合计 274 000 元，未达到起征点，普通发票销售额=50 000+34 000+22 000=106 000（元），可享受减免税优惠，填入主表免税销售额的相应栏次，即第 9 栏、第 10 栏<br>② 免 税 额 =106 000×3%=3 180（元），填入主表免税额相应栏次，即第 17 栏、第 18 栏 | "货物及劳务"列 |
| 增值税普通发票 | *软饮料*西柚味 | 34 000 | 1% | 340 | | |
| 增值税普通发票 | *软饮料*苹果味 | 22 000 | 1% | 220 | | |
| 货物销售额小计 | | 274 000 | | — | | |

续表

| 发票种类 | 应税项目 | 金额/元 | 征收率 | 票面税额/元 | 填写栏次 | 填写列次 |
|---|---|---|---|---|---|---|
| 增值税普通发票 | *不动产*车位 | 460 000 | 5% | 23 000 | ① 460 000 元填入主表第 6 栏"其他增值税发票不含税销售额"<br>② 将不动产含税销售额 483 000 元，含税买价 350 000 元填入附列资料（一）相应栏次，计算出计税销售额=（483 000-350 000）÷1.05=126 666.67（元）。<br>③ 计税销售额 126 666.67 元，填入主表第 4 栏"应征增值税不含税销售额（5%征收率）" | "服务、不动产和无形资产"列 |
| 货物及不动产销售额合计 | | 734 000 | | | — | |

### 3. 北京晨优有限公司享受减免税优惠政策事项的填写

如果公司能享受减免税优惠政策，要及时填写到有关的减免税优惠明细表上及主表上的相关栏次，反之则直接保存该税表即可。

主表保存后，应纳税额会自动同步到附列资料（二），成为自动计算附加税费的计税依据，并自动按小规模纳税人享受"六税两费"减征政策计算本期应交的城市维护建设税、教育费附加、地方教育附加。

北京晨优饮料有限公司第一季度增值税及附加税费纳税申报表主表和附列资料填写结果分别如图 3-1-27、图 3-1-28、图 3-1-29、图 3-1-30 所示。

图 3-1-27　填写《增值税及附加税费申报表》（小规模纳税人适用）

## 增值税及附加税费申报表（小规模纳税人适用）附列资料（一）
（服务、不动产和无形资产扣除项目明细）

纳税人识别号：91110101476748143Q 　纳税人名称：北京晨优饮料有限公司

所属时期：2024-01-01 　至2024-03-31 　填表日期：2024-04-01 　　金额单位：元至角分

### 应税行为（3%征收率）扣除额计算

| 期初余额 | 本期发生额 | 本期扣除额 | 期末余额 |
|---|---|---|---|
| 1 | 2 | 3 (3≤1+2之和，且3≤5) | 4 = 1 + 2 - 3 |
| | | | 0.00 |

### 应税行为（3%征收率）计税销售额计算

| 全部含税收入（适用3%征收率） | 本期扣除额 | 含税销售额 | 不含税销售额 |
|---|---|---|---|
| 5 | 6=3 | 7=5-6 | 8 = 7÷1.03 |
| | 0.00 | 0.00 | 0.00 |

### 应税行为（5%征收率）扣除额计算

| 期初余额 | 本期发生额 | 本期扣除额 | 期末余额 |
|---|---|---|---|
| 9 | 10 | 11 (11≤9+10之和，且11≤13) | 12 = 9 + 10 - 11 |
| | 350000 | 350000 | 0.00 |

### 应税行为（5%征收率）计税销售额计算

| 全部含税收入（适用5%征收率） | 本期扣除额 | 含税销售额 | 不含税销售额 |
|---|---|---|---|
| 13 | 14=11 | 15=13-14 | 16 = 15÷1.05 |
| 483000 | 350000.00 | 133000.00 | 126666.67 |

图 3-1-28　填写附列资料（一）

## 增值税及附加税费申报表（小规模纳税人适用）附列资料（二）
（附加税费情况表）

纳税人识别号：91110101476748143Q 　纳税人名称：北京晨优饮料有限公司

所属时期：2024-01-01 　至2024-03-31 　填表日期：2024-04-01 　　金额单位：元至角分

| 税（费）种 | 计税（费）依据 增值税税额 | 税（费）率（征收率）（%） | 本期应纳税（费）额 | 本期减免税（费）额 减免性质代码 | 减免税（费）额 | 增值税小规模纳税人"六税两费"减征政策 减征比例（%） | 减征额 | 本期已缴税（费）额 | 本期应补（退）税（费）额 |
|---|---|---|---|---|---|---|---|---|---|
| | 1 | 2 | 3=1×2 | 4 | 5 | 6 | 7= (3-5) ×6 | 8 | 9=3-5-7-8 |
| 城市维护建设税 | 11373.33 | 7% | 796.13 | | | 50% | 398.07 | | 398.06 |
| 教育费附加 | 11373.33 | 3% | 341.20 | | | 50% | 170.60 | | 170.60 |
| 地方教育附加 | 11373.33 | 2% | 227.47 | | | 50% | 113.74 | | 113.73 |
| 合计 | -- | -- | 1364.80 | -- | | | 682.41 | 0.00 | 682.39 |

图 3-1-29　填写附列资料（二）

## 增值税减免税申报明细表

纳税人识别号：91110101476748143Q 　纳税人名称：北京晨优饮料有限公司

所属时期：2024-01-01 　至2024-03-31 　填表日期：2024-04-01 　　金额单位：元(列至角分)

### 一、减税项目

| 减税性质代码及名称 | 栏次 | 期初余额 1 | 本期发生额 2 | 本期应抵减税额 3=1+2 | 本期实际抵减税额 4<=3 | 期末余额 5=3-4 |
|---|---|---|---|---|---|---|
| 合计 | | 0.00 | 0.00 | 0.00 | | 0.00 |
| 请选择 ∨ | | 0.00 | | 0.00 | | 0.00 |
| 请选择 ∨ | | 0.00 | | 0.00 | | 0.00 |
| 请选择 ∨ | | 0.00 | | 0.00 | | 0.00 |
| 请选择 ∨ | | 0.00 | | 0.00 | | 0.00 |
| 请选择 ∨ | | 0.00 | | 0.00 | | 0.00 |
| 请选择 ∨ | | 0.00 | | 0.00 | | 0.00 |
| 请选择 ∨ | | 0.00 | | 0.00 | | 0.00 |
| 请选择 ∨ | | 0.00 | | 0.00 | | 0.00 |
| 请选择 ∨ | | 0.00 | | 0.00 | | 0.00 |
| 请选择 ∨ | | 0.00 | | 0.00 | | 0.00 |

### 二、免税项目

| 免税性质代码及名称 | 栏次 | 免征增值税项目销售额 1 | 免税销售额扣除项目本期实际扣除金额 2 | 扣除后免税销售额 3=1-2 | 免税销售额对应的进项税额 4 | 免税额 5 |
|---|---|---|---|---|---|---|
| 合计 | | 0.00 | 0.00 | 0.00 | 0.00 | 0.00 |
| 出口免税 | | | | | | |
| 其中：跨境服务 | | | | | | |

图 3-1-30　填写《增值税减免税申报明细表》

 **业务训练**

## 一、单选题

1. A 企业为一般纳税人，其员工张某出差回来，报销的飞机行程单上显示票价为 800 元，机场建设费为 90 元，燃油附加费为 50 元，其他税费为 306 元，则该企业可以抵扣的进项税为（　　）元。

    A. 72　　　　　　　　B. 70.18　　　　　　　C. 306　　　　　　　D. 0

2. 纳税人年销售额超过（　　）万元就需要申请成为一般纳税人。

    A. 500　　　　　　　B. 45　　　　　　　　C. 100　　　　　　　D. 300

3. 小型微利企业是指从事国家非限制和禁止行业，且同时符合年度应纳税所得额不超过 300 万元、从业人数不超过 300 人、资产总额不超过（　　）万元等三个条件的企业。

    A. 300　　　　　　　B. 1 000　　　　　　　C. 2 000　　　　　　D. 5 000

4. 下列关于我国增值税税率及征收率的表述，错误的是（　　）。

    A. 一般纳税人提供加工、修理修配劳务适用的税率为 13%

    B. 一般纳税人提供金融服务适用的税率为 6%

    C. 小规模纳税人进口货物，适用的征收率为 3%

    D. 运输业一般纳税人从境内运送旅客出境适用的税率为 0

5. 一般纳税人增值税及附加税费申报表附列资料（三）反映的内容是（　　）。

    A. 销售额及销项税额资料

    B. 进项税额说明

    C. 税额抵减情况说明

    D. 服务、不动产和无形资产扣除项目的情况

## 二、多选题

1. 某企业员工小李于 202× 年 3 月 1 日因公从北京去上海出差，出差期间小李取得的下列票据中，可抵扣进项税的有（　　）。

    A. 北京到上海的高铁票

    B. 从上海返回北京的有个人身份信息的航空运输电子客票行程单

    C. 在上海住宿获得的增值税普通发票

    D. 在上海出差期间的就餐费发票

2. 某化妆品有限公司实际申报缴纳的增值税为 20 000 元，实际申报缴纳的消费税为 10 000 元，那么该化妆品有限公司应缴纳的教育费附加和地方教育附加分别为（　　）元。

    A. 2 100　　　　　　B. 900　　　　　　　C. 600　　　　　　　D. 300

3. 申报增值税时需要进行汇总统计的有（　　）。

    A. 未开票收入　　　　　　　　　　　　B. 视同销售业务的销售额

    C. 抄税清单上统计出的销售额　　　　　D. 外购货物用于集体福利的金额

4. 小规模纳税人享受的小微企业免增值税优惠政策有（　　）。

    A. 按月征收的，月销售额不超过 45 万元

    B. 按月征收的，月销售额不超过 10 万元

    C. 按季征收的，季销售额不超过 30 万元

D. 按季征收的，季销售额不超过 15 万元

5. 下列各项中，对应的进项税额不得抵扣的有（ ）。

A. 购进的货物用于公司的交际应酬

B. 因管理不善损失的不动产所耗用的建筑服务

C. 非正常损失的购进货物对应的交通运输服务

D. 购进的娱乐服务

### 三、判断题

1. 纳税人采取折扣方式销售货物，如果销售额和折扣额在同一张发票上"金额"栏分别注明的，可以按折扣后的销售额征收增值税。　　　　　　　　　　　　　　　　（ ）

2. 对餐饮、居民日常服务、商场、超市等企业取得的无票收入，应缴纳增值税。（ ）

3. 纳税人销售作为厂房使用的不动产，增值税征收率为 3% 减按 2% 征收。（ ）

4. 小规模纳税人只要季度销售额不超过 30 万元，就能享受增值税减免税的优惠。（ ）

5. 某企业取得的高速公路通行费电子普通发票可以抵扣进项税额。（ ）

## 任务评价

完成了增值税及附加税费的计算与申报的任务学习，参照下表判断自己对工作任务的掌握程度。已掌握的打√，未掌握的填写在工作记录与反思中。

| 工作任务 | 任务要求 | 掌握情况 |
|---|---|---|
| 计算与申报一般纳税人增值税及附加税费 | 能正确理解申报表主表和各附列资料的逻辑关系，明白各个表格的填写原理及方法 | |
| 计算与申报小规模纳税人增值税及附加税费 | 能正确理解申报表主表和各附列资料的逻辑关系，明白各个表格的填写原理及方法 | |

### 【工作记录与反思】

| 时间 | |
|---|---|
| 工作任务 | |
| 任务目标 | |
| | |
| 遇到的问题 | |
| | |
| 经验总结（解决问题的办法） | |
| | |

# 工作任务二　计算与申报企业所得税

 **任务导入**

北京一鸣伞业有限公司1—3月的经济业务已完成了相关的账务处理，资产负债表、利润表已编制完毕，该公司是小型微利企业，是居民企业纳税人，企业所得税采取查账征收模式，请财务共享服务中心员工为该公司第一季度企业所得税进行预缴申报。

北京晨优饮料有限公司1—3月的经济业务已完成了相关的账务处理，资产负债表、利润表已编制完毕，该公司是小型微利企业，是居民企业纳税人，企业所得税采取核定应税所得率即核定征收模式，请财务共享服务中心员工对该公司第一季度企业所得税进行预缴申报。

**预备知识**

## 一、企业所得税纳税人

企业所得税是对中华人民共和国境内的企业和其他取得收入的组织的生产经营所得和其他所得征收的一种税。

在中华人民共和国境内的企业和其他取得收入的组织（以下统称"企业"）为企业所得税纳税人。企业所得税是对法人征收的一种税，因此不具备法人资格的个体工商户、个人独资企业和合伙企业不是企业所得税的纳税人。

企业所得税纳税人按照"登记注册地"和"实际管理机构所在地"两个标准，将企业分为居民企业和非居民企业。具体判断标准可扫描右侧二维码了解。

居民企业承担无限纳税义务，来源于中国境内、境外的所得都属于征税范围，非居民企业承担有限纳税义务，征税范围仅限于来源于中国境内的所得。

知识链接

居民企业和非居民企业判断标准

## 二、企业所得税税率

企业所得税税率分为基本税率（25%）、优惠税率（20%和15%）、低税率（20%，实际按10%征收）三个档次。基本税率和优惠税率是居民企业适用的，低税率适用于非居民企业计算来源于中国境内所得需要扣缴义务人代扣代缴的税额。具体适用范围可扫描右侧二维码了解。

知识链接

企业所得税税率

## 三、企业所得税计算方法

居民企业应纳所得税等于应纳税所得额乘以适用税率，减除能享受税收优惠的减免和抵免税额后的余额，计算公式如下。

企业所得税税额＝应纳税所得额×适用税率－减免税额－抵免税额

根据公式可以看出，企业所得税应纳税额主要取决于应纳税所得额和适用税率两个因素。在实际计算过程中，应纳税所得额的计算一般有两种方法。

（1）直接法，计算公式如下。

应纳税所得额＝收入总额－不征税收入－免税收入－各项扣除项目－弥补以前年度亏损

微课

计算小微企业所得税减免税额

（2）间接法，计算公式如下：

$$应纳税所得额=利润总额+纳税调整增加额-纳税调整减少额$$

## 四、企业所得税纳税申报

### （一）企业所得税预缴时间

企业所得税按年计征，分期预缴，年终汇算清缴，多退少补。实务工作中，企业所得税的申报时间要求主要有"分期预缴"和"年终汇算清缴"。

分期预缴一般是按月或按季预缴，纳税人应于月份或者季度终了之日起15日内，向税务机关报送资料，同时应按规定附送财务报表和其他有关资料，预缴税款。

一般情况下，预缴企业所得税时应当按纳税人月度或季度的实际利润额预缴，即直接根据月（或季）度实际实现的利润与规定的税率进行计算预缴。因此，当期利润表编制完后，可以直接以利润表数据作为企业所得税预缴申报表数据填写的主要来源。小型微利企业所得税统一实行按季度预缴所得税。

企业年终汇算清缴，应于年度终了之日起5个月内，填写企业所得税年度纳税申报表并向税务机关报送、汇算清缴，结清应交应退税额。

### （二）企业所得税征收方式

企业所得税的征收方式分为"查账征收"和"核定征收"，征收方式不同，纳税人应交税款的计算方法也不同，预缴时申报表中填写内容也有区别。企业所得税征收方式一经确定，一般在该纳税年度内不做变更。

#### 1. 查账征收

查账征收适用于会计核算健全且能够正确核算收入、成本、费用、利润、应纳税所得额，提供完整纳税资料的企业。根据账上资料用下列公式计算应纳税额。

$$应纳税额=应纳税所得额×适用税率$$

#### 2. 核定征收

核定征收适用于账册不健全，不能提供完整、准确的收入、成本、费用资料，不能正确计算应纳税所得额的企业。该类企业根据税务机关核定的方式申报企业所得税，一般分为核定应税所得率和核定应纳所得税额征收。

$$应纳税所得额=应税收入额×应税所得率$$

$$应纳所得税额=应纳税所得额×适用税率$$

或： $$应纳税所得额=成本（费用）支出额÷（1-应税所得率）×应税所得率$$

📇 工作指导

## 一、北京一鸣伞业有限公司查账征收企业所得税预缴申报

### （一）登录电子税务局

单击【北京市电子税务局】，打开北京市电子税务局网站，在【企业业务】选项卡中输入企业纳税人识别号、用户名及密码，验证通过后，单击【登录】按钮，如图3-2-1所示。

图 3-2-1　登录北京市电子税务局

## （二）选择企业所得税月（季）度预缴纳税申报表（A类）项目

执行【申报税（费）清册】—【按期应申报】命令，页面右侧即显示相关税费申报项目。单击【企业所得税月（季）度预缴纳税申报表（A类）】征收项目后的【填写申报表】按钮，如图 3-2-2 所示。

图 3-2-2　选择申报表

北京一鸣伞业有限公司采用查账征收方式征收企业所得税，可看到其申报表填写页面有 1 张主表，即《A200000 中华人民共和国企业所得税月（季）度预缴纳税申报表（A类）》；2 张附表，分别是《A201020 资产加速折旧、摊销（扣除）优惠明细表》《A202000 企业所得税汇总纳税分支机构所得税分配表》。大部分企业预缴所得税只需要填写 1 张主表，其他 2 张附表有相关业务就填写，没有就空白保存、提交即可。

### （三）《A200000 中华人民共和国企业所得税月（季）度预缴纳税申报表（A 类）》的填写要点

主表共分为 4 个模块，下面分别说明各个模块主要项目的填写方法。

（1）表头、优惠及附报事项有关信息为第一个模块，如图 3-2-3 所示。

**A200000 中华人民共和国企业所得税月（季）度预缴纳税申报表（A类）**

税款所属期间：**2024-01-01**　至**2024-03-31**

纳税人识别号（统一社会信用代码）：**9111010190988751L**

纳税人名称：北京一鸣伞业有限公司　　　　　　　　　　　　金额单位：人民币元(列至角分)

| 项　目 | 优惠及附报事项有关信息 | | | | | | | | |
|---|---|---|---|---|---|---|---|---|---|
| | 一季度 | | 二季度 | | 三季度 | | 四季度 | | 季度平均值 |
| | 季初 | 季末 | 季初 | 季末 | 季初 | 季末 | 季初 | 季末 | |
| 从业人数 | 13 | 11 | | | | | | | 12 |
| 资产总额（万元） | 1788.00 | 1885.00 | | | | | | | 1836.5 |
| 国家限制或禁止行业 | □是　☑否 | | | | 小型微利企业 | | ☑是　□否 | | |
| 附报事项名称 | | | | | | | 金额或选项 | | |
| 事项1 | | | | | | | | | |
| 事项2 | | | | | | | | | |

图 3-2-3　表头、优惠及附报事项有关信息模块

① 从业人数的填写。从业人数是指与企业建立劳动关系的职工人数和企业接受劳务派遣用工人数之和。汇总填报纳税企业总机构包括分支机构在内的所有从业人数。

各季度人数平均值＝（季初值+季末值）÷2

截至本税款所属期末季度平均值＝截至本税款所属期末各季度平均值之和÷相应季度数

年度中间开业或者终止经营活动的，以实际经营期计算上述指标。

② 资产总额（万元）的填写。资产总额季初、季末值应与财务报表"资产总计"项目期初、期末值一致，注意填报单位为人民币万元，保留至小数点后 2 位。

"季度平均值"填报截至本税款所属期末资产总计的季度平均值，计算方法如下。

各季度平均值＝（季初值+季末值）÷2

截至本税款所属期末季度平均值＝截至本税款所属期末各季度平均值之和÷相应季度数

年度中间开业或者终止经营活动的，以实际经营期计算上述指标。

③ 国家限制或禁止行业的勾选。纳税人从事国家限制或禁止行业，勾选【是】，否则勾选【否】。

④ 小型微利企业的判断。税法规定，本纳税年度截至本期末的从业人数季度平均值不超过 300 人、资产总额季度平均值不超过 5 000 万元、主表"国家限制或禁止行业"栏勾选【否】且本期主表第 10 行"实际利润额\按照上一纳税年度应纳税所得额平均额确定的应纳税所得额"不超过 300 万元的纳税人，勾选"是"；否则勾选【否】。

⑤ 附报事项。纳税人根据《企业所得税申报事项目录》，发生符合税法相关规定的软件集成电路企业优惠政策适用类型等特定事项时，填报事项名称、该事项本年累计享受金额或选择享受优惠政策的有关信息。同时发生多个事项，可以增加行次。

（2）预缴税款计算为第二个模块，如图 3-2-4 所示。

| | 预 缴 税 款 计 算 | 本年累计 |
|---|---|---|
| 1 | 营业收入 | |
| 2 | 营业成本 | |
| 3 | 利润总额 | |
| 4 | 加：特定业务计算的应纳税所得额 | |
| 5 | 减：不征税收入 | |
| 6 | 减：资产加速折旧、摊销（扣除）调减额（填写A201020） | |
| 7 | 减：免税收入、减计收入、加计扣除（7.1+7.2+…） | |
| 7.1 | （填写优惠事项名称） | |
| 7.2 | （填写优惠事项名称） | |
| 8 | 减：所得减免（8.1+8.2+…） | |
| 8.1 | （填写优惠事项名称） | |
| 8.2 | （填写优惠事项名称） | |
| 9 | 减：弥补以前年度亏损 | |
| 10 | 实际利润额（3+4-5-6-7-8-9）\ 按照上一纳税年度应纳税所得额平均额确定的应纳税所得额 | |
| 11 | 税率（25%） | |
| 12 | 应纳所得税额（10×11） | |
| 13 | 减：减免所得税额（13.1+13.2+…） | |
| 13.1 | （填写优惠事项名称） | |
| 13.2 | （填写优惠事项名称） | |
| 14 | 减：本年实际已缴纳所得税额 | |
| 15 | 减：特定业务预缴（征）所得税额 | |
| 16 | 本期应补（退）所得税额（12-13-14-15） \ 税务机关确定的本期应纳所得税额 | |

图 3-2-4　预缴税款计算模块

① 第1~3行"营业收入""营业成本""利润总额"直接根据利润表里的本年累计数填写。

② 第4行"特定业务计算的应纳税所得额"：从事房地产开发等特定业务的纳税人填报。

③ 第5行"不征税收入"填报已记入本表"利润总额"行次但税法规定不征税收入的本年累计金额。

④ 第6行"资产加速折旧、摊销（扣除）调减额"填报享受加速折旧、摊销优惠政策计算的折旧额、摊销额大于同期会计折旧额、摊销额期间发生纳税调减的本年累计金额。本行根据《A201020资产加速折旧、摊销（扣除）优惠明细表》填报。

⑤ 第7行、第8行填写的是纳税人享受的税收优惠的事项及金额。

⑥ 第9行"弥补以前年度亏损"填写可在企业所得税税前弥补的以前年度尚未弥补亏损的本年累计金额。

⑦ 第10行"实际利润额\按照上一纳税年度应纳税所得额平均额确定的应纳税所得额"根据本表上的相关行次自动计算。

⑧ 第11行"税率"填报25%。

⑨ 第12行"应纳所得税额"根据本表上的相关行次自动计算。

⑩ 第13行"减免所得税额"填写减免所得税额优惠事项的具体名称和本年累计金额。符合条件的小型微利企业减免企业所得税在此处填写。

⑪ 第14行"本年实际已缴纳所得税额"填写纳税人在此前月（季）度申报预缴企业所得税的本年累计金额。

⑫ 第15行"特定业务预缴（征）所得税额"填报建筑企业总机构直接管理的跨地区设立的项目部，按照税收规定已经向项目所在地主管税务机关预缴企业所得税的本年累计金额。

⑬ 第16行"本期应补（退）所得税额\税务机关确定的本期应纳所得税额"按本表上相关行次自动计算。

（3）汇总纳税企业总分机构税款计算为第三个模块（第17~22行），实际缴纳企业所得税计算为第四个模块（第23行、第24行）。限于业务特殊性，此处不赘述，具体如图3-2-5所示。

| | 汇 总 纳 税 企 业 总 分 机 构 税 款 计 算 | | |
|---|---|---|---|
| 17 | 总机构 | 总机构本期分摊应补（退）所得税额（18+19+20） | 0.00 |
| 18 | | 其中：总机构分摊应补（退）所得税额（16×总机构分摊比例____%） | 0.00 |
| 19 | | 财政集中分配应补（退）所得税额（16×财政集中分配比例____%） | 0.00 |
| 20 | | 总机构具有主体生产经营职能的部门分摊所得税额（16×全部分支机构分摊比例____%×总机构具有主体生产经营职能部门分摊比例____%） | 0.00 |
| 21 | 分支机构 | 分支机构本期分摊比例 | |
| 22 | | 分支机构本期分摊应补（退）所得税额 | |
| | 实 际 缴 纳 企 业 所 得 税 计 算 | | |
| 23 | 减：民族自治地区企业所得税地方分享部分：□免征 □减征：减本年累计应减免额 [（12-13-征幅度____%) 15）×40%×减 征幅度] | | |
| 24 | 实际应补（退）所得税额 | | |

图 3-2-5 特殊业务模块

### （四）北京一鸣伞业有限公司企业所得税预缴申报表的填写

北京一鸣伞业有限公司企业所得税预缴申报采用"查账征收"模式，企业所得税预缴申报表填写步骤如下。

（1）北京一鸣伞业有限公司的利润表，如图 3-2-6 所示。1—3 月的营业收入本年累计为 2 064 769.20 元，营业成本本年累计为 1 238 861.52 元，利润总额本年累计为 296 964.79 元，直接填入所得税预缴申报表主表 1～3 行的相应栏次。

**利润表**

会小企02表

编制单位：北京一鸣伞业有限公司　　　　2024 年 1-3 月　　　　单位：元

| 项目 | 行次 | 本期合计 | 本年累计 |
|---|---|---|---|
| 一、营业收入 | 1 | 2064769.20 | 2064769.20 |
| 减：营业成本 | 2 | 1238861.52 | 1238861.52 |
| 税金及附加 | 3 | 9794.74 | 9794.74 |
| 其中：消费税 | 4 | | |
| 城市维护建设税 | 5 | 5567.65 | 5567.65 |
| 资源税 | 6 | | |
| 土地增值税 | 7 | | |
| 城镇土地使用税、房产税、车船税、印花税 | 8 | 250.20 | 250.20 |
| 教育费附加、矿产资源补偿费、排污费 | 9 | | |
| 销售费用 | 10 | 247772.30 | 247772.30 |
| 其中：商品维修费 | 11 | | |
| 广告费和业务宣传费 | 12 | 140000.00 | 140000.00 |
| 管理费用 | 13 | 165181.54 | 165181.54 |
| 其中：开办费 | 14 | | |
| 业务招待费 | 15 | 48000.00 | 48000.00 |
| 研究费用 | 16 | | |
| 财务费用 | 17 | 6194.31 | 6194.31 |
| 其中：利息费用（收入以"-"号填列） | 18 | 502.32 | 502.32 |
| 加：投资收益（损失以"-"号填列） | 19 | | |
| 二、营业利润（亏损以"-"号填列） | 20 | 396964.79 | 396964.79 |
| 加：营业外收入 | 21 | | |
| 其中：政府补助 | 22 | | |
| 减：营业外支出 | 23 | 100000.00 | 100000.00 |
| 其中：坏账损失 | 24 | | |
| 无法收回的长期债券投资损失 | 25 | | |
| 无法收回的长期股权投资损失 | 26 | | |
| 自然灾害等不可抗力因素造成的损失 | 27 | | |
| 税收滞纳金 | 28 | | |
| 三、利润总额（亏损总额以"-"号填列） | 29 | 296964.79 | 296964.79 |
| 减：所得税费用 | 30 | 14848.24 | 14848.24 |
| 四、净利润（净亏损以"-"号填列） | 31 | 282116.55 | 282116.55 |

单位负责人：李佳惠　　会计主管：韩新林　　复核：韩新林　　制表：王成明

图 3-2-6 北京一鸣伞业有限公司利润表

（2）计算北京一鸣伞业有限公司享受小型微利企业减免的所得税额，并填入主表 13.1 行"符合条件的小型微利企业减免企业所得税"。

按《关于进一步支持小微企业和个体工商户发展有关税费政策的公告》（财政部 税务总局公告 2023 年第 12 号）要求，对小型微利企业减按 25% 计算应纳税所得额，按 20% 的税率缴纳企业所得税政策，延续执行至 2027 年 12 月 31 日。

北京一鸣伞业有限公司本期享受的减免税=296 964.79×25%-296 964.79×25%×20%≈59 392.96（元）。

（3）判断企业有无其他可享受减免税以及其他事项，对能享受到的减免税收优惠，应及时填写到表中。

北京一鸣伞业有限公司本期没有能够享受资产加速折旧及摊销的业务，因此不用填写《A201020 资产加速折旧、摊销（扣除）优惠明细表》，直接保存即可，该公司也没有发生总分支机构纳税业务，因此不用填写《A202000 企业所得税汇总纳税分支机构所得税分配表》，直接保存即可。

北京一鸣伞业有限公司企业所得税月（季）度预缴纳税申报表（A 类）的填写结果如图 3-2-7 所示。

图 3-2-7　企业所得税月（季）度预缴纳税申报表（A 类）的填写结果

## 二、北京晨优饮料有限公司核定征收企业所得税预缴申报

### （一）登录电子税务局

单击【北京市电子税务局】，打开北京市电子税务局网站，在【企业业务】选项卡中输入企业纳税人识别号、用户名及密码，验证通过后，单击【登录】按钮，如图3-2-8所示。

图3-2-8　登录电子税务局

### （二）选择企业所得税月（季）度预缴和年度纳税申报表（B类）项目

执行【申报税（费）清册】—【按期应申报】命令，页面右侧即显示相关税费申报项目。单击【企业所得税月（季）度预缴和年度纳税申报表（B类）】征收项目后的【填写申报表】按钮，如图3-2-9所示。进入申报表填写页面，如图3-2-10所示。

图3-2-9　选择申报表

## B100000　中华人民共和国企业所得税月（季）度预缴和年度纳税申报表（B类，2018年版）

税款所属期间 **2024-01-01** 至 **2024-03-31**

纳税人识别号（统一社会信用代码）：**91110101476748143Q**

纳税人名称：**北京晨优饮料有限公司**　　　　　　　金额单位：人民币元（列至角分）

| 核定征收方式 | ☑核定应税所得率（能核算收入总额的） | □核定应税所得率（能核算成本费用总额的） | □核定应纳所得税额 |
|---|---|---|---|

### 按季度填报信息

| 项　目 | 一季度 | | 二季度 | | 三季度 | | 四季度 | | 季度平均值 |
|---|---|---|---|---|---|---|---|---|---|
| | 季初 | 季末 | 季初 | 季末 | 季初 | 季末 | 季初 | 季末 | |
| 从业人数 | 10 | 10 | | | | | | | 10 |
| 资产总额（万元） | 1340.30 | 1489.70 | | | | | | | 1415.00 |
| 国家限制或禁止行业 | □是 ☑否 | | | | 小型微利企业 | | ☑是 □否 | | |

### 按年度填报信息

| 从业人数（填写平均值） | | 资产总额（填写平均值，单位：万元） | |
|---|---|---|---|
| 国家限制或禁止行业 | □是 □否 | 小型微利企业 | □是 □否 |

| 行次 | 项　目 | 本年累计金额 |
|---|---|---|
| 1 | 收入总额 | |
| 2 | 减：不征税收入 | |
| 3 | 减：免税收入（4+5+10+11） | 0.00 |
| 4 | 　国债利息收入免征企业所得税 | |
| 5 | 　符合条件的居民企业之间的股息、红利等权益性投资收益免征企业所得税（6+7.1+7.2+8+9） | 0.00 |
| 6 | 　　其中：一般股息红利等权益性投资收益免征企业所得税 | |
| 7.1 | 　　　通过沪港通投资且连续持有H股满12个月取得的股息红利所得免征企业所得税 | |
| 7.2 | 　　　通过深港通投资且连续持有H股满12个月取得的股息红利所得免征企业所得税 | |
| 8 | 　　　居民企业持有创新企业CDR取得的股息红利所得免征企业所得税 | |
| 9 | 　　　符合条件的居民企业之间属于股息、红利性质的永续债利息收入免征企业所得税 | |
| 10 | 　投资者从证券投资基金分配中取得的收入免征企业所得税 | |
| 11 | 　取得的地方政府债券利息收入免征企业所得税 | |
| 12 | 应税收入额（1-2-3）＼成本费用总额 | 0.00 |
| 13 | 税务机关核定的应税所得率（%） | % |
| 14 | 应纳税所得额（第12×13行）＼[第12行÷（1-第13行）×第13行] | 0.00 |
| 15 | 税率（25%） | 25% |
| 16 | 应纳所得税额（14×15） | 0.00 |
| 17 | 减：符合条件的小型微利企业减免企业所得税 | |
| 18 | 减：实际已缴纳所得税额 | 0.00 |
| L19 | 减：符合条件的小型微利企业延缓缴纳所得税额（是否延缓缴纳所得□ 是 □ 否） | |
| 19 | 本期应补（退）所得税额（16-17-18-L19）＼税务机关核定本期应纳所得额 | 0.00 |
| 20 | 民族自治地方的自治机关对本民族自治地方的企业应缴纳的企业所得税中属于地方分享的部分减征或免征（□免征 □减征:减征幅度　　%） | |
| 21 | 本期实际应补（退）所得税额 | 0.00 |

国家税务总局监制

图 3-2-10　填写申报表页面

## （三）企业所得税月（季）度预缴和年度纳税申报表（B类）主表填写要点

本表适用于采取核定征收方式征收企业所得税的居民企业纳税人（以下简称"纳税人"）在月

（季）度预缴纳税申报时填报。此外，采取核定应税所得率方式的纳税人在年度纳税申报时也填报本表。

（1）表头项目的填写。

核定征收方式，是根据税务机关核定的征收方式选择填报，有三种核定征收方式，一是核定应税所得率（能核算收入总额的），二是核定应税所得率（能核算成本费用总额的），三是核定应纳所得税额，不同的核定征收方式在表上填写的行次有所不同。

核定征收方式勾选【核定应税所得率（能核算收入总额的）】的纳税人填报第1行至第21行，核定征收方式勾选【核定应税所得率（能核算成本费用总额的）】的纳税人填报第12行至第21行，核定征收方式勾选【核定应纳所得税额】的纳税人填报第L19行、第19行至第21行。

（2）从业人数、资产总额（万元）、是否是国家限制或禁止行业，以及判断小型微利企业的标准同采用查账征收方式征收企业所得税的填报方法一样。

（3）行次金额的填写。

第1行"收入总额"填报纳税人各项收入的本年累计金额，既包括主营业务收入、其他业务收入，也包括会计上不计入收入，但按税收规定应计算所得额的转让固定资产收入、利息收入等其他收入。

第2行"不征税收入"填报纳税人已经记入本表"收入总额"行次但属于税收规定的不征税收入的本年累计金额。

第3行"免税收入"汇总所填报各项免税收入优惠的本年累计金额。根据相关行次计算结果填报。

第12行"应税收入额\成本费用总额"。核定征收方式为核定应税所得率（能核算收入总额的）的纳税人，本行=第1行-第2行-第3行。核定征收方式为核定应税所得率（能核算成本费用总额的）的纳税人，本行填报纳税人各项成本费用的本年累计金额。

第13行"税务机关核定的应税所得率（%）"填报税务机关核定的应税所得率。

第14行"应纳税所得额"。核定征收方式为核定应税所得率（能核算收入总额的）的纳税人，本行=第12行×第13行。核定征收方式为核定应税所得率（能核算成本费用总额的）的纳税人，本行=第12行÷（1-第13行）×第13行。

第15行"税率"填报25%。

第16行"应纳所得税额"，本行=第14行×第15行。

第17行"符合条件的小型微利企业减免企业所得税"填报纳税人享受小型微利企业普惠性所得税减免政策减免企业所得税的金额。根据第14行计算减免税额的本年累计金额。

第18行"实际已缴纳所得税额"填报纳税人已在此前月（季）度预缴的企业所得税的本年累计金额。

第19行"本期应补（退）所得税额\税务机关核定本期应纳所得税额"。核定征收方式为核定应税所得率（能核算收入总额的）的纳税人，根据相关行次计算结果填报，本行=第16行-第17行-第18行-第L19。核定征收方式为核定应纳所得税额的纳税人，本行填报税务机关核定的本期应纳所得税额，如果纳税人符合小型微利企业条件，本行填报的金额应为税务机关按照程序调减定额后的本期应纳所得税额。

第20行填报民族自治地方的企业纳税人，享受的应缴纳的企业所得税中属于地方分享的部分减征或免征额的本年累计金额。

第21行"本期实际应补（退）所得税额"填报纳税人本期实际应补（退）所得税额。

### （四）北京晨优饮料有限公司企业所得税预缴申报表的填写

**1. 北京晨优饮料有限公司企业所得税核定征收方式为核定应税所得率（能核算收入总额的）**

具体信息如图 3-2-11 所示。

### 企业信息

企业名称：北京晨优饮料有限公司
行业分类：制造业
企业类型：小型微利企业
企业注册登记类型：其他有限责任公司
税务机关核定的应税所得率：8%（按收入总额核定）
年应纳税所得额不超过100万元
从业人数：10人

图 3-2-11　企业核定征收方式说明

**2. 计算并填写收入总额**

北京晨优饮料有限公司的收入既包括利润表上的营业收入，也包括会计上不计入收入，但按税收规定应计算所得额的转让车位收入、销售旧车收入、利息收入及其他收入，如图 3-2-12 所示。

收入总额=154 000+460 000+120 000+200+1 000=735 200（元）

**利润表**

会小企02表

| 编制单位: 北京晨优饮料有限公司 | | 2024 年 1-3 月 | | 单位: 元 |
|---|---|---|---|---|
| 项目 | 行次 | 本期合计 | | 本年累计 |
| 一、营业收入 | 1 | 154000.00 | | 154000.00 |
| 减：营业成本 | 2 | 107540.00 | | 107540.00 |
| 税金及附加 | 3 | 1487.30 | | 1487.30 |

### 相关信息

1. 1-3月销售2017年3月购入的车位，取得含税收入48.3万元（不含税收入46万元）计入收入总额中计算企业所得税。
2. 1-3月销售2021年3月购入的车辆，取得含税收入12.36万元（不含税收入12万元）计入收入总额中计算企业所得税。
3. 1-3月的利息收入200元，计入收入总额中计算企业所得税。
4. 1-3月营业外收入中的罚款收入1000元，计入收入总额。

图 3-2-12　应计入应纳税所得额的收入总额内容

**3. 小型微利企业减免的所得税额的计算**

北京晨优饮料有限公司为小型微利企业，可享受减按 25%计算应纳税所得额，按 20%的税率缴纳企业所得税的税收优惠政策，减免的所得税额计算如下。

735 200×8%×25%-735 200×8%×25%×20%=11 763.2（元）

### （五）北京晨优饮料有限公司企业所得税月（季）度预缴和年度纳税申报表（B类）填写结果

填写结果如图 3-2-13 所示。

## B100000　中华人民共和国企业所得税月（季）度预缴和年度纳税申报表
### （B类，2018年版）

税款所属期间 2024-01-01 至 2024-03-31

纳税人识别号（统一社会信用代码）：91110101476748143O

纳税人名称：北京晨优饮料有限公司　　　　　　　　　　　　　　　　金额单位：人民币元（列至角分）

| 核定征收方式 | ☑ 核定应税所得率（能核算收入总额的）　□ 核定应税所得率（能核算成本费用总额的）　□ 核定应纳所得税额 | | | | | | | | |
|---|---|---|---|---|---|---|---|---|---|
| **按季度填报信息** | | | | | | | | | |
| 项　目 | 一季度 | | 二季度 | | 三季度 | | 四季度 | | 季度平均值 |
| | 季初 | 季末 | 季初 | 季末 | 季初 | 季末 | 季初 | 季末 | |
| 从业人数 | 10 | 10 | | | | | | | 10 |
| 资产总额（万元） | 1340.30 | 1489.70 | | | | | | | 1415.00 |
| 国家限制或禁止行业 | □ 是 ☑ 否 | | | | 小型微利企业 | | ☑ 是 □ 否 | | |
| **按年度填报信息** | | | | | | | | | |
| 从业人数（填写平均值） | | | | 资产总额（填写平均值，单位：万元） | | | | | |
| 国家限制或禁止行业 | □ 是 ☑ 否 | | | | 小型微利企业 | | ☑ 是 □ 否 | | |

| 行次 | 项　目 | 本年累计金额 |
|---|---|---|
| 1 | 收入总额 | 735200.00 |
| 2 | 减：不征税收入 | |
| 3 | 减：免税收入（4+5+10+11） | 0.00 |
| 4 | 　国债利息收入免征企业所得税 | |
| 5 | 　符合条件的居民企业之间的股息、红利等权益性投资收益免征企业所得税（6+7.1+7.2+8+9） | 0.00 |
| 6 | 　　其中：一般股息红利等权益性投资收益免征企业所得税 | |
| 7.1 | 　　通过沪港通投资且连续持有H股满12个月取得的股息红利所得免征企业所得税 | |
| 7.2 | 　　通过深港通投资且连续持有H股满12个月取得的股息红利所得免征企业所得税 | |
| 8 | 　　居民企业持有创新企业CDR取得的股息红利所得免征企业所得税 | |
| 9 | 　　符合条件的居民企业之间属于股息、红利性质的永续债利息收入免征企业所得税 | |
| 10 | 　投资者从证券投资基金分配中取得的收入免征企业所得税 | |
| 11 | 　取得的地方政府债券利息收入免征企业所得税 | |
| 12 | 应税收入额（1-2-3）\成本费用总额 | 735200.00 |
| 13 | 税务机关核定的应税所得率（%） | 8% |
| 14 | 应纳税所得额（第12×13行）\[第12行÷（1-第13行）×第13行] | 58816.00 |
| 15 | 税率（25%） | 25% |
| 16 | 应纳所得税额（14×15） | 14704.00 |
| 17 | 减：符合条件的小型微利企业减免企业所得税 | 11763.2 |
| 18 | 减：实际已缴纳所得税额 | 0.00 |
| L19 | 减：符合条件的小型微利企业延缓缴纳所得税额（是否延缓缴纳所得□ 是 □ 否） | |
| 19 | 本期应补（退）所得税额（16-17-18-L19）\税务机关核定本期应纳所得税额 | 2940.80 |
| 20 | 民族自治地方的自治机关对本民族自治地方的企业应缴纳的企业所得税中属于地方分享的部分减征或免征（ □ 免征　减征：减征幅度　　　%） | |
| 21 | 本期实际应补（退）所得税额 | 2940.80 |

图3-2-13　企业所得税月（季）度预缴和年度纳税申报表（B类）填写结果

## 业务训练

### 一、单选题

1. 小型微利企业是指从事国家非限制和禁止行业，且同时符合年度应纳税所得额不超过（　　　）万元、从业人数不超过300人、资产总额不超过5 000万元等三个条件的企业。

　　A. 300　　　　　　　B. 1 000　　　　　　　C. 2 000　　　　　　　D. 5 000

2. 北京龙兴汽车销售有限公司 2024 年实现销售收入 2 000 万元，实际发生广告费和业务宣传费支出 300 万元，则该企业 2024 年计算应纳所得税时可税前扣除的广告费和业务宣传费是（　　）万元。

　　A. 45　　　　　　　　B. 300　　　　　　　　C. 150　　　　　　　　D. 80

3. 小型微利企业所得税税率是（　　）。

　　A. 20%　　　　　　　B. 25%　　　　　　　C. 15%　　　　　　　D. 10%

4. 根据企业所得税法律制度的规定，企业缴纳的下列税金中，不得在计算企业所得税应纳税所得额时扣除的是（　　）。

　　A. 增值税　　　　　B. 消费税　　　　　C. 资源税　　　　　D. 房产税

5. 高新技术企业的企业所得税税率为（　　）。

　　A. 20%　　　　　　　B. 25%　　　　　　　C. 15%　　　　　　　D. 10%

## 二、多选题

1. 根据企业所得税法的规定，判断居民企业的标准有（　　）。

　　A. 登记注册地标准　　　　　　　　B. 所得来源地标准

　　C. 经营行为实际发生地标准　　　　D. 实际管理机构所在地标准

2. 下列是企业所得税预缴申报表的附表的是（　　）。

　　A.《资产加速折旧、摊销（扣除）优惠明细表》

　　B.《企业所得税汇总纳税分支机构所得税分配表》

　　C.《免税收入、减计收入、所得减免等优惠明细表》

　　D.《减免所得税优惠明细表》

3. 甲公司为小型微利企业，本年度所得额为 150 万元，如果现行小型微利企业所得税优惠政策是所得额不超过 300 万元的，应税所得额减按 25% 计算，则下列说法正确的是（　　）。

　　A. 本年度所得税，甲公司应交 37.5 万元

　　B. 本年度所得税，甲公司应交 7.5 万元

　　C. 本年度减免的税额为 30 万元

　　D. 该公司的资产总额平均值不超过 5 000 万元

4. 预缴企业所得税时，如果采用核定征收，则核定的方式有（　　）。

　　A. 核定应税所得率（能核算收入总额的）

　　B. 核定应税所得率（能核算成本费用总额的）

　　C. 核定利润征收

　　D. 核定应纳所得税额

5. 企业所得税的征收方式有（　　）。

　　A. 按年计征　　　　B. 分期预缴　　　　C. 年终汇算清缴　　　D. 多退少补

## 三、判断题

1. 企业在预缴申报企业所得税时，其纳税申报表中的"营业收入""营业成本""利润总额"的勾稽关系是：营业收入-营业成本=利润总额。　　　　　　　　　　　　　　　（　　）

2. 税收滞纳金按企业所得税法的规定可在税前扣除。　　　　　　　　　　　　（　　）

3. 小型微利企业预缴企业所得税时一定用中华人民共和国企业所得税月（季）度预缴和年度纳税申报表（B）类进行申报。　　　　　　　　　　　　　　　　　　　　（　　）

4. 预缴申报企业所得税时就可以享受弥补亏损的优惠政策。　　　　　（　　）

5. 采用查账征收方式征收企业所得税的纳税人预缴申报企业所得税时用 A 类报表。　（　　）

## 任务评价

完成了企业所得税的计算与申报的任务学习，参照下表判断自己对工作任务的掌握程度，已掌握的打√，未掌握的填写在工作记录与反思中。

| 工作任务 | 任务要求 | 掌握情况 |
| --- | --- | --- |
| 完成一般纳税人企业所得税预缴申报 | 正确填写企业所得税月（季）度预缴申报表（A 类） | |
| 完成小规模纳税人企业所得税预缴申报 | 正确填写企业所得税月（季）度预缴申报表（B 类） | |

### 【工作记录与反思】

| 时间 | |
| --- | --- |
| 工作任务 | |
| 任务目标 | |
| | |
| 遇到的问题 | |
| | |
| 经验总结（解决问题的办法） | |
| | |

# 工作任务三　计算与申报印花税

## 任务导入

财务共享服务中心员工需要为北京一鸣伞业有限公司第一季度签订的合同进行识别归类整理，完成印花税税源信息采集及纳税申报工作。

## 预备知识

印花税是以经济活动和经济交往中，书立、领受应税凭证的行为为征税对象征收的一种税。印花税因其采用在应税凭证上粘贴印花税票的方法缴纳税款而得名。

## 一、纳税人

在中国境内书立应税凭证、进行证券交易的单位和个人，为印花税的纳税人，在中国境外书立在境内使用的应税凭证的单位和个人，也应当按规定缴纳印花税。

应税凭证，是指《中华人民共和国印花税法》所附《印花税税目税率表》列明的合同、产权转移书据和营业账簿。

证券交易，是指转让在依法设立的证券交易所、国务院批准的其他全国性证券交易场所交易的股票和以股票为基础的存托凭证。

## 二、税目、税率

### （一）印花税税目

印花税的税目采用列举的方式，它具体划定了印花税的征税范围，一般来说列入税目的就征税，未列入税目的就不征税。

企业之间书立的确定买卖关系、明确买卖双方权利义务的订单、要货单等单据未另外书立买卖合同的，应当按规定缴纳印花税。发电厂与电网之间、电网与电网之间书立的购售电合同，应当按买卖合同税目缴纳印花税。

### （二）印花税税率

印花税的税率采用比例税率形式，共有五档，即 0.05‰、0.25‰、0.3‰、0.5‰、1‰，具体扫描右侧二维码。

知识链接

印花税税目税率表

## 三、税额的计算

### （一）计算方法

印花税的应纳税额按照计税依据乘以适用税率计算，计算公式如下。

$$应纳税额=计税依据×适用税率$$

### （二）计税依据的具体规定

（1）应税合同的计税依据，为合同所列的金额，不包括列明的增值税税款。

（2）应税产权转移书据的计税依据，为产权转移书据所列的金额，不包括列明的增值税税款。

（3）应税营业账簿的计税依据，为账簿记载的实收资本（股本）、资本公积合计金额。

（4）证券交易的计税依据，为成交金额。

## 四、征收管理

### （一）纳税义务发生时间

印花税的纳税义务发生时间为纳税人书立应税凭证或者完成证券交易的当日。证券交易印花税扣缴义务发生时间为证券交易完成的当日。

### （二）征收期限

印花税按季、按年或者按次计征。实行按季、按年计征的，纳税人应当自季度、年度终了之日起十五日内申报缴纳税款；实行按次计征的，纳税人应当自纳税义务发生之日起十五日内申报缴纳税款。

证券交易印花税按周解缴。证券交易印花税扣缴义务人应当自每周终了之日起五日内申报解缴税款以及银行结算的利息。

### （三）纳税地点

（1）单位纳税人应当向其机构所在地的主管税务机关申报缴纳印花税。

（2）个人纳税人，应当向应税凭证书立地或者居住地的主管税务机关申报缴纳印花税。

（3）不动产产权发生转移的，纳税人应当向不动产所在地的主管税务机关申报缴纳印花税。

（4）纳税人为境外单位或者个人，在境内有代理人的，以其境内代理人为扣缴义务人，向境内代理人机构所在地（居住地）主管税务机关申报解缴税款。

（5）证券交易印花税的扣缴义务人，应当向其机构所在地的主管税务机关申报缴纳税款。

**工作指导**

纳税人应当根据书立的印花税应税合同、产权转移书据和营业账簿情况如实填写《财产和行为税纳税申报表》及相应的《印花税税源明细表》进行申报。

自 2021 年 6 月 1 日起，纳税人使用《财产和行为税纳税申报表》对财产和行为税进行合并申报，通俗讲就是"简并申报表，一表报多税"，纳税人在申报城镇土地使用税、房产税、车船税、印花税、耕地占用税、资源税（不包括水资源税）、土地增值税、契税、环境保护税、烟叶税等多个税种时，不再单独使用分税种申报表，而是在一张纳税申报表上同时申报多个税种。

登录电子税务局，印花税申报流程如下。

# 一、印花税税源信息采集

申报缴纳财产和行为税类税种的税款时，首先要进行税源采集，即将税源的详细信息填写到税源明细表上。在申报缴纳印花税时，需要先将应税凭证的名称、数量、申报期限种类、涉及的具体税目、计税金额、税率、税款所属期等信息填入税源明细表，税源信息采集步骤如下。

（1）执行【申报税（费）清册】—【其他申报】命令，页面右侧即显示相关税费申报项目。单击【财产和行为税税源信息】申报表后的【填写申报表】按钮，打开【财产和行为税税源信息报告】页面，在此页面单击【印花税】后面的【税源采集】按钮，如图 3-3-1 所示。系统跳转至【印花税税源采集】页面。

图 3-3-1　税源信息采集步骤（1）

（2）在【印花税税源采集】页面，可以进行单击【查询税源】【新增税源】【作废税源】【跳转申报】等按钮的操作。单击【新增税源】按钮，打开【印花税税源明细表】页面，如图3-3-2所示。

图3-3-2　税源信息采集步骤（2）

（3）填写印花税税源明细表。先选择纳税期限，纳税期限有按年、按季和按次三个选项，其次填写税款所属期间，接着将印花税税源信息填入页面下方的各个栏次，带星号（*）的是必填项目，主要项目填写方法如下。

① 应税凭证名称：必填。按应税凭证对应的税目填写应税凭证的具体名称。

② 申报期限类型：必填。填写应税凭证申报期限类型，填写正常申报。

③ 应税凭证数量：逐份填写应税凭证时填"1"，合并汇总填写应税凭证时填写合并汇总应税凭证的数量。合并汇总填写应税凭证时，只能合并适用同一税目且内容高度相似的应税凭证。合并汇总填写应税凭证时，不需填写对方书立人信息。

④ 税目：必填。可填写项目包括：借款合同、融资租赁合同、买卖合同、承揽合同、建设工程合同、运输合同、技术合同、租赁合同、保管合同、仓储合同、财产保险合同、产权转移书据、营业账簿。

⑤ 税款所属期起：必填。按期申报的，填写所属期的起始时间，应填写具体的年、月、日。按次申报的，为应税凭证书立日期。

⑥ 税款所属期止：必填。按期申报的，填写所属期的终止时间，应填写具体的年、月、日。按次申报的，为应税凭证书立日期。

⑦ 应税凭证书立日期：选填。合并汇总填报应税凭证时，应税凭证书立日期为税款所属期止。

⑧ 计税金额：必填。填写应税合同、产权转移书据列明的金额（不包括列明的增值税税款）；填写应税营业账簿中实收资本（股本）和资本公积合计金额。

⑨ 税率：必填。税目选择后，会自动带出税目的适用税率。

结合北京一鸣伞业有限公司的企业合同登记统计表和企业信息说明（见图3-3-3），填写该公司印花税税源信息明细表，具体如图3-3-4所示。

## 企业合同登记统计表

| 序号 | 合同名称 | 签订所属期 | 申报期限类型 | 税目 | 子目 | 合同金额（元） |
|---|---|---|---|---|---|---|
| 001 | 买卖合同 | 2024年01月-03月 | 正常申报 | 买卖合同 | | 2064769.20 |
| 002 | 产权转移书据 | 2024年01月-03月 | 正常申报 | 产权转移书据 | 土地使用权出让书据 | 300000.00 |

### 企业信息说明

北京一鸣伞业有限公司属于小型微利企业，其城市维护建设税、教育费附加、地方教育附加、印花税减半征收。依据政策为：《财政部 国家税务总局关于进一步实施小微企业"六税两费"减免政策的公告》

图3-3-3 北京一鸣伞业有限公司企业合同登记统计表和企业信息说明

图3-3-4 北京一鸣伞业有限公司印花税税源明细表

## 二、申报印花税

税源明细表是生成印花税纳税申报表的主要依据。税源信息采集完毕并核对无误后，可进行印花税的申报与税款缴纳，步骤如下。

（1）进入申报页面有两种方式。第一种方式：执行【申报税（费）清册】—【其他申报】命令，页面右侧即显示相关税费申报项目。单击【财产和行为税纳税申报表】后的【填写申报表】按钮，打开【财产和行为税合并纳税申报】页面，勾选【印花税】后单击右上角的【下一步】按钮，系统会自动带出财产和行为税纳税申报表、财产和行为税减免税明细申报附表，税源明细表上采集的数据会自动同步到这两张表中，如图3-3-5所示。

第二种方式：在【印花税税源采集】页面，将相关信息采集后，直接单击【跳转申报】按钮，就会跳转到【财产和行为税合并纳税申报】页面，勾选【印花税】选项，单击【下一步】按钮，系统会自动带出财产和行为税纳税申报表、财产和行为税减免税明细申报附表，税源明细表上所采集的数据会自动同步到两张表上。跳转申报如图3-3-6所示。

**财产和行为税合并纳税申报**

财产和行为税税源明细报告　下一步　返回

**纳税人基本信息**

| 纳税人名称 | 北京一鸣伞业有限公司 | 纳税人识别号 | 91110101900988751L |
|---|---|---|---|
| 纳税期限 | 按季申报 | | |
| 税款所属期起 | 2024-01-01 | 税款所属期止 | 2024-03-31 |

**申报表信息**

| 序号 | 是否申报 | 申报日期 |
|---|---|---|
| 1 | ☑ | 印花税 |
| 2 | ☐ | 城镇土地使用税 |
| 3 | ☐ | 房产税 |
| 4 | ☐ | 土地增值税 |
| 5 | ☐ | 资源税（不含水资源税） |

**财产和行为税纳税申报表**

纳税人识别号（统一社会信用代码）：91110101900988751L

纳税人名称：北京一鸣伞业有限公司

金额单位：人民币元（列至角分）

| 序号 | 税种 | 税目 | 税款所属期起 | 税款所属期止 | 计税依据 | 税率 | 应纳税额 | 减免税额 | 已缴税额 | 应补（退）税额 |
|---|---|---|---|---|---|---|---|---|---|---|
| 1 | 印花税 | 买卖合同 | 2024-01-01 | 2024-03-31 | 2064769.2 | 0.0003 | 619.43 | 309.72 | 0 | 309.71 |
| 2 | 印花税 | 产权转移书据 | 2024-01-01 | 2024-03-31 | 300000 | 0.0005 | 150.00 | 75.00 | 0 | 75.00 |
| | | | | | | | | | | 0.00 |
| | | | | | | | | | | 0.00 |
| | | | | | | | | | | 0.00 |
| -- | 合计 | -- | -- | -- | | | 769.43 | 384.72 | 0.00 | 384.71 |

**财产和行为税减免税明细申报附表**

纳税人识别号（统一社会信用代码）：91110101900988751L

纳税人名称：北京一鸣伞业有限公司

金额单位：人民币元（列至角分）

| 本期是否适用小微企业"六税两费"减免政策 | ☑是 ☐否 | 减免政策适用主体 | 增值税小规模纳税人：☐是 ☑否 |
|---|---|---|---|
| | | | 增值税一般纳税人：☐个体工商户 ☑小型微利企业 |
| | | 适用减免政策起止时间 | 2024 年 01 月至 2024 年 12 月 |
| 合计减免税额 | | | 384.72 |

城镇土地使用税

| 序号 | 土地编号 | 税款所属期起 | 税款所属期止 | 减免性质代码和项目名称 | 减免税额 |
|---|---|---|---|---|---|
| | | | | | |
| 小计 | -- | -- | | | |

房产税

| 序号 | 房产编号 | 税款所属期起 | 税款所属期止 | 减免性质代码和项目名称 | 减免税额 |
|---|---|---|---|---|---|
| | | | | | |
| 小计 | -- | -- | | | |

车船税

| 序号 | 车辆识别代码/船舶识别码 | 税款所属期起 | 税款所属期止 | 减免性质代码和项目名称 | 减免税额 |
|---|---|---|---|---|---|
| | | | | | |
| 小计 | -- | -- | | | |

印花税

| 序号 | 税目 | 税款所属期起 | 税款所属期止 | 减免性质代码和项目名称 | 减免税额 |
|---|---|---|---|---|---|
| 1 | 买卖合同 | 2024-01-01 | 2024-03-31 | 0009129910《财政部 税务总局关于进 | 309.72 |
| 2 | 产权转移书据 | 2024-01-01 | 2024-03-31 | 0009129910《财政部 税务总局关于进 | 75.00 |
| 小计 | -- | -- | | | 384.72 |

资源税

| 序号 | 税目 | 子目 | 税款所属期起 | 税款所属期止 | 减免性质代码和项目名称 | 减免税额 |
|---|---|---|---|---|---|---|

图 3-3-5　税源明细表上数据同步到纳税申报表

## 印花税税源采集

| 纳税人识别号 | 91110101900988751L | 纳税人名称 | 北京一鸣企业有限公司 |

| 税款所属期起 | 2024-01-01 | 税款所属期止 | 2024-03-31 |

查询税源　新增税源　待报税源　**跳转申报**　返回

查询结果

| 序号 | 税款所属期起 | 税款所属期止 | 录入日期 | 修改日期 | 操作类型 |
|------|-------------|-------------|----------|----------|----------|
| 1 | 2024-01-01 | 2024-03-31 | 2024-07-04 | 2024-07-04 | 查看 修改 |

< 1 > 到第 1 页 确定 共1条 10条/页 ∨

## 财产和行为税合并纳税申报

财产和行为税源删除退税报告　下一步　返回

**纳税人基本信息**

| 纳税人名称 | 北京一鸣企业有限公司 | 纳税人识别号 | 91110101900988751L |
| 纳税期限 | 按季申报 | | |
| 税款所属期起 | 2024-01-01 | 税款所属期止 | 2024-03-31 |

**申报表信息**

| 序号 | 是否申报 | | 申报日期 |
|------|---------|--|----------|
| 1 | ☑ | 印花税 | |
| 2 | ☐ | 城镇土地使用税 | |
| 3 | ☐ | 房产税 | |
| 4 | ☐ | 土地增值税 | |
| 5 | ☐ | 资源税（不含水资源税） | |
| 6 | ☐ | 环境保护税 | |

## 财产和行为税纳税申报表

纳税人识别号（统一社会信用代码）：91110101900988751L

金额单位：人民币元（列至角分）

纳税人名称：北京一鸣企业有限公司

| 序号 | 税种 | 税目 | 税款所属期起 | 税款所属期止 | 计税依据 | 税率 | 应纳税额 | 减免税额 | 已缴税额 | 应补（退）税额 |
|------|------|------|-------------|-------------|----------|------|----------|----------|----------|----------------|
| 1 | 印花税 | 买卖合同 | 2024-01-01 | 2024-03-31 | 2064769.2 | 0.0003 | 619.43 | 309.72 | 0 | 309.71 |
| 2 | 印花税 | 产权转移书据 | 2024-01-01 | 2024-03-31 | 300000 | 0.0005 | 150.00 | 75.00 | 0 | 75.00 |
| | | | | | | | | | | 0.00 |
| | | | | | | | | | | 0.00 |
| | | | | | | | | | | 0.00 |
| -- | 合计 | -- | -- | -- | -- | -- | 769.43 | 384.72 | 0.00 | 384.71 |

## 财产和行为税减免税明细申报附表

纳税人识别号（统一社会信用代码）：91110101900988751L

金额单位：人民币元（列至角分）

纳税人名称：北京一鸣企业有限公司

| 本期是否适用小微企业"六税两费"减免政策 | ☑是 ☐否 | 减免政策适用主体 | 增值税小规模纳税人：☐是 ☑否 |
| | | | 增值税一般纳税人：☐个体工商户 ☑小型微利企业 |
| | | 适用减免政策起止时间 | 2024年01月至2024年12月 |

| 合计减免税额 | | | | | 384.72 |

**城镇土地使用税**

| 序号 | 土地编号 | 税款所属期起 | 税款所属期止 | 减免性质代码和项目名称 | 减免税额 |
|------|----------|-------------|-------------|----------------------|----------|
| | | | | | |
| | | | | | |
| 小计 | -- | -- | -- | -- | |

**房产税**

| 序号 | 房产编号 | 税款所属期起 | 税款所属期止 | 减免性质代码和项目名称 | 减免税额 |
|------|----------|-------------|-------------|----------------------|----------|
| | | | | | |
| | | | | | |
| 小计 | -- | -- | -- | -- | |

**车船税**

| 序号 | 车辆识别代码/船舶识别码 | 税款所属期起 | 税款所属期止 | 减免性质代码和项目名称 | 减免税额 |
|------|------------------------|-------------|-------------|----------------------|----------|
| | | | | | |
| | | | | | |
| 小计 | -- | -- | -- | -- | |

**印花税**

| 序号 | 税目 | 税款所属期起 | 税款所属期止 | 减免性质代码和项目名称 | 减免税额 |
|------|------|-------------|-------------|----------------------|----------|
| 1 | 买卖合同 | 2024-01-01 | 2024-03-31 | 0009129910《财政部 税务总局关于进 | 309.72 |
| 2 | 产权转移书据 | 2024-01-01 | 2024-03-31 | 0009129910《财政部 税务总局关于进 | 75.00 |
| 小计 | | | | | 384.72 |

**资源税**

| 序号 | 税目 | 子目 | 税款所属期起 | 税款所属期止 | 减免性质代码和项目名称 | 减免税额 |
|------|------|------|-------------|-------------|----------------------|----------|

图3-3-6 税源采集页面跳转申报

（2）审核无误后，依次单击【保存】和【申报】按钮，在打开的对话框中单击【是】按钮，在打开的【税费申报】页面中执行【清缴税款】—【三方协议缴款】—【立即缴款】命令，缴纳税款，完成印花税的申报，如图3-3-7所示。

图3-3-7　申报缴纳印花税

 **业务训练**

### 一、单选题

1. 根据印花税法律制度的规定，下列各项中，不属于印花税征收范围的是（　　）。
　　A. 审计咨询合同　　B. 财产保险合同　　C. 技术合同　　D. 建设工程合同

2. 现行印花税的税率形式是（　　）。
　　A. 累进税率　　B. 定额税率　　C. 比例税率　　D. 累计税率

3. 甲企业将货物卖给乙企业，双方订立了购销合同，丙企业作为该合同的担保人，丁先生作为证人，戊单位作为鉴定人，则该合同印花税的纳税人为（　　）。
　　A. 甲企业和乙企业
　　B. 甲企业、乙企业和戊单位
　　C. 甲企业、乙企业和丙企业
　　D. 甲企业、乙企业、丙企业、丁先生、戊单位

4. 某货运公司与机械厂签订一份货物运输合同，负责将货物运抵某地，运输费用4万元，装卸费用0.5万元，该运输合同应缴纳的印花税是（　　）（税率0.3‰）。
　　A. 2.5元　　B. 13.5元　　C. 20元　　D. 12元

5. 下列不属于印花税征税范围的是（　　）。
　　A. 买卖合同　　B. 工商营业执照　　C. 产权转移书据　　D. 营业账簿

### 二、多选题

1. 财产与行为税合并申报，包括（　　）的合并申报。
　　A. 城市维护建设税　　B. 资源税　　C. 房产税　　D. 印花税

2. 印花税的纳税期限有（　　）。
　　A. 按月征收　　B. 按季征收　　C. 按次征收　　D. 按年征收

3. 根据印花税法律制度的规定，下列各项中，属于印花税纳税人的有（　　）。
　　A. 立据人

    B. 国外书立、领受在国内使用应税凭证的单位和个人

    C. 立合同人

    D. 立账簿人

4. 在会计业务中，印花税记入"（    ）"账户。

    A. 税金及附加                B. 管理费用

    C. 应交税费——应交印花税      D. 其他业务成本

5. 营业账簿以（    ）合计金额为印花税计税依据。

    A. 实收资本      B. 盈余公积      C. 未分配利润      D. 资本公积

### 三、判断题

1. 申报印花税时，首先需要对印花税税源进行采集，然后再进行申报。    （    ）

2. 印花税是按月申报。    （    ）

3. 法律咨询合同需要缴纳印花税。    （    ）

4. 印花税实行按季、按年计征的，纳税人应当自季度、年度终了之日起十五日内申报缴纳税款。    （    ）

5. 印花税的计税依据是合同上注明的价税合计数。    （    ）

## 任务评价

    完成了印花税的纳税与申报的任务学习，参照下表判断自己对工作任务的掌握程度。已掌握的打√，未掌握的填写在工作记录与反思中。

| 工作任务 | 任务要求 | 掌握情况 |
| --- | --- | --- |
| 完成印花税的纳税与申报 | 正确采集印花税税源，正确填写财产和行为税纳税申报表（印花税） | |

### 【工作记录与反思】

| 时间 | |
| --- | --- |
| 工作任务 | |
| **任务目标** | |
| | |
| **遇到的问题** | |
| | |
| **经验总结（解决问题的办法）** | |
| | |

# 工作任务四 计算与申报个人所得税

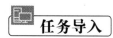

**任务导入**

北京一鸣伞业有限公司 3 月的经济业务已完成了相关的账务处理，接下来财务共享服务中心根据公司提供的工资计算表等报税资料完成该公司 3 月的个人所得税的计算与申报。

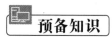

**预备知识**

## 一、个人所得税纳税人

个人所得税是对个人（即自然人）取得的各项所得征收的一种税，个人所得税纳税人，包括中国公民、个体工商户、个人独资企业投资人和合伙企业的个人合伙人等。个人所得税的纳税人依据住所和居住时间两个标准，分为居民个人和非居民个人。

### 1. 居民个人

在中国境内有住所，或者无住所而在一个纳税年度内在中国境内居住累计满 183 天的个人为居民个人。居民个人从中国境内和境外取得的所得，需依法缴纳个人所得税。

### 2. 非居民个人

在中国境内无住所又不居住，或者无住所但一个纳税年度内在中国境内居住累计不满 183 天的个人为非居民个人。非居民个人从中国境内取得的所得依法缴纳个人所得税。

## 二、个人所得税应税所得项目

《中华人民共和国个人所得税法》规定，下列各项个人所得，应当缴纳个人所得税：①工资、薪金所得；②劳务报酬所得；③稿酬所得；④特许权使用费所得；⑤经营所得；⑥利息、股息、红利所得；⑦财产租赁所得；⑧财产转让所得；⑨偶然所得。

知识链接

个人所得税应税所得项目

以上所得中，居民个人取得第一项至第四项所得（以下称"综合所得"），年度内分别按月或按次分项计税，次年 3 月 1 日至 6 月 30 日按年合并计算，汇算清缴，多退少补；非居民个人取得第一项至第四项所得，按月或者按次分项计算缴纳个人所得税。纳税人取得经营所得，按年计算个人所得税，由纳税人在月度或季度终了后 15 日内向税务机关报送纳税申报表，并预缴税款；在取得所得的次年 3 月 31 日前办理汇算清缴。纳税人取得第六项至第九项所得分别计算个人所得税。

上述 9 项所得，除第五项经营所得自行申报外，其他各项所得全由支付方全员代扣代缴。

## 三、个人所得税税率

个人所得税根据不同的征税项目，分别适用超额累进税率和比例税率两种不同类型的税率。

### （一）超额累进税率（综合所得和经营所得适用）

（1）居民个人每一纳税年度取得的综合所得，适用 3%～45%的 7 级超额累进税率，按年计算应纳税所得额及应交税款，具体税率如表 3-4-1 所示。

表 3-4-1 个人所得税税率表一

（综合所得适用）

| 级数 | 累计预扣预缴应纳税所得额 | 税率/% | 速算扣除数 |
|------|------|------|------|
| 1 | 不超过 36 000 元 | 3 | 0 |
| 2 | 超过 36 000 元至 144 000 元的部分 | 10 | 2 520 |
| 3 | 超过 144 000 元至 300 000 元的部分 | 20 | 16 920 |
| 4 | 超过 300 000 元至 420 000 元的部分 | 25 | 31 920 |
| 5 | 超过 420 000 元至 660 000 元的部分 | 30 | 52 920 |
| 6 | 超过 660 000 元至 960 000 元的部分 | 35 | 85 920 |
| 7 | 超过 960 000 元的部分 | 45 | 181 920 |

非居民个人取得工资、薪金所得，劳务报酬所得，稿酬所得和特许权使用费所得，按月或者按次分项计算个人所得税，适用按月换算后的非居民个人所得税税率表，如表 3-4-2 所示。

表 3-4-2 个人所得税税率表二

（非居民个人工资、薪金所得，劳务报酬所得，稿酬所得，特许权使用费所得适用）

| 级数 | 应纳税所得额 | 税率/% | 速算扣除数 |
|------|------|------|------|
| 1 | 不超过 3 000 元 | 3 | 0 |
| 2 | 超过 3 000 元至 12 000 元的部分 | 10 | 210 |
| 3 | 超过 12 000 元至 25 000 元的部分 | 20 | 1 410 |
| 4 | 超过 25 000 元至 35 000 元的部分 | 25 | 2 660 |
| 5 | 超过 35 000 元至 55 000 元的部分 | 30 | 4 410 |
| 6 | 超过 55 000 元至 80 000 元的部分 | 35 | 7 160 |
| 7 | 超过 80 000 元的部分 | 45 | 15 160 |

（2）经营所得，适用 5%～35% 的 5 级超额累进税率，如表 3-4-3 所示。

表 3-4-3 个人所得税税率表三

（经营所得适用）

| 级数 | 全年应纳税所得额 | 税率/% | 速算扣除数 |
|------|------|------|------|
| 1 | 不超过 30 000 元 | 5 | 0 |
| 2 | 超过 30 000 元至 90 000 元的部分 | 10 | 1 500 |
| 3 | 超过 90 000 元至 300 000 元的部分 | 20 | 10 500 |
| 4 | 超过 300 000 元至 500 000 元的部分 | 30 | 40 500 |
| 5 | 超过 500 000 元的部分 | 35 | 65 500 |

## （二）比例税率

利息、股息、红利所得，财产租赁所得，财产转让所得、偶然所得和其他所得，按月（或次）计算征收个人所得税，税率为 20%。

## 四、计算个人所得税

### （一）居民个人年度汇算清缴综合所得应纳税额计算

#### 1. 计算公式

应交个人所得税计算公式如下。

$$应纳税额=应纳税所得额\times适用税率-速算扣除数$$
$$=（每一纳税年度收入额-基本费用-专项扣除-专项附加扣除-$$
$$其他扣除）\times适用税率-速算扣除数$$

（1）基本费用指的是维持个人基本生活条件的免予征税的额度，每个月每个人允许扣除 5 000 元，年度每人允许扣除 60 000 元。

（2）专项扣除指的是居民个人按国家规定缴纳的基本养老保险、基本医疗保险、失业保险等社会保险费和住房公积金。

（3）专项附加扣除指的是子女教育专项附加扣除、继续教育专项附加扣除、大病医疗专项附加扣除、住房贷款利息专项附加扣除、住房租金专项附加扣除、赡养老人专项附加扣除以及 3 岁以下婴幼儿照护专项附加扣除。

（4）其他扣除指的是个人缴付符合国家规定的企业年金、职业年金，个人购买符合国家规定的商业健康保险、税收递延型商业养老保险的支出，以及国务院规定可以扣除的其他项目。

#### 2. 年度收入额的确定

每一纳税年度收入额包括纳税人年度内取得的工资、薪金收入额，劳务报酬收入额，稿酬收入额，特许权使用费收入额，收入额的确定依据如下。

（1）工资、薪金所得：全部收入计入年收入额。

（2）劳务报酬所得和特许权使用费所得：按实际取得的劳务报酬、特许权使用费收入的 80% 计入年收入额。

（3）稿酬所得：按实际取得的稿酬收入的 80% 再减按 70%（即稿酬所得的 56%）计入年收入额。

### （二）扣缴义务人预扣预缴工资、薪金所得，劳务报酬所得，稿酬所得，特许权使用费所得个人所得税的计算

#### 1. 工资、薪金所得预扣个人所得税计算

扣缴义务人向居民个人支付工资、薪金时，应当按累计预扣法计算预扣税款，并按月办理全员全额扣缴申报。计算公式如下。

$$本期应预扣预缴税额=（累计预扣预缴应纳税所得额\times预扣率-速算扣除数）-累计减免税额-$$
$$累计已预扣预缴税额$$

$$累计预扣预缴应纳税所得额=累计收入-累计免税收入-累计减除费用-累计专项扣除-$$
$$累计专项附加扣除-累计其他扣除$$

工资、薪金所得预缴个人所得税的计算所用到的预扣率、速算扣除数与综合所得汇算清缴用到的个人所得税税率表一样，见表 3-4-1。

#### 2. 劳务报酬所得、稿酬所得、特许权使用费所得预扣个人所得税计算

劳务报酬所得、稿酬所得、特许权使用费所得按次或按月预扣预缴个人所得税，劳务报酬所得、稿酬所得、特许权使用费所得属于一次性收入，以取得该项收入为一次；属于同一项目连续

性收入的，以一个月内取得的收入为一次，预扣预缴方法如下。

应纳税所得额：劳务报酬所得、稿酬所得、特许权使用费所得，以每次收入额为预扣预缴所得额。每次收入额是各项所得的收入减除费用后的余额，其中，稿酬所得的收入额减按70%计算。

减除费用：劳务报酬所得、稿酬所得、特许权使用费所得每次收入不超过4 000元，减除费用按800元计算；每次收入在4 000元以上的，减除费用按20%计算。

劳务报酬所得适用20%～40%的超额累进税率，如表3-4-4所示。稿酬所得、特许权使用费所得适用20%的比例预扣率。

表3-4-4　　　　　　　　　　　　个人所得税预扣率表

（居民个人劳务报酬所得预扣预缴适用）

| 级数 | 预扣预缴应纳税所得额 | 预扣率/% | 速算扣除数 |
| --- | --- | --- | --- |
| 1 | 不超过20 000元 | 20 | 0 |
| 2 | 超过20 000元至50 000元的部分 | 30 | 2 000 |
| 3 | 超过50 000元的部分 | 40 | 7 000 |

劳务报酬所得预扣预缴税额=预扣预缴应纳税所得额×预扣率-速算扣除数

稿酬所得、特许权使用费所得预扣预缴税额=预扣预缴应纳税所得额×20%

### （三）计算非居民个人应纳税额

扣缴义务人向非居民个人支付工资、薪金所得，劳务报酬所得，稿酬所得和特许权使用费所得时，应当按月或按次代扣代缴个人所得税，不办理汇算清缴。

非居民个人的工资、薪金所得，以每月收入额减除5 000元后的余额为应纳税所得额，劳务报酬所得、稿酬所得、特许权使用费所得，以每次收入额为应纳税所得额，税率适用按月换算后的非居民个人所得税税率表（见表3-4-2）。计算公式如下。

工资、薪金所得应纳税额=（工资收入-5 000）×税率-速算扣除数

劳务报酬所得、特许权使用费所得应纳税额=收入×（1-20%）×税率-速算扣除数

稿酬所得应纳税额=收入×（1-20%）×70%×税率-速算扣除数

### （四）计算经营所得应纳税额

个体工商户生产、经营所得应纳税额的计算公式为

应纳税额=应纳税所得额×税率-速算扣除数

=（每一纳税年度的收入总额-成本费用损失等准予扣除项目）×税率-速算扣除数

成本、费用是指生产经营活动中发生的各项直接支出和分配计入成本的间接费用以及销售费用、管理费用、财务费用；损失是指生产、经营活动中发生的固定资产和存货的盘亏，毁损、报废损失，转让财产损失，坏账损失，自然灾害等不可抗力造成的损失以及其他损失。

取得经营所得的个人，没有综合所得的，计算其每一纳税年度的应纳税所得额时，应当减除费用6万元、专项扣除、专项附加扣除以及依法确定的其他扣除。

### （五）计算利息、股息、红利所得应纳税额

计算公式如下。

应纳税额=应纳税所得额×适用税率=每次收入额×适用税率

### （六）计算财产租赁所得应纳税额

#### 1. 每次（月）收入不超过 4 000 元

应纳税额=[每次（月）收入额−财产租赁过程中缴纳的税费−由纳税人负担的租赁财产实际开支的修缮费用（800 元为限）−800]×20%

#### 2. 每次（月）收入超过 4 000 元

应纳税额=[每次（月）收入额−财产租赁过程中缴纳的税费−由纳税人负担的租赁财产实际开支的修缮费用（800 元为限）]×（1−20%）×20%

个人出租房屋的个人所得税应税收入不含增值税，计算房屋出租所得额可扣除的税费不包括本次出租缴纳的增值税。个人转租房屋的，其向房屋出租方支付的租金及增值税税额，在计算转租所得时予以扣除。

### （七）计算财产转让所得应纳税额

应纳税额=应纳税所得额×20%

=（收入总额−财产原值−合理费用）×20%

个人转让房屋的个人所得税应税收入不包括增值税，其取得房屋时所支付价款中包含的增值税计入财产原值，计算转让所得时可扣除的税费不包括本次转让缴纳的增值税。

### （八）计算偶然所得应纳税额

偶然所得，其个人所得税按次计算，以每次取得该项收入为一次，每次收入额就是应纳税所得额，其应纳税额计算公式为

应纳税额=应纳税所得额×20%

=每次收入额×20%

**工作指导**

个人所得税纳税申报流程及操作要点如下。

实务工作中，个人所得税纳税申报常见的是居民个人工资、薪金所得预扣预缴的核算与申报。该项所得对应的应交个人所得税由扣缴义务人在次月 15 日内进行申报，故本任务以工资、薪金所得为例，讲解扣缴义务人代扣工资、薪金所得个人所得税申报的操作步骤。

（1）登录北京市电子税务局，选择【自然人电子税务局（扣缴端）】，打开页面如图 3-4-1 所示。

图 3-4-1 【自然人电子税务局（扣缴端）】页面

（2）单击【人员信息采集】，采集员工的姓名、证照类型、证照号码、出生日期、任职受雇从业类型等基本信息，信息采集有单个添加和批量导入两种方式。以境内人员信息采集操作为例。

① 单个添加。单击【添加】按钮，打开【境内人员信息】页面，录入人员基本信息和任职受雇信息，单击【保存】按钮即可添加成功，如图 3-4-2 所示。

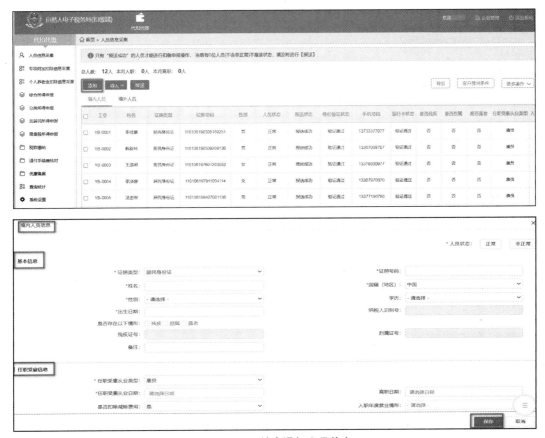

图 3-4-2 单个添加人员信息

② 批量导入。执行【导入】—【模板下载】命令，下载客户端中提供的标准 Excel 模板，将人员各项信息填写到模板对应列，然后执行【导入】—【导入数据】命令，选择 Excel 文件，即可批量导入客户端中，如图 3-4-3 所示。

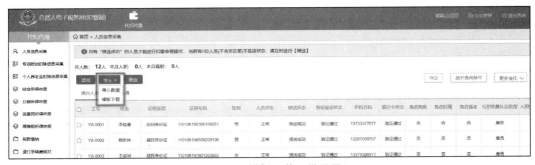

图 3-4-3 模板下载、批量导入

（3）人员信息采集完毕后，需单击【报送】按钮。只有报送状态为"报送成功"的人员才能进行申报表报送等业务操作，如图 3-4-4 所示。

图 3-4-4　报送人员信息

（4）进行专项附加扣除信息采集。单击【专项附加扣除信息采集】菜单，显示当前所有已采集专项附加扣除信息的人员列表，单击【添加】按钮，可在此处将配偶信息和子女教育、继续教育、住房贷款、住房租金、赡养老人、婴幼儿照护费用六项专项附加扣除明细输入系统中。该模块还可对专项附加扣除信息进行导入、删除、报送、下载更新等操作，如图 3-4-5 所示。

图 3-4-5　采集专项附加扣除信息

（5）单击【综合所得申报】菜单，打开综合所得预扣预缴表页面，页面上方为申报主流程导航栏，根据【1.收入及减除填写】【2.税款计算】【3.附表填写】【4.申报表报送】四步完成综合所得预扣预缴申报。

① 收入及减除填写。单击【1.收入及减除填写】按钮，填写每月正常工资、薪金所得，单击【正常工资薪金所得】或右侧的【填写】进入表单，即可进行数据的录入，如图3-4-6所示。

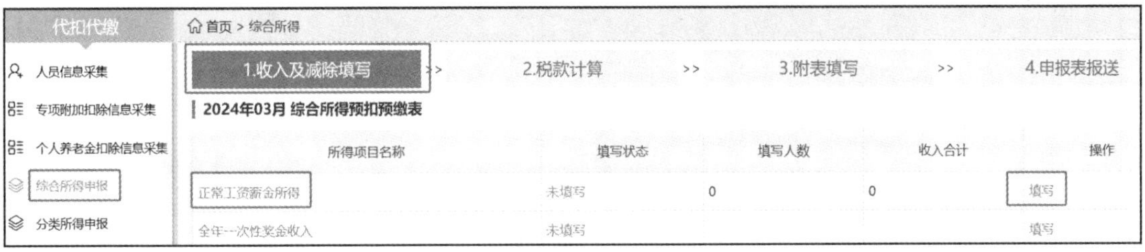

图3-4-6 打开填写工资、薪金所得页面

各项表单的填写方式，与"人员信息采集"操作类似，都可采用单个添加或下载模板批量导入的方式。单击【添加】按钮，打开【正常工资薪金—新增】页面，进行单个工资数据录入，如图3-4-7所示。或执行【导入】—【模板下载】命令，下载标准模板，录入数据后，执行【导入数据】—【标准模板导入】命令，选择模板文件批量导入数据，如图3-4-8所示。

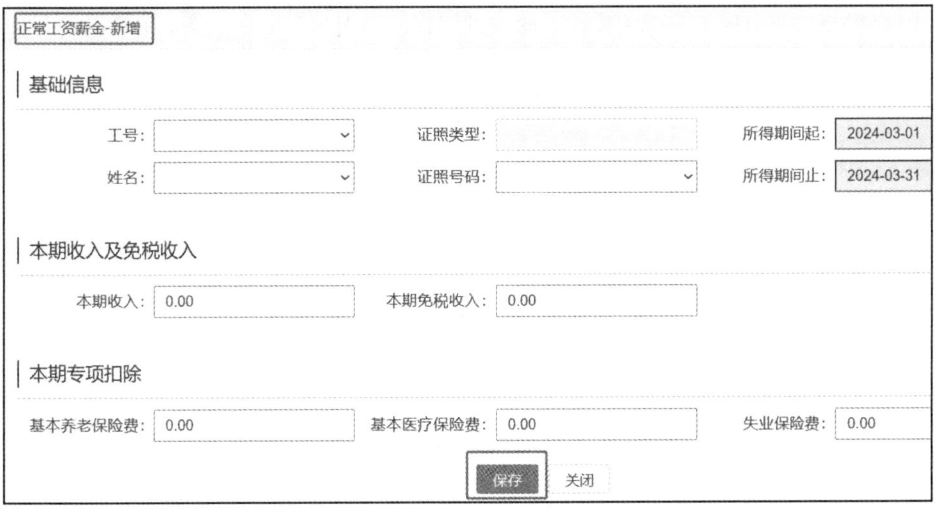

图3-4-7 单个工资数据录入

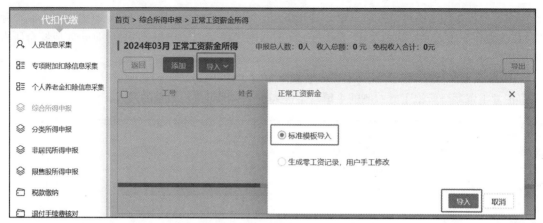

图 3-4-8　下载标准模板导入工资数据

② 税款计算。在确认收入信息后，单击【综合所得申报】菜单，进入第二步。系统自动对第一步中填写的数据进行计算，由于工资、薪金所得个人所得税是平时预缴，来年汇算清缴，所以采用的是累计预扣预缴法计算税额。每月计算申报税额时，系统会先计算出当年累计应纳税额，再减去前期预缴税额，计算出本期应补（退）税额，如图 3-4-9 所示。

图 3-4-9　计算税款

③ 附表填写。如果填写了减免税额、商业健康保险、税延养老保险等，需要在相应附表里面完善附表信息。附表填写如图 3-4-10 所示。如果没有优惠事项，可不用填写。

图 3-4-10　填写附表

④ 申报表报送。收入及减除填写、税款计算、附表填写完成后，执行【综合所得申报】—【4.申报表报送】命令，打开【发送申报】页面。在该页面可完成综合所得预扣预缴的正常申报、更

正申报以及作废申报操作。当月第一次申报发送时，打开【申报表报送】页面，默认申报类型为正常申报，申报状态为未申报，单击【发送申报】按钮，在弹出的【申报密码】对话框中，输入申报密码，单击【确定】按钮，即申报成功，如图 3-4-11 所示。

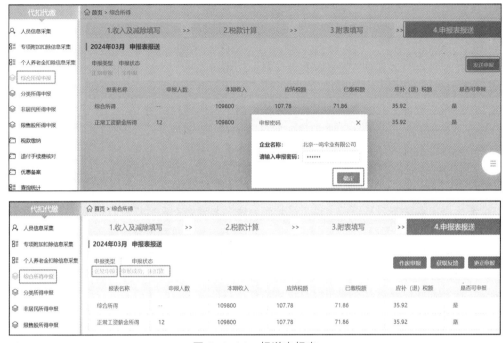

图 3-4-11 报送申报表

（6）税款缴纳。申报成功后，需缴纳个人所得税。执行【税款缴纳】—【三方协议缴税】—【立即缴款】命令，勾选需要缴税的项目后单击【确认扣款】按钮，缴税申报成功，如图 3-4-12 所示。

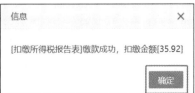

图 3-4-12 缴纳税款

## 业务训练

### 一、单选题

1. 某单位 5 人共同出版一本著作，共取得稿酬收入 62 000 元。其中主编 1 人取得主编费 2 000 元，其余稿酬收入 5 人平分，则主编取得稿酬时预扣预缴的个人所得税为（    ）元。

    A. 1 388.8        B. 1 512        C. 1 568        D. 1 344

2. 下列各项中，不属于个人所得税专项附加扣除的是（    ）。

    A. 赡养老人        B. 子女教育        C. 住房租金        D. 基本养老保险

3. 下列各项所得中，需要纳税人自行申报缴纳个人所得税的是（    ）。

    A. 经营所得        B. 劳务报酬所得        C. 稿酬所得        D. 工资、薪金所得

4. 稿酬所得支付方计算预扣预缴的个人所得税时适用税率为（    ）。

    A. 七级超额累进税率                  B. 五级超额累进税率

    C. 三级超额累进税率                  D. 比例税率 20%

5. 居民个人取得下列所得时，适用累计预扣法预扣预缴个人所得税的是（    ）。

    A. 工资、薪金所得                  B. 劳务报酬所得

    C. 稿酬所得                       D. 特许权使用费所得

### 二、多选题

1. 实行个人所得税全员全额扣缴申报的应税所得包括（    ）。

    A. 经营所得                  B. 劳务报酬所得

    C. 利息、股息、红利所得        D. 偶然所得

2. 在计算工资、薪金所得的个人所得税时，允许扣除的专项扣除包括（    ）。

    A. 基本养老保险    B. 基本医疗保险    C. 住房公积金    D. 赡养老人

3. 下列各项个人所得中，计算个人所得税时采用比例税率的有（    ）。

    A. 财产转让所得                  B. 经营所得

    C. 工资、薪金所得              D. 利息、股息、红利所得

4. 根据个人所得税法规定，下列各项中，以每次收入全额为应纳税所得额计算个人所得税的有（    ）。

    A. 偶然所得                  B. 利息、股息、红利所得

    C. 劳务报酬所得              D. 经营所得

5. 根据个人所得税法规定，居民个人取得的下列各项所得中，属于综合所得的有（    ）。

    A. 劳务报酬所得    B. 稿酬所得    C. 经营所得    D. 财产租赁所得

### 三、判断题

1. 非居民个人取得所得时预缴个人所得税，在取得所得的次年需要汇算清缴。（    ）

2. 个人依法从事开办诊所取得的所得需按"经营所得"项目计算缴纳个人所得税。（    ）

3. 纳税人取得经营所得，按年计算个人所得税，由纳税人在月度或者季度终了后 15 日内向税务机关报送纳税申报表，并预缴税款；在取得所得的次年 3 月 31 日前办理汇算清缴。（    ）

4. 居民个人取得财产转让所得，在计算个人所得税应纳税所得额时，可以定额减除 800 元或者定率减除 20%费用。（    ）

5. 利息、股息、红利所得以每次收入全额为应纳税所得额计算个人所得税。（    ）

## 任务评价

完成了个人所得税的计算与申报的任务学习，参照下表判断自己对工作任务的掌握程度。已掌握的打√，未掌握的填写在工作记录与反思中。

| 工作任务 | 任务要求 | 掌握情况 |
|---|---|---|
| 完成个人所得税的计算与申报 | 正确导入工资计算表，正确完成个人所得税代扣代缴申报 | |

【工作记录与反思】

| 时间 | |
|---|---|
| 工作任务 | |
| 任务目标 | |
| | |
| 遇到的问题 | |
| | |
| 经验总结（解决问题的办法） | |
| | |

# 工作任务五　计算与申报社会保险费

## 任务导入

北京一鸣伞业有限公司依法参加了社会保险，并已开通了社会保险费网上申报，于每月 15 日前进行网上缴费申报。

请财务共享服务中心员工结合该公司参保职工的人员变动情况，在 4 月申报期内登录电子税务局完成社会保险费申报与缴纳。

## 预备知识

### 一、社会保险的含义

社会保险是指国家依法建立的，由国家、用人单位和个人共同筹集资金、建立基金，使个人在年老、患病、失业、工伤、生育等情况下获得物质帮助和补偿的一种社会保障制度。这种保障是通过国家立法强制实行的。

社会保险有以下特征。

（1）保障性。实行社会保险的根本目的是保障劳动者失去劳动能力后的基本生活，从而保证社会的稳定。

（2）强制性。社会保险由国家立法，强制实施，用人单位和劳动者必须依法参加。

（3）福利性。社会保险是国家实行的一种公共社会福利事业，它不以营利为目的，并以国家财力作为福利保证。

（4）互助性。利用参加保险者的合力，帮助某个遇到风险的人，满足急需。

（5）普遍性。社会保险实施范围宽广，其覆盖所有劳动者。

## 二、我国社会保险的种类和缴费标准

### （一）社会保险的种类

按照参保对象的不同，我国的社会保险分为城镇职工社会保险和城乡居民社会保险两种。

城镇职工社会保险，主要针对有固定工作的职工，按月缴费，由企业和职工按国家规定共同缴纳，包括基本养老保险、基本医疗保险、工伤保险、失业保险等四个险种，其中，2019 年生育保险并入基本医疗保险。

城乡居民社会保险，主要针对没有固定工作的人员，按年缴费，由个人缴纳，包含城乡居民养老保险和城乡居民医疗保险两个险种。

实务中，比较常见的是企业为员工缴纳的社会保险属于城镇职工社会保险，相关主体需按照国家和本省市的相关规定缴纳社会保险费用。

### （二）社会保险的缴费标准

社会保险费的计算公式如下。

社会保险费用=基本养老保险缴费基数×缴费费率+基本医疗保险缴费基数×缴费费率
+失业保险缴费基数×缴费费率+工伤保险缴费基数×缴费费率

#### 1. 缴费基数

社会保险缴费基数是参保单位和参保人员缴纳社会保险费的依据。目前，社会保险各险种（养老、医疗、失业、工伤）采用统一的缴费基数，每年调整一次。

职工个人以本人上年度工资收入总额的月平均数作为本年度月缴费基数，其中，新进本单位的人员以职工本人起薪当月的足月工资收入作为缴费基数。

工伤保险的月缴费基数为参保单位的全部职工的工资总额。

职工的社会保险缴费基数由职工如实申报，并按照各省市规定的社会保险缴费基数上下限进行核定，具体如表 3-5-1 所示。

表 3-5-1　　　　　　　　核定缴费基数情况

| 申报工资情况 | 核定的缴费基数 |
| --- | --- |
| 职工申报工资 < 缴费基数下限 | 缴费基数下限 |
| 缴费基数下限 < 职工申报工资 < 缴费基数上限 | 职工申报工资 |
| 职工申报工资 > 缴费基数上限 | 缴费基数上限 |

其中，缴费基数上限是指上一年省市在岗职工月平均工资算术平均数的 300%，职工工资收入超过上限的部分不计入缴费基数；缴费基数下限是指上一年省市在岗职工月平均工资算术平均

数的 60%，职工工资收入低于下限的，以上一年省市在岗职工月平均工资算术平均数的 60% 为缴费基数。

**2.　缴费费率**

城镇职工缴纳的社会保险费，全国各地的缴费标准并不统一，不同省市的社会保险缴费比例是不同的。以北京市为例，2024 年单位和个人的缴费比例如表 3-5-2 所示。

表 3-5-2　　　　　　　　　2024 年北京市城镇职工社会保险缴费比例

| 险种名称 | 单位缴费费率 | 个人缴费费率 |
|---|---|---|
| 基本养老保险费 | 16% | 8% |
| 基本医疗保险费 | 10.8% | 2%+3 |
| 失业保险费 | 0.8% | 0.2% |
| 工伤保险费 | 按行业核定（0.2%～1.9%） | 不缴纳 |

其中，对工伤保险费基准费率，不同工伤风险类别的行业执行不同的工伤保险行业基准费率。

## 三、社会保险费网上申报

网上申报是指经税务机关批准的缴费单位，通过互联网形式办理社会保险费申报手续。缴费单位采取网上申报方式办理社会保险费申报的，应当按照税务机关规定的期限和要求保存有关资料，并定期书面报送主管税务机关。

**工作指导**

社会保险费的网上申报流程是：进入系统—社会保险信息采集—社会保险费申报—税款缴纳。下面以北京一鸣伞业有限公司 3 月的社会保险费申报为例，说明社会保险费网上申报要点。

**1.　参保职工信息采集**

登录北京市电子税务局，执行【申报税（费）清册】—【其他申报】命令。如果参保人员有变化，需要先进行增/减员申报，然后才能进行社会保险费申报。单击【社会保险费信息采集】申报表后的【进入采集】按钮，如图 3-5-1 所示。打开【社保业务】页面，如图 3-5-2 所示。在【社保业务】页面有【单位人员增员申报】【单位人员减员申报】【年度缴费基数申报】【社保信息查询】，可根据不同的业务需要选择。

图 3-5-1　单击【进入采集】按钮

北京一鸣伞业有限公司本月有 1 名离职人员，信息见背景单据，如图 3-5-3 所示。因此需要先办理减员申报，在【社保业务】页面单击【单位人员减员申报】，页面右边出现菜单及其功能说明，选中【社保减员申报】，先后出现"网上社保减员申报协议"和"网上社保减员须知"，分别单击【同意】按钮，如图 3-5-4 所示。

图 3-5-2 【社保业务】页面

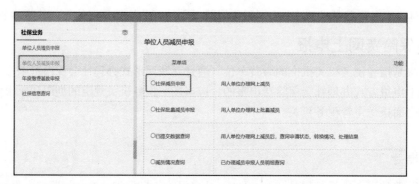

图 3-5-3 员工离职信息

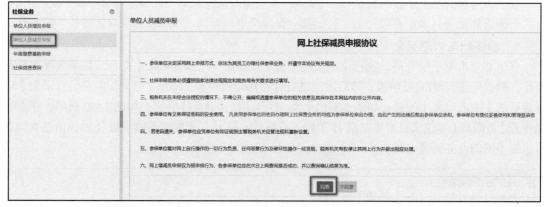

图 3-5-4 同意减员申报协议、了解减员须知

　　了解社保减员申报协议和减员须知内容后，打开【单位人员减员申报】页面，填写离职人员姓名、身份证号信息后单击右侧【减员】按钮，打开【基础信息】对话框，选择减退原因，单击【保存】按钮，如图3-5-5所示。

图3-5-5　填写离职人员信息并选择减退原因

　　保存后，回到【单位人员减员申报】页面，先单击【提交】按钮再单击【查询已提交数据】按钮，如图3-5-6所示，打开打印页面。此时显示处理结果为"未受理"。

图3-5-6　提交、查询减员申报

单击【打印】按钮，再单击【开始模拟文件盖章】按钮，如图 3-5-7 所示。系统显示盖章成功，单击【确定】按钮，至此单位人员减员申报操作完成。

图 3-5-7　模拟文件盖章

实际工作中单位人员增减申请上传后，需要等待社会保险及税务部门的审批结果，可以通过【单位人员减员申报】页面的【单位减员已提交数据查询】区域，查询处理结果，如显示"已受理"（见图 3-5-8），证明单位人员减员申报处理完毕，可以进行社会保险费申报了。单位人员增员申报的操作与此类似，在此不赘述。

图 3-5-8　查询减员申报处理结果

### 2. 社会保险费申报与缴纳

执行【申报税（费）清册】—【其他申报】命令，单击【社会保险费申报】申报表后的【填写申报表】按钮，打开【社会保险费申报表】页面，将 5 项内容全部勾选，如图 3-5-9 所示。

勾选完成后，依次单击【保存】【申报】按钮，在打开的对话框中单击【申报】按钮，如图 3-5-10 所示。这时系统会显示申报反馈信息，单击【确定】按钮，如图 3-5-11 所示。系统提示申报成功，并询问是否现在进入税款缴纳，单击【是】按钮，打开【税费缴纳】页面，如图 3-5-12 所示。

图 3-5-9 勾选申报表内容

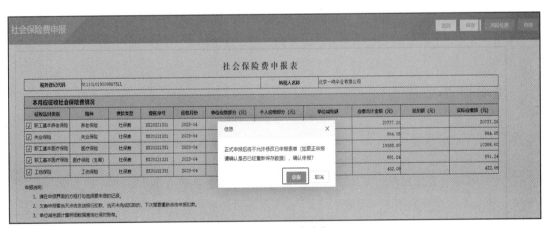

图 3-5-10 确定申报

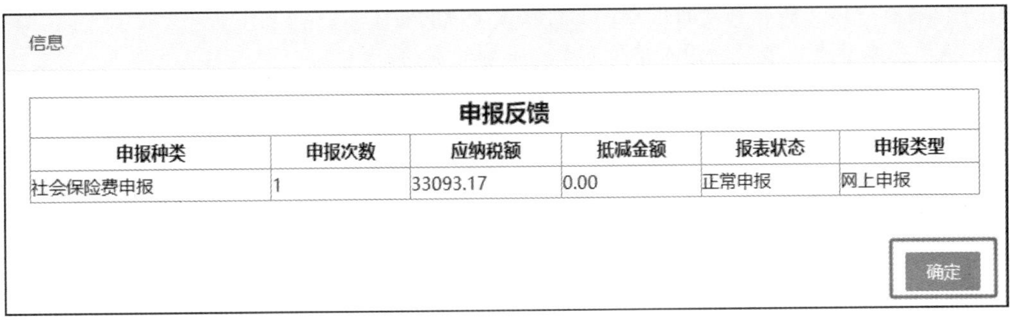

| 申报反馈 | | | | | |
|---|---|---|---|---|---|
| 申报种类 | 申报次数 | 应纳税额 | 抵减金额 | 报表状态 | 申报类型 |
| 社会保险费申报 | 1 | 33093.17 | 0.00 | 正常申报 | 网上申报 |

确定

图 3-5-11 确定申报反馈

图 3-5-12 【税费缴纳】页面

在【税费缴纳】页面勾选社会保险费申报项目，执行【三方协议缴款】—【立即缴款】命令。系统出现"扣款成功"的提示则表明社会保险费已完成申报缴纳。

 **业务训练**

**一、单选题**

1. 用人单位应当按照（　　），根据社会保险经办机构确定的缴费费率缴纳工伤保险费。

    A. 本地区上一年职工平均工资　　　　B. 本单位职工工资总额

    C. 本地区最低工资　　　　　　　　　D. 本行业的平均工资

2. 用人单位应当自用工之日起（　　）内为其职工向社会保险经办机构申请办理社会保险登记。

    A. 10 日　　　　　　B. 15 日　　　　　　C. 30 日　　　　　　D. 45 日

3. 根据社会保险法律制度的规定，下列表述正确的是（　　）。

    A. 基本养老保险是由用人单位和个人缴费组成的

    B. 基本养老保险是由用人单位和政府补贴组成的

    C. 基本养老保险基金由用人单位和个人缴费以及政府补贴等组成

    D. 基本养老保险是由个人和政府补贴组成的

4. 参加职工基本养老保险的个人达到法定退休年龄时，累计缴费须达到（　　）年，可以享受基本养老保险待遇。

    A. 10　　　　　　　B. 20　　　　　　　C. 15　　　　　　　D. 30

5. 根据社会保险法律制度的规定，男性职工法定退休年龄为（　　）周岁。

    A. 60　　　　　　　B. 55　　　　　　　C. 50　　　　　　　D. 45

## 二、多选题

1. 职工应当按规定参加社会保险，由用人单位和职工个人共同缴纳的险种有（　　　）。

    A. 基本养老保险    B. 基本医疗保险    C. 工伤保险    D. 失业保险

2. 企业社会保险费征收职责划转后，下列属于社会保险缴费渠道的有（　　　）。

    A. 社会保险窗口    B. 税务窗口    C. 电子税务局    D. 手机 App

3. 下列属于基本医疗保险覆盖范围的有（　　　）。

    A. 大学生               B. 国有企业职工

    C. 国家机关工作人员      D. 领取失业保险的失业人员

4. 城乡居民基本养老保险基金由（　　　）构成。

    A. 个人缴费    B. 集体补助    C. 投资收益    D. 政府补贴

5. 灵活就业人员可以参加的企业社会保险费有（　　　）。

    A. 基本养老保险    B. 基本医疗保险    C. 工伤保险    D. 失业保险

## 三、判断题

1. 用人单位未按时足额缴纳社会保险费的，由社会保险费征收机构责令限期缴纳或者补足，并自欠缴之日起按日加收滞纳金。　　　　　　　　　　　　　　　　　　　　　（　　　）

2. 企业社会保险费划转税务部门征收后采取"社保（医保）核定、税务征收"方式征收。（　　　）

3. 失业人员领取失业保险金的期限自失业之日起计算。　　　　　　　　　　　（　　　）

4. 职工发生工伤事故但所在用人单位未依法缴纳工伤保险费的，不享受工伤保险待遇。（　　　）

5. 参保单位因不可抗力无力缴纳基本养老保险费的，应提出书面申请，经批准后，可以暂缓缴纳一定期限的基本养老保险费，期限不超过一年。　　　　　　　　　　　　（　　　）

### 任务评价

完成了社会保险费的计算与申报的任务学习，参照下表判断自己对工作任务的掌握程度。已掌握的打√，未掌握的填写在工作记录与反思中。

| 工作任务 | 任务要求 | 掌握情况 |
| --- | --- | --- |
| 完成社会保险费的计算与申报 | 完成人员增减申报，完成社会保险费的计算与申报 | |

【工作记录与反思】

| 时间 | |
| --- | --- |
| 工作任务 | |
| 任务目标 | |
| | |
| 遇到的问题 | |
| | |
| 经验总结（解决问题的办法） | |
| | |

# 项目四

# 档案管理工作

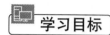 **学习目标**

### 知识目标

1. 掌握会计档案管理的各项要求。
2. 熟悉会计档案管理的流程。

### 能力目标

1. 能够按照档案管理的工作规范，打印各类单据、税务资料、合同等装订成册并妥善保管。
2. 能够根据纸质档案建立纸质档案台账，并与电子档案保持一致。
3. 能够严格执行会计档案借阅制度，防止档案丢失或被篡改。

### 素质目标

1. 能够遵守会计职业道德规范，保守商业秘密，强化服务意识。
2. 具备认真细致、踏实肯干的职业精神。

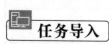 **学习引领**

数字经济时代，企业越来越多的生产经营活动通过信息系统完成，产生了大量无形的电子信息和数据。传统的会计档案管理模式已经不能满足新时期企业全面信息化管理的需求。会计档案作为会计工作的基本信息来源及最终成果，其管理模式也由传统纸质档案向电子档案不断发展。时至今日，电子会计档案已然成为时代主流。

随着大数据时代财务共享模式的出现，会计档案管理将朝着档案信息化建设方向发展。很多企业管理者开始意识到，数字时代会计档案管理对企业的影响可能会超乎预期，于是逐渐重视对档案的整合，促进电子会计档案管理的细化并及时录入新信息，通过共享的方式提升档案管理的质量。电子会计档案管理正变得越来越重要。

【思考】会计人员应该如何保管会计档案，如何保证电子会计档案的数据安全呢?

## 工作任务一　打印会计资料

**任务导入**

勤诚财务共享中心会计完成12月的业务处理和纳税申报以后,应登录信息化账务处理系统打印会计凭证、会计账簿及财务会计报告等，再登录电子税务局打印纳税申报表，然后登录开票系统打印增值税专用发票汇总表、发票清单等。

会计档案是指企业在进行会计核算等过程中接收或形成的，记录和反映企业经济业务事项的，具有保存价值的文字、图表等各种形式的会计资料，包括通过计算机等电子设备形成、传输和存储的电子会计档案。

## 一、会计档案的种类

企业的会计档案一般可以分为以下四种：

（1）会计凭证，包括原始凭证、记账凭证；

（2）会计账簿，包括总账、明细账、日记账、固定资产卡片及其他辅助性账簿；

（3）财务会计报告，包括月度、季度、半年度、年度财务会计报告；

（4）其他会计资料，包括银行存款余额调节表、银行对账单、纳税申报表、会计档案移交清册、会计档案保管清册、会计档案销毁清册、会计档案鉴定意见书及其他具有保存价值的会计资料。

## 二、会计档案管理的业务流程

会计档案管理人员应登录信息化账务处理系统或财务云共享中心平台，按照图 4-1-1 所示流程进行会计档案管理工作。

图 4-1-1　会计档案管理业务流程

微课

档案管理

会计资料打印工作包括记账凭证、会计账簿、财务报表以及其他会计资料的打印。

## 一、打印记账凭证

打印记账凭证的步骤可以细分为四个，具体如下。

（1）准备凭证打印纸。大部分企业会采用断点式的通用凭证打印纸，也可以采用 A4 纸打印，再自行切割凭证。

（2）选择适合的打印机。激光式打印机、喷墨式打印机或针式打印机均可，大多数企业会首选激光式打印机。

（3）根据凭证打印纸的大小完成打印机自定义纸张的设置。

（4）进入信息化账务处理系统，在【打印凭证】页面进行凭证打印。

## 二、打印会计账簿

会计账簿的打印包括总账、明细账以及日记账的打印。总账和明细账一般在年末结账后或需要时打印。日记账原则上要求每天打印对账，但也可以根据业务量满页之后再打印。在每年结完账，第二年打印账簿时，需要重新打印现金日记账和银行存款日记账。

### 1. 打印总账

会计人员登录信息化账务处理系统，执行【账簿】—【总账】命令可打印总账资料。打印时，需要注意以下几点：正确选择打印的会计期间；正确选择科目范围；设置级次范围；不勾选【科目无年初余额，本年无发生也打印】；勾选【科目有年初余额，但本年无发生也打印】。

总账打印完成后，在首页附上封面，并请相关责任人签字。

### 2. 打印明细账

会计人员登录信息化账务处理系统，执行【账簿】—【明细账】命令可打印明细账。打印时，需要注意以下两点：正确选择打印的会计期间；正确选择科目范围。

明细账跟总账一样，每类明细账首页都要附上封面。

### 3. 打印日记账

实际工作中，不同企业出纳人员登记日记账的方式各不相同，有的通过纸质订本式账簿手动登记，有的通过 Excel 登记，还有的在信息化账务处理系统中登记，具体是否需要打印保存，可根据企业实际情况确定。

## 三、打印财务报表

财务报表可根据企业情况按月度、季度、半年度、年度进行打印。一般情况下，登录信息化账务处理系统，在【报表】模块下选择需要打印的财务报表，单击【打印】即可。在实务中，有些信息化账务处理系统在打印财务报表时，需要将财务报表导出到 Excel 中。

打印出来的财务报表要附上报表封面，报表封面可购买，也可自行打印。封面内容主要包括单位名称、报表年份及相关负责人签字等。

## 四、打印其他会计资料

实务工作中，除了上述会计资料需要打印存档外，还有其他会计资料也需要打印，一般包括银行对账单、银行存款余额调节表、税务查账结论、税务申请报告、会计档案移交清册、纳税申报表、认证结果通知书、增值税发票汇总表等。

纳税申报表、认证结果通知书、增值税发票汇总表等资料应在每月或每季度纳税申报完成后立即打印。除此以外的其他会计资料则在发生时及时打印。此处重点介绍纳税申报表打印、认证结果通知书打印、增值税发票汇总表打印。

### 1. 打印纳税申报表

打印纳税申报表时，登录电子税务局，单击【我要办税】功能模块，选择【税务数字账户】菜单下的【账户查询】，单击【申报信息查询】按钮，找到需要打印的纳税申报表，选择报表期间，导出后打印。如图 4-1-2 所示。

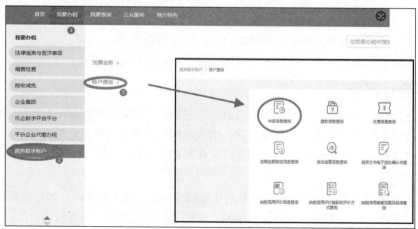

图 4-1-2　打印纳税申报表

## 2. 打印认证结果通知书

单击【我要办税】，选择【税务数字账户】菜单下的【发票业务】，如图 4-1-3 所示。在打开的页面中单击【发票勾选确认】，选择【抵扣类勾选】，再单击【统计确认】按钮，即可打印认证结果通知书。

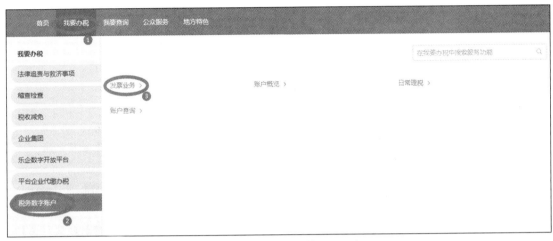

图 4-1-3　打印认证结果通知书

## 3. 打印增值税发票汇总表

打印增值税发票汇总表时，应单击【我要办税】，选择【发票使用】菜单下的【发票查询统计】，在打开的【发票查询统计】对话框中选择【开票数据统计及发票领用查询】，进行汇总处理，如图 4-1-4 所示，然后选择需要打印的发票种类、打印期间即可。

图 4-1-4　打印增值税发票汇总表

**业务训练**

### 一、单选题

1. 纸质会计档案包括会计凭证、会计账簿、财务会计报告以及其他会计资料，下列资料中不属于会计账簿的是（　　）。

    A. 总账　　　　　　　　B. 明细账　　　　　　　C. 日记账　　　　　　　D. 银行对账单

2. 下列不属于其他会计资料的是（　　）。

    A. 银行存款日记账　　　　　　　　　　　B. 银行对账单

    C. 纳税申报表　　　　　　　　　　　　　D. 会计档案鉴定意见书

### 二、多选题

1. 每年年末，企业需要将当年的账本打印并装订成册，需要打印并装订的有（　　）。

    A. 总账　　　　　　　　B. 明细账　　　　　C. 银行存款日记账　　D. 现金日记账

2. 装订记账凭证时，要准备（　　）等材料。

    A. 包角　　　　　　　　B. 打孔机　　　　　　C. 封皮　　　　　　　D. 封底

### 三、判断题

1. 打印记账凭证前需核实凭证相关内容是否经过审核，是否已经结账，再进行打印装订工作。

    （　　）

2. 打印资产负债表、利润表、现金流量表及科目余额表前，需检查报表是否平衡，勾稽关系是否正确，确认无误后打印报表资料并装订成册。

    （　　）

 **任务评价**

完成了打印会计资料的任务，参照下表判断自己对工作任务的掌握程度。已掌握的打√，未掌握的填写在工作记录与反思中。

| 工作任务 | 任务要求 | 掌握情况 |
| --- | --- | --- |
| 了解会计档案管理业务流程 | 熟悉国家档案工作政策和会计档案管理办法,对会计档案进行规范化、系统化、标准化管理 | |
| 熟悉会计资料的装订步骤及要求 | 掌握会计凭证、会计账簿、会计报表装订的步骤和方法 | |

【工作记录与反思】

| 时间 | |
| --- | --- |
| 工作任务 | |
| 任务目标 | |
| | |
| 遇到的问题 | |
| | |
| 经验总结（解决问题的办法） | |
| | |

# 工作任务二 整理及保管会计档案

## 任务导入

勤诚财务共享中心会计完成相关会计档案的打印之后，需要将这些档案资料进行整理并装订成册，然后分类进行归档和保管。

## 预备知识

### 一、整理与装订会计资料

会计资料打印完成后，要对其进行整理，以保证会计资料的完整有序。会计资料整理完成后，要分类装订成册，主要包括记账凭证的装订、会计账簿的装订和会计报表的装订。

### 二、会计资料建档

企业对会计凭证、会计账簿、财务会计报告和其他会计资料应建立档案，妥善保管。当年形成的会计资料按照归档要求，装订成册后，应分类以册为单位装进档案盒归档，同时，编制会计档案保管清册。在建档资料收集过程中，可以通过会计资料建档清单对资料的准确性、完整性、可用性、安全性进行审核，审核无误后归档入库。

### 三、保管会计档案

当年形成的会计档案，在会计年度终了后，可由单位会计管理机构临时保管一年，再移交单位档案管理机构保管。单位会计管理机构临时保管会计档案最长不超过三年。临时保管期间，会计档案的保管应当符合国家档案管理的有关规定，且出纳人员不得兼管会计档案。

会计档案的保管期限分为永久和定期两类。定期保管期限一般分为 10 年和 30 年。会计档案的保管期限，从会计年度终了后的第一天算起。会计档案的保管期限如表 4-2-1 所示。

表 4-2-1　　　　　　　　　　会计档案保管期限表

| 序号 | 年限 | | | |
| --- | --- | --- | --- | --- |
| | 永久 | 30 年 | 10 年 | 5 年 |
| 1 | 年度财务会计报告 | 会计凭证 | 银行对账单 | |
| 2 | 会计档案保管清册 | 会计账簿 | 银行存款余额调节表 | 固定资产卡片（作废清理后保管 5 年） |
| 3 | 会计档案销毁清册 | 会计档案移交清册 | 纳税申报表 | |
| 4 | 会计档案鉴定意见书 | — | 中期财务会计报告（月度、季度、半年度） | |

根据《关于规范电子会计凭证报销入账归档的通知》，企业从外部接收的电子形式的各类会计凭证，除法律和行政法规另有规定外，同时满足相关条件的，企业可以仅使用电子会计凭证进行报销入账归档，符合档案管理要求的电子会计档案与纸质档案具有同等法律效力。除法律、行政法规另有规定外，电子会计档案可不再另以纸质形式保存。

> **注意**
>
> （1）纸质会计档案的保管应分类按顺序存放，注意防火、防潮、防污、防窃、防蛀、防鼠。
>
> （2）对数据光盘、磁盘等电子会计档案按一定顺序进行编号，标明时间和文件内容，制作档案管理文件卡片。
>
> （3）定期进行检测，及时做好数据维护工作，做好防压、防光、防尘、防腐蚀、防病毒、防磁化等工作。
>
> （4）做好数据备份工作，备用盘与储存盘分离放置，并设立备查登记簿，提供备份时间、数量、保管方式等备份信息。

**工作指导**

## 一、整理会计资料

### （一）整理会计凭证

整理会计凭证时，要将凭证分类整理，按序号排列，检查日期、编号是否齐全连续，确保记账凭证上所记载的日期、金额、经济业务与所附原始凭证一一对应，避免出现原始凭证不对应或遗漏的现象。摘除凭证内的金属物（如订书针、回形针），对大的张页或附件要折叠并避开装订线，以便翻阅并保持数字完整。检查记账凭证上有关人员（如复核、记账、制单人员等）等签名是否齐全，根据总厚度及每册凭证要求厚度确定总册数，并打印出会计凭证封面及会计凭证侧面。

### （二）整理会计账簿

财务共享服务中心打印出来的会计账簿需编制页码，包括总账、明细账、日记账、固定资产卡片及其他辅助性账簿。档案整理完毕，装入档案盒，填写档案盒封面和背脊。

### （三）整理会计报表

在整理会计报表时，确保会计报表等其他资料按照会计期间一一整理，避免出现遗漏。

## 二、装订会计资料

### （一）装订记账凭证

记账凭证一般每月装订一次，装订好的凭证按年分月妥善保管归档。装订记账凭证时要准备封皮、封底、包角、打孔机等材料。

记账凭证装订包括 4 个步骤：首先，将凭证封皮和封底分别附在凭证前后，在左上角放上凭证包角，并拿夹子将包角连同准备装订的凭证夹住，并将其固定好；其次，在包角折线上的适当位置（一般为折角线上 0.2~0.5 厘米处）用铅笔画出 2 个装订点并打孔装订；然后，将包角先向上翻折，再向左侧翻折，并涂抹上胶水将其与凭证贴紧；最后，在封面和包角侧面填写企业和账册信息。具体操作如图 4-2-1 所示。

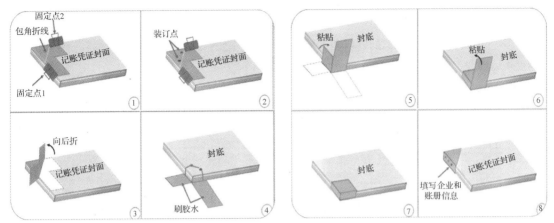

图 4-2-1　记账凭证的装订

### （二）装订会计账簿

会计账簿年度结账后，除跨年使用的账簿外，其他账簿应按时整理装订立卷，基本要求如下。

（1）装订账簿前，首先按账簿启用表的使用页数核对各个账户是否相符，账页数是否齐全，序号排列是否连续；然后按会计账簿封面、账簿启用表、账户目录、该账簿按页码顺序排列的账页、会计账簿封底的顺序装订。

（2）会计账簿应牢固、平整，不得有折角、缺角，错页、掉页、加空白纸的现象。

（3）会计账簿的封口要严密，封口处要加盖有关印章。

实务中，装订账簿时，有些企业会用装订机将账簿装订成册，有些企业会用夹子将账簿固定后装订成册。

### （三）装订会计报表

装订会计报表时，只要将报表从上到下排列并对齐，加上报表的封面和封底就可以装订成册了，然后将封面的报表信息填写完整。

## 三、会计资料建档

### （一）编制会计档案保管清册

会计档案保管清册应包含序号、类别、档案标题、起止时间、保管期限、卷内页数、备注等信息，如图 4-2-2 所示。会计档案保管清册填写后，打印出来，一式三份，一份财务共享服务中心自留存档，一份交给企业，一份交给档案管理部门。

| 序号 | 类别 | 档案标题 | 起止时间 | 保管期限 | 卷内页数 | 备注 |
|------|------|----------|----------|----------|----------|------|
| 1 | 凭证 | 20××年03月记账凭证（一） | 20××年03月01日至20××年03月10日 | 30 | 50 | |
| 2 | 凭证 | 20××年03月记账凭证（二） | 20××年03月11日至20××年03月20日 | 30 | 36 | |
| 3 | 凭证 | 20××年03月记账凭证（三） | 20××年03月21日至20××年03月31日 | 30 | 45 | |

图 4-2-2　会计档案保管清册

### （二）装入档案盒归档

档案管理人员将需要归档的资料装进档案盒（见图4-2-3），并填写档案盒封面和盒脊信息（见图4-2-4）。

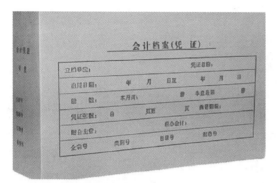

图4-2-3　会计凭证档案盒

图4-2-4　会计档案盒

### （三）电子会计档案归档

同时满足下列条件的，企业内部形成的属于归档范围的电子会计资料可仅以电子形式保存，形成电子会计档案。

（1）形成的电子会计资料来源真实有效，由计算机等电子设备形成和传输。

（2）使用的会计核算系统能够准确、完整、有效接收和读取电子会计资料，能够输出符合国家标准归档格式的会计凭证、会计账簿、财务会计报告等会计资料，设定了经办、审核、审批等必要的审签程序。

（3）使用的电子档案管理系统能够有效接收、管理、利用电子会计档案，符合电子会计档案的长期保管要求，并建立了电子会计档案与相关联的其他纸质会计档案的检索关系。

（4）采取有效措施，防止电子会计档案被篡改。

（5）建立电子会计档案备份制度，能够有效防范自然灾害、意外事故和人为破坏的影响。

（6）形成的电子会计资料不属于具有永久保存价值或者其他重要保存价值的会计档案。

## 四、保管会计档案

### （一）移交会计档案

单位会计管理机构在办理会计档案移交时，应当编制会计档案移交清册，并按照国家档案管理的有关规定办理移交手续。

（1）纸质会计档案移交时，应当保持原卷的封装。

（2）电子会计档案移交时，应当将电子会计档案及其原数据一并移交，且文件格式应当符合国家档案管理有关规定。

（3）特殊格式的电子会计档案应当与其读取平台一并移交。

（4）单位档案管理机构接收电子会计档案时，应当对电子会计档案的准确性、完整性、可用性、安全性进行检测，符合要求的才能接收。

### （二）借阅会计档案

单位保存的会计档案一般不得对外借出。确因工作需要且根据国家有关规定必须借出的，应当严格按照规定办理相关手续。会计档案借用单位应当妥善保管和利用借入的会计档案，确保借入会计档案的安全完整，并在规定时间内归还。

### （三）销毁会计档案

经鉴定可以销毁的会计档案，应当按照以下程序销毁。

（1）企业档案管理机构编制会计档案销毁清册，列明拟销毁会计档案的名称、卷号、册数、起止年度、档案编号、应保管期限、已保管期限和销毁时间等内容。

（2）企业负责人、档案管理机构负责人、会计管理机构负责人、档案管理机构经办人、会计管理机构经办人在会计档案销毁清册上签署意见。

（3）企业档案管理机构负责组织会计档案销毁工作，并与会计管理机构共同派人员监销。监销人在会计档案销毁前，应当按照会计档案销毁清册所列内容进行清点核对；在会计档案销毁后，应当在会计档案销毁清册上签名或盖章。

（4）电子会计档案的销毁还应当符合国家有关电子档案的规定，并由企业档案管理机构、会计管理机构和信息系统管理机构共同派人员监销。

**业务训练**

**一、单选题**

1. 根据《会计档案管理办法》第十一条，当年形成的会计档案，在会计年度终了后，可由单位会计管理机构临时保管，再移交单位档案管理机构保管，临时保管期限为（　　　）。

    A. 1年　　　　　　B. 2年　　　　　　C. 3年　　　　　　D. 5年

2. 单位会计管理机构临时保管会计档案最长（　　　）。

    A. 不超过1年　　B. 不超过2年　　C. 不超过3年　　D. 不超过5年

3. 电子会计档案备份制度的作用是（　　　）。

    A. 防范自然灾害　　B. 防范意外事故　　C. 防范人为破坏　　D. 以上都是

**二、多选题**

1. 在建档资料收集过程中，可以通过会计资料建档清单，对资料的（　　　）进行审核，审核无误后归档入库。

    A. 安全性　　　　B. 完整性　　　　C. 准确性　　　　D. 可用性

2. 会计档案的保管期限分为（　　　）。

    A. 定期　　　　　B. 永久　　　　　C. 不定期　　　　D. 临时

**三、判断题**

1. 实务工作中，凭证整理时要确保记账凭证不断号、不跳号，检查记账凭证上所载的日期、金额、经济业务与所附原始凭证是否一一对应，并将原始凭证附在对应的记账凭证后面。

    （　　　）

2. 财务计划说明书不属于财务会计报告。（　　　）

3. 会计资料建档时，应注意电子会计资料的数据是否齐全，且文件格式是否符合国家档案管理的有关规定。（　　　）

4. 会计档案的保管应当符合国家档案管理的有关规定，且出纳人员不得兼管会计档案。

    （　　　）

5. 对接收的电子会计档案，应当对其准确性、完整性、可用性、安全性进行审核，审核无误后归档入库。 （ ）

 **任务评价**

完成了档案管理工作的任务，参照下表判断自己对工作任务的掌握程度。已掌握的打√，未掌握的填写在工作记录与反思中。

| 工作任务 | 任务要求 | 掌握情况 |
|---|---|---|
| 了解会计资料的建档要求和规范 | 学会编制会计档案管理清册并掌握电子档案的管理要求 | |
| 熟悉会计档案保管的重点内容 | 掌握会计档案的移交、会计档案的借阅、会计档案的保管期限和会计档案的销毁的相关要求 | |

【 工作记录与反思 】

| 时间 | |
|---|---|
| 工作任务 | |

| 任务目标 |
|---|
| |

| 遇到的问题 |
|---|
| |

| 经验总结（解决问题的办法） |
|---|
| |

 **项目五**

# 共享服务工作

## 学习目标

### 知识目标

1. 熟悉企业设立、变更和注销的办理流程及资料填报要求。
2. 掌握企业所在地印鉴刻制的相关政策及办理流程。
3. 掌握电子税务局平台发票申请、开具、保管的操作流程。
4. 掌握社会保险费、住房公积金业务的办理流程。

### 能力目标

1. 能够熟练完成企业设立登记、变更、注销等资料填报、提交和追踪工作。
2. 能够熟练办理银行账户开立、变更、撤销等工作。
3. 能够熟练办理印鉴的刻制申请（或电子印鉴申请），做好印鉴的日常使用及保管工作。
4. 能够办理发票申请相关手续，完成发票购买流程，并能正确使用税控系统开具发票，做好发票的日常保管工作。
5. 能够熟练帮助客户完成税费计算与填报、提交和追踪工作。

### 素质目标

1. 遵守职业道德规范，保守秘密、强化服务。
2. 具备与时俱进的精神，紧跟国家经济发展以及企业财务转型的需要，不断学习。

## 学习引领

　　"全电发票"是全面数字化的电子发票的简称，现称之为"数电发票"，它依托电子发票服务平台，不以纸质形式存在、不用介质支撑、不需申请领用，与纸质发票具有同等法律效力。

　　数电发票的上线是税收征管现代化的重要体现，是落实《关于进一步深化税收征管改革的意见》要求的重要举措，也是"以票管税"方式向"以数治税"转型的重大变革。

　　数电发票的推行是推动财务共享服务中心改变的一个重要的催化剂，使得端到端的业、财、税数据得以贯通，为财务共享服务中心优化运营环境提供了有力的工具。各类电子发票数字化的解决方案极大地提高了财务共享服务中心的运行效率和质量。因此，财务共享服务中心的工作人员承担的工作更多的是对费用报销、审批、开票和收款、发票处理、税金计算、纳税申报等基础核算岗位工作内容进行智能化、集中化处理，进而提高工作效率、质量等，数字化客户服务将成为财务共享服务中心的重要职能。

【思考】财务共享服务中心的财务人员在数电发票逐步推行的今天，如何创新财务工作以应对这一变化？

# 工作任务一　企业设立、变更、注销

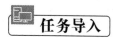　任务导入

勤诚财务共享中心收到河北万唯培训有限公司和河北柯基展会服务有限公司的委托，分别代办企业注册、变更及注销业务等，经理将该任务交由财务部张择负责办理。张择将如何完成企业注册、变更及注销业务呢？

　预备知识

微课

企业设立、变更及注销

## 一、企业设立的流程

企业设立是指企业设立人依照法定的条件和程序，为组建企业并取得法人资格而必须采取和完成的法律行为。企业设立需完成以下业务办理：营业执照办理、印鉴办理、开立银行账户。

### （一）营业执照办理

营业执照是由我国工商行政管理机关发给工商企业、个体经营者的准许从事某项生产经营活动的一种凭证。营业执照分为正本和副本，两者具有相同的法律效力。营业执照是合规经营的一种证明文件。

自2017年10月1日起，我国全面推行"多证合一"。"多证合一"改革是在"三证合一""五证合一""两证整合"登记制度改革的基础上，将涉及市场主体登记、备案等的各类证、照（具体来说就是信息采集、记载公示、管理备查类的一般经营项目涉企证照事项，以及企业登记信息能够满足政府部门管理需要的涉企证照事项），进一步整合到营业执照上，使企业在办理营业执照后即能达到预定可生产经营状态，大幅度缩短了企业从筹备开办到进入市场的时间。

工商部门全面实行"一套材料、一表登记、一窗受理"的工作模式，申请人材料齐全后，登记部门直接核发加载统一社会信用代码的营业执照，相关信息在国家企业信用信息公示系统公示，并及时归集至全国信用信息共享平台，实现企业"一照一码走天下"，使全国统一社会信用代码成为企业唯一的身份证代码。目前"多证合一"的办理有两种方式：现场办理和网上办理。

### （二）印鉴办理

印鉴是指工作中使用的单位和个人的各种签章。企业新设立时，一般需要全套章。全套章有5枚，包括公章、合同专用章、发票专用章、财务专用章、法定代表人名章。除法定代表人名章外，其他4枚章需要根据相关规定到工商、公安、开户银行备案或预留印鉴，具体用途见表5-1-1。

表 5-1-1 印鉴的种类及用途

| 印鉴种类 | 使用范围 | 保管者 | 备注 |
|---|---|---|---|
| 公章 | 用于公司对外事务处理，如工商、税务、银行等外部事务处理都需要加盖公章 | 公司创业者，如董事长或总经理 | 公章是效力最大的一枚章，是法人权利的象征 |
| 合同专用章 | 公司对外签订合同时使用，可以在签约的范围内代表公司。在合同上加盖合同专用章，公司需享受和承担由此产生的权利和义务 | 可以是公司法务人员、合作律师或行政部门等 | 创业初期可以使用公章代替合同专用章 |
| 发票专用章 | 用于发票开具 | 一般由财务部门的发票管理员保管 | 印章印模里含有公司名称、"发票专用章"字样、统一社会信用代码。注：盖在发票上，或盖在发票领用簿上才有效 |
| 财务专用章 | 主要用于公司的财务活动，如签署财务文件、办理银行业务等 | 一般由公司的财务人员管理，可以是财务主管人员 | 财务专用章应当由财务主管人员保管，财务专用章不能当作公章使用，使用时应当做好登记，并留存盖章文件或文件复印件 |
| 法定代表人名章 | 主要用于公司有关决议及银行事务办理，如注册公司、公司基本户开户、支票背书等 | 一般是法定代表人自己，也有让公司财务部门出纳人员管理的情况 | 印章印模里含有法定代表人姓名及备案号码 |

（1）实物印章的刻制。线下实物印章的刻制有一定的强制规范。一般来说，公章、财务专用章、合同专用章、发票专用章、法定代表人名章须由公安机关等政府部门指定的刻章单位刻制。

在实务中，企业如果到公安机关指定单位刻制相关印章，在刻制印章前，应先准备刻制印章的相关资料，并附印章印模，到属地公安机关备案办理，然后持刻制印章通知单到指定单位刻章。

到公安机关登记备案需准备的相关材料如下：①营业执照副本原件和复印件一份；②法定代表人和经办人有效身份证件原件及复印件一份；③法定代表人授权刻章委托书。

（2）电子印章的申请。电子印章是以密码技术为核心，将数字证书、签名密钥与实物印章图像有效绑定，用于保障各类电子文档完整性、真实性和不可抵赖性的图形化电子签名。作为数字化的基础设施，电子签名、电子印章有利于简化政务服务事项办理流程，提升政务服务质量，实现一网通办、跨省通办。

实务中，企业申请电子印章需要准备以下材料：①营业执照正本/副本原件照片；②法定代表人有效身份证件原件照片（正反面）；③经办人有效身份证件原件照片（正反面）；④申请书（加盖公章并有申请人签名）的照片；⑤经办人现场照片（半身照）；⑥章模（盖在白纸上标明印章编码和尺寸）；⑦法定代表人电话和经办人电话。

（3）电子印章办理渠道。一般情况下，企业申请电子印章可以在公安机关、签章代办企业、第三方电子合同平台上进行。

① 通过公安机关申请电子印章。申请人可先在指定网络平台填写申请信息，并持营业执照、法定代表人有效身份证件、委托书等原件，到公安机关办理审批手续。

② 通过签章代办企业申请电子印章。申请人可以通过签章代办企业的线上平台申请，也可以通过其线下门店办理。申请人需提交营业执照、法定代表人有效身份证件、公章、经办人有效身份证件等资料到签章代办企业进行办理，并缴纳一定的费用。

③ 通过第三方电子合同平台申请电子印章。第三方电子合同平台主要为企业及个人提供电子合同、电子文件签署及存证服务，但由于电子合同的签署涉及印章的使用，因此，第三方电子合同平台也能够为用户提供电子印章申请的服务。

第三方电子合同平台对接了公安部公民网络身份识别系统、个人身份认证系统和国家市场监督管理总局企业信息系统，可快速进行企业、个人信息审核，帮助企业及个人完成电子印章的申请。通过这种方式申请电子印章，不仅非常便捷高效，而且企业还可以直接使用该平台电子合同签署及管理等功能，满足企业数字化办公的需求。

## （三）开立银行账户

为便于企业开展正常经营活动，每个新设企业均需根据需要开设结算账户，并在税务机关备案。

企业可以根据需要开立基本存款账户、一般存款账户、专用存款账户和临时存款账户。其中，一个企业只能开立一个基本存款账户，一般存款账户不能与基本存款账户开立在同一银行的同一网点。具体每种银行账户的适用范围及特点见表 5-1-2。

表 5-1-2 企业银行账户的适用范围及特点

| 银行账户种类 | 概念及适用范围 | 特点 |
| --- | --- | --- |
| 基本存款账户 | 主要用于存款人因办理日常的转账结算和现金收付需要开立的银行账户 | 基本存款账户只能开立一个，日常的现金收付一般通过基本存款账户进行 |
| 一般存款账户 | 针对跨行结算转账时间长、支付跨行转账手续费等问题或为了满足借款需要而开设的账户，主要用于办理存款人借款转存、借款归还和其他结算的资金收付业务 | 该账户可以办理现金缴存，但不得办理现金支取 |
| 临时存款账户 | 因存款人临时需要并在规定期限内使用而开立的银行账户。实际工作中需要开立临时存款账户的情况主要有：设立临时机构、开展异地临时经营活动、注册验资 | 可以办理银行收款、付款、存现、取现等各种类型的银行业务。临时存款账户的期限最长不能超过两年。验资的临时存款账户在注资期间只收不付 |
| 专用存款账户 | 存款人按照法律、行政法规和规章，对其特定用途资金进行专项管理和使用而开立的银行结算账户。该账户适用于基本建设资金，更新改造资金，财政预算外资金，粮、棉、油收购资金，证券交易结算资金，期货交易保证金，信托基金，金融机构存放同业资金，政策性房地产开发资金，单位银行卡备用金，住房基金，社会保障基金，收入汇缴资金，业务支出资金，党、团、工会设在单位的组织机构经费，其他需要专项管理和使用的资金等 | 保证特定用途的资金专款专用，有利于监督管理 |

实务中，银行账户的开户，是指开立基本存款账户。开立基本存款账户时，需填制银行开户申请书，同时向银行提供开户所需的证照资料；开户银行审核通过后，进行备案，完成企业基本存款账户的开立。开立流程如图 5-1-1 所示。

图 5-1-1 开立基本存款账户流程

### 1. 填制开户申请书

企业申请开立银行结算账户时，需填写开立单位银行结算账户申请书及印鉴卡片。

（1）填写开立单位银行结算账户申请书。企业应按照要求填写开立单位银行结算账户申请书，具体包括：申请开户单位名称；单位性质及级别；上级主管部门；营业执照注册号；单位地址、电话；资金来源和运用情况；生产经营范围等。填写完毕由单位盖章后交给银行审查。

（2）填写印鉴卡片。印鉴卡片应盖有拟开户单位公章及财务主管或会计经办人员名章。银行在为单位办理结算业务时，应交付印鉴卡片上预留的印鉴，如果付款凭证上加盖的印章与印鉴卡片不符，银行就不能办理付款，以保障开户单位的存款安全。

### 2. 准备相关材料

开立银行基本存款账户时，企业应准备以下资料：①营业执照（正本、副本）；②法定代表人或企业负责人有效身份证件；③企业公章、财务专用章、法定代表人名章，法定代表人或企业负责人授权他人办理的，还应出具法定代表人或企业负责人的授权书，以及被授权人的有效身份证件；④公司章程、成立协议（或股东会决议）、股东名册（仅公司类企业提供，个体工商户无须提供）。以上资料可根据当地银行的具体要求进行调整。

### 3. 开户银行审核备案

企业的银行基本存款账户开立后，当日在中国人民银行系统进行备案即可，中国人民银行不再核发开户许可证。

### 4. 完成银行开户

银行完成企业基本存款账户开立及备案后，打印基本存款账户信息并交付企业，企业基本存款账户编号代替原基本存款账户核准号使用。开户完成后，企业可以持基本存款账户信息办理相关银行业务。

## 二、企业变更的事项及要点

企业变更是指企业在经营过程中，由于各种原因需要对企业的组织形式、经营范围、股权结构、法定代表人等进行调整或变更的行为。

企业营业执照记载的事项发生变更的，企业应当依法办理变更登记，由企业登记机关换发营业执照。企业营业执照应当载明企业的名称、住所、注册资本、经营范围、法定代表人姓名等事项。因此，上述事项变更都被视为企业变更。企业变更主要包括：工商变更、税务变更、银行账户变更。

### 1. 工商变更

工商变更是指公司依照法律规定，对工商管理的内容进行变更。公司营业执照记载的事项发生变更的，公司应当依法办理变更登记，由公司登记机关换发营业执照。

企业注册完成之后，若所留的信息发生变动，则需要到企业登记机关申请变更登记。在实务中，工商变更的具体情况如下：①企业名称变更；②企业住所变更；③企业法定代表人变更；④企业注册资本变更；⑤企业经营范围变更；⑥企业类型变更；⑦股东和股权变更；⑧企业合并、分立变更；⑨企业其他工商登记的内容变更。

### 2. 税务变更

税务变更是指纳税人办理税务登记后，因税务登记内容发生变化，向税务机关申请税务登记内容重新调整为与实际情况一致的一种税务登记管理制度,分为工商登记变更和非工商登记变更。需要办理税务变更的情况如下:①改变名称、改变法定代表人;②改变经济性质或企业类型;③改变住所或经营地点(不含改变主管税务机关)、增设或撤销分支机构;④改变生产、经营范围或经营方式;⑤改变注册资本、产权关系;⑥改变开户银行和账号;⑦改变其他税务登记内容。

### 3. 银行账户变更

银行账户变更是指存款人名称、企业法定代表人或主要负责人、企业住所以及其他开户资料的变更。企业法定代表人或主要负责人、企业住所及其他开户资料发生变更时,企业应于5个工作日内书面通知开户银行并提供有关证明。

实务中,很多企业因经营规模扩大、办公地点变更等情况,需要变更银行账户的相关信息。一般情况下,企业发生以下信息变更时需申请银行账户变更:①企业名称变更;②企业法定代表人变更;③基本存款账户变更;④银行预留印鉴变更;⑤企业地址变更等。

## 三、企业注销的流程及要点

注销就是把原有企业在工商机关、税务机关、银行等的一些信息、证件全部注销。企业注销分为一般注销和简易注销。

### 1. 注销基本条件

根据国家税务总局出台的新政策,企业注销流程也变得简单方便了,只要满足如下条件即可注销:①企业被依法宣告破产;②企业章程规定营业期限届满或者其他解散事由出现;③企业因合并、分立解散;④企业被依法责令关闭。

### 2. 一般注销

通常情况下,企业办理注销的大致流程如下。

(1)股东决议清算。成立清算小组之前企业全体股东要召开企业股东会议,以文件的形式明确进行企业撤销并清算,需要签署企业注销登记申请书。

(2)成立清算小组。清算小组在清算期间行使下列职权:①清理企业财产,分别编制资产负债表和财产清单;②通知、公告债权人;③处理与清算有关的企业未了结的业务;④清缴所欠税款以及清算过程中产生的税款;⑤清理债权、债务;⑥分配企业清偿债务后的剩余财产;⑦代表企业参与民事诉讼活动。

(3)工商部门注销备案。持企业营业执照、各种章、法定代表人身份证原件、清算小组签字的清算备案申请书及备案确认申请书等资料去工商部门窗口办理注销备案(部分省份可以网上办理)。每个地方规定略有不同,备案前要先咨询当地工商部门。

(4)发布注销公告。在国家企业信用信息公示系统自行公告,自公告之日起45天后申请注销登记。

(5)注销税务登记。①企业申请注销税务登记;②税务部门注销预检,包括四种情形:即时办理、容缺即时办理(含纳税人承诺)、告知未结事项(纳税人先行办结)、法院终结破产程序裁定书;③税务部门出具清税文书;④注销税务登记完成。

(6)注销工商登记。企业在注销登报公示45天后,可以去企业登记的工商部门办理企业注销备案,注销企业营业执照。通过后领取工商部门出具的准予注销登记通知书。

(7)注销社会保险登记。企业应当自办理企业注销登记之日起30日内,向原社会保险登记机构提交注销社会保险登记申请和其他有关注销文件,办理注销社会保险登记手续。

(8)注销银行账户。到企业开户行注销企业的开户许可证和基本存款账户等账户。

(9)注销印章。到登记印章的公安机关注销企业印章。

### 3. 简易注销

根据《工商总局关于全面推进企业简易注销登记改革的指导意见》，对领取营业执照后未开展经营活动、申请注销登记前未发生债权债务或已将债权债务清算完结的有限责任公司、非公司企业法人、个人独资企业、合伙企业，由其自主选择适用一般注销程序或简易注销程序。

不适用简易注销的情况包括以下几种。①涉及国家规定实施准入特别管理措施的外商投资企业。②被列入企业经营异常名录或严重违法失信企业名单的。③企业存在股权（投资权益）被冻结、出质或动产抵押等情形。④有正在被立案调查或采取行政强制、司法协助、被予以行政处罚等情形的。⑤企业所属的非法人分支机构未办理注销登记的。⑥曾被终止简易注销程序的。⑦法律、行政法规或者国务院决定规定在注销登记前需经批准的。⑧不适用企业简易注销登记的其他情形。

其中，②～⑤情况，在企业异常情形、不适用状态消失后，允许企业再次依程序申请简易注销登记。

**📺 工作指导**

## 一、营业执照办理的流程

目前办理营业执照有两种方式：现场办理和网上办理。

### （一）现场办理

办理营业执照的具体流程如图 5-1-2 所示。

图 5-1-2　营业执照办理流程

（1）企业名称核准。企业名称一般由行政区划名称、字号、行业表述、组织形式组成，且不得有损害国家尊严或者利益、损害社会公共利益或妨碍社会公共秩序等情形。跨省、自治区、直辖市经营的企业，其名称可以不含行政区划名称；跨行业综合经营的企业，其名称可以不含行业表述。一般情况下要求多准备几个备选企业名称，因为在实际操作中，可能会有企业预注册名称已被使用，或者工商部门审核不通过的情况，以便能够及时进行更改。

企业注册第一步便是核准企业名称，名称核准可以在市场监督管理局网站（如河北省市场监督管理局网上办事平台）进行核准，也可到市场监督管理局现场核准。

（2）提交相关资料。办理营业执照需准备以下材料。

① 由企业法定代表人签署的《公司登记（备案）申请书》。

② 公司章程（有限责任公司由全体股东签署，股份有限公司由全体发起人签署）。

③ 股东、发起人的主体资格文件或自然人身份证明。

◆ 股东、发起人为企业的，提交营业执照复印件。

◆ 股东、发起人为事业法人的，提交事业法人登记证书复印件。

◆ 股东、发起人为社团法人的，提交社团法人登记证复印件。

◆ 股东、发起人为民办非企业单位的，提交民办非企业单位证书复印件。

◆ 股东、发起人为自然人的，提交身份证件复印件。

◆ 其他股东、发起人，提交有关法律法规规定的资格证明复印件。

④ 法定代表人、董事、监事和高级管理人员的任职文件。

根据《公司法》和公司章程的规定，有限责任公司提交股东决定或股东会决议，发起设立的股份有限公司提交股东大会会议记录（募集设立的股份有限公司提交创立大会会议记录）。对《公司法》和公司章程规定企业组织机构人员任职须经董事会、监事会等形式产生的，还需提交董事签字的董事会决议、监事签字的监事会决议等相关材料。

⑤ 住所使用证明，如房屋租赁协议以及房屋产权复印件。

⑥ 募集设立的股份有限公司提交依法设立的验资机构出具的验资证明。发起人首次出资是非货币性财产的，提交已办理产权转移手续的证明文件。

⑦ 募集设立的股份有限公司公开发行股票的应提交国务院证券监督管理机构的核准文件。

⑧ 法律、行政法规和国务院决定规定设立企业必须报经批准的或企业申请登记的经营范围中有法律、行政法规和国务院决定规定必须在登记前报经批准的项目，提交有关批准文件或者许可证件的复印件。

 **提示**

不同地区申办营业执照所提交的资料有所不同，须根据当地市场监督管理局的规定执行。

（3）相关机构审核。市场监督管理局在承诺时间内完成营业执照审批手续后，将申请资料和营业执照信息传至平台。

市场监督管理综合窗口收到平台推送申请资料及营业执照信息后，需办理统一社会信用代码登记手续，并将统一社会信用代码发送至平台。

国家税务总局、统计局、人力资源和社会保障部等相关部门收到平台推送的申请资料、营业执照和统一社会信用代码信息后，办理营业执照的相关手续，并将登记证号发送至平台。

（4）获取营业执照。市场监督管理综合窗口收到各机构核准登记信息后，在系统平台上打印出营业执照，申请人需携带准予设立登记通知书、办理人身份证原件等资料，到市场监督管理综合窗口领取营业执照正副本。

## （二）网上办理

企业设立若在网上办理，同样要先进行企业名称核准，然后办理营业执照。以在河北省网上办理营业执照为例，具体步骤如下。

### 1. 网上名称预先核准

（1）登录河北省市场监督管理局网上办事平台，如图5-1-3所示。

图5-1-3　河北省市场监督管理局网上办事平台页面

（2）单击【名称自主申报】后的【在线办理】按钮，进入系统登录页面。如果是第一次登录系统，需要单击【立即注册】按钮进行注册，如图 5-1-4 所示。

图 5-1-4　注册或登录页面

（3）登录系统后，进入【河北省名称自主申报系统】页面，如图 5-1-5 所示，依次填入名称区划、名称字号、行业表述和组织形式等信息。

图 5-1-5　名称自主申报系统

（4）根据录入的信息，进行名称确认，并选择登记机关，单击【提交名称申请】按钮，如图 5-1-6 所示。

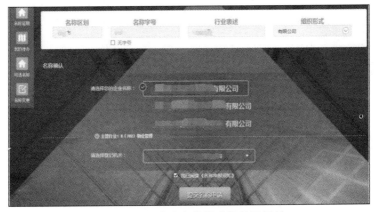

图 5-1-6　确认名称并选择登记机关

（5）录入企业基本信息，包括住所所在地、注册资本、联系电话、邮政编码和经营范围，并根据提示分别录入投资人信息等，录入完成后单击【提交】按钮，弹出【提示】对话框，单击【确定】按钮，如图 5-1-7 所示。

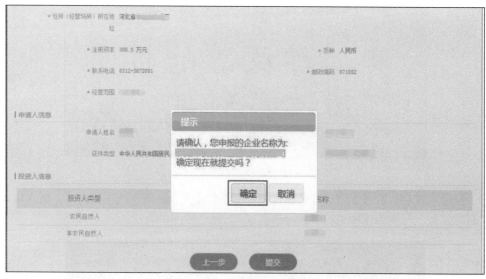

图 5-1-7　完成信息录入

（6）提交成功后，系统会显示名称自主申报的有效期和申请号，并提示在有效期内办理设立登记手续，如图 5-1-8 所示。

图 5-1-8　申报完成页面

（7）单击【点此打印材料】，企业可以打印相关材料。等待企业名称核准通过后，就可以在网上办理营业执照了。

2.　网上办理营业执照

（1）登录河北市场主体信用信息公示系统，单击【全程电子化设立】（见图 5-1-9），打开【河北省企业登记全程电子化系统】页面，单击【办理流程】菜单，打开【全程电子化登记申请办理流程说明】页面，此页面为用户提供企业登记申请办理的流程指导，可根据流程图进行企业登记申请操作，如图 5-1-10 所示。

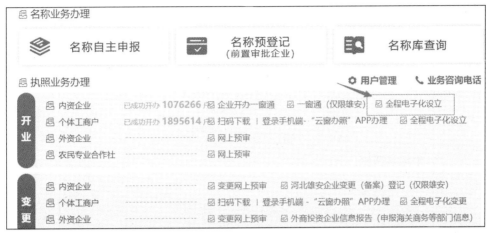

图 5-1-9 单击【全程电子化设立】

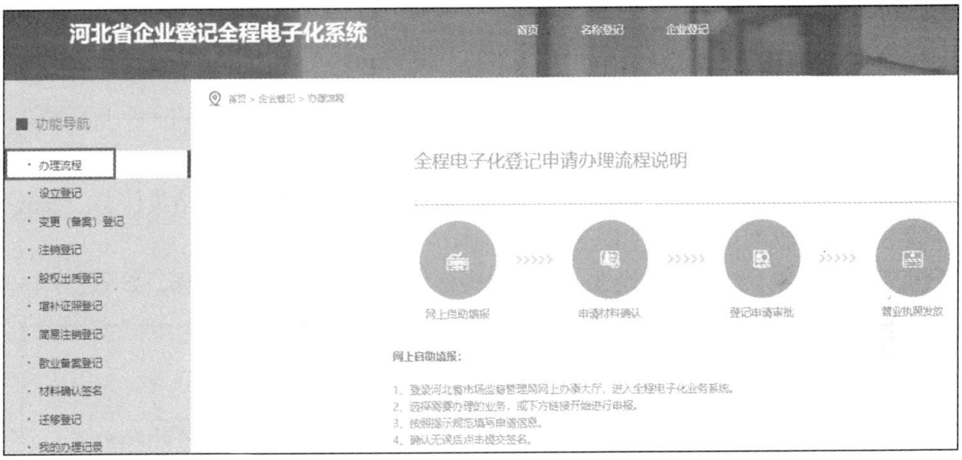

图 5-1-10 全程电子化登记申请办理流程说明

（2）单击【设立登记】菜单，打开【设立登记】页面。在【设立登记】页面，首先需要登记已核准名称信息，包括填写已核准名称和股东姓名或名称等信息，如图 5-1-11 所示。

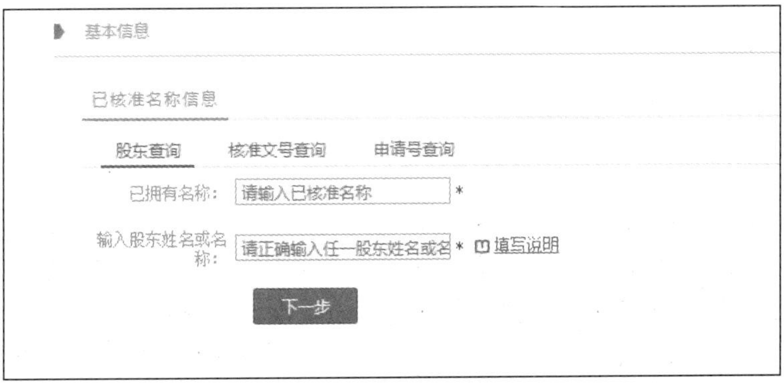

图 5-1-11 登记已核准名称信息

（3）单击【下一步】按钮，打开【基本情况】页面，如图 5-1-12 所示。

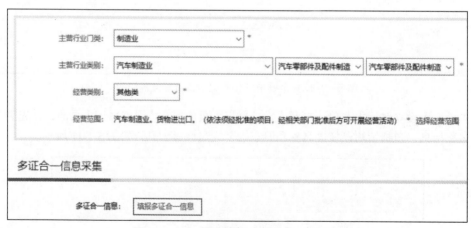

图 5-1-12 【基本情况】页面

在【基本情况】页面中，分别填写企业信息、经营（业务）范围、联络员信息。数据项后有对应的填写说明，可根据说明进行填写。

经营范围涉及"多证合一"的企业，系统会提示填报"多证合一"信息，如图 5-1-13 所示。

图 5-1-13 提示填报"多证合一"信息

（4）企业基本信息填写完毕后，单击【下一步】按钮，打开【股东】页面。在【股东】页面中，系统会提取并显示核准名称时登记的股东信息，单击【编辑】，打开股东详情页面，可补充股东基本信息，继续单击【添加】，分别填写股东的认缴信息和实缴信息。

（5）股东信息补充完毕后，单击【下一步】按钮，打开【董事、监事、经理】页面。在【董事、监事、经理】页面中，单击【添加人员】按钮，打开高管人员填写页面，分别填写法定代表

人及其他高管人员的基本信息、任职情况信息等，然后单击【确定】按钮提交信息，如图 5-1-14
和图 5-1-15 所示。

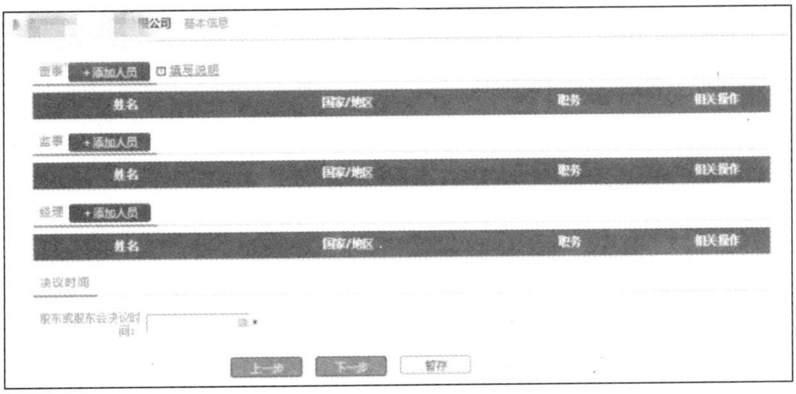

图 5-1-14 【董事、监事、经理】页面

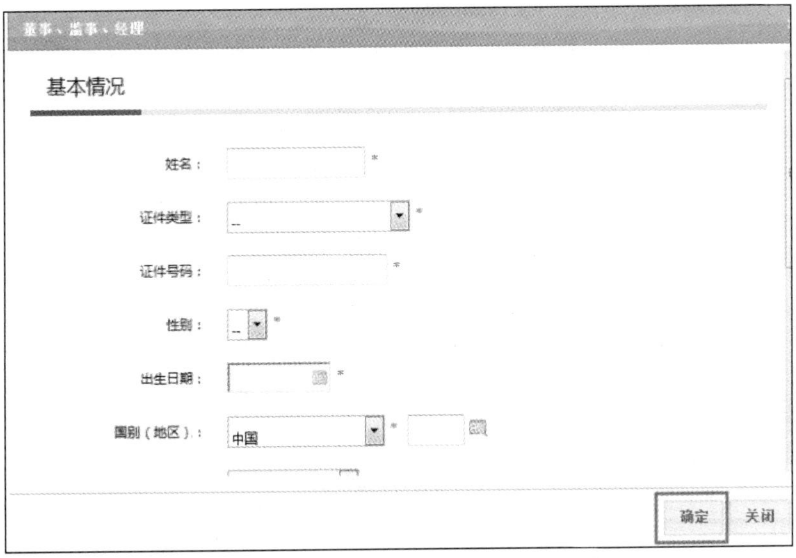

图 5-1-15 填写董事、监事、经理信息

（6）高管人员信息均填写完毕后，单击【下一步】按钮，打开【税务信息】页面。在【税务
信息】页面中，登记税务信息和财务负责人信息，如图 5-1-16 所示。

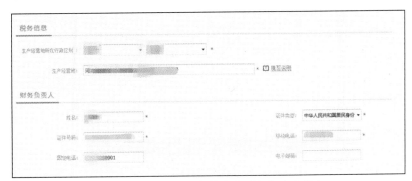

图 5-1-16 登记税务信息和财务负责人信息

（7）税务信息填写完毕后，单击【下一步】按钮，打开【申请材料】页面。在【申请材料】页面，显示了企业设立登记所需的申请材料信息，单击【预览】可查看所有的申请材料，并对公司章程和住所使用证明进行编辑、填写。

（8）单击【提交签名】，提交设立登记申请信息，并可进行全体股东、法定代表人签名确认（如果设立董事会、监事会，那么董事和监事也需要签名）。所有的股东和主要人员均签名成功后，可以将相关信息提交到市场监督管理局，等待审批结果。

### 3. 领取营业执照

审批通过后，可以领取营业执照。领取营业执照的渠道一般有三种：一是在设立登记时申请邮政快递服务，二是自行在营业执照自助打印终端打印，三是到各区行政服务大厅窗口领取。

## 二、税务报到的操作

新设企业取得营业执照后，需到税务局报到，进行网上登记，随后到银行开户（税务登记可与银行预约开户同时进行），并签订扣税协议。

新办企业在网上办理税务套餐登记的具体流程如下。

（1）登录国家税务总局河北省电子税务局官网，单击【我要办税】或者右上角的【登录】，如图 5-1-17 所示。

图 5-1-17 【国家税务总局河北省电子税务局】页面

在打开的页面中单击【注册】，如图 5-1-18 所示。

图 5-1-18 单击【注册】

（2）在注册页面输入相关信息，如图 5-1-19 所示。

图 5-1-19　输入注册信息

（3）注册成功后，在弹出的【提示信息】对话框中单击【去办税】按钮，如图 5-1-20 所示。

图 5-1-20　单击【去办税】按钮

（4）法定代表人完成实名认证后，以自然人的身份登录，单击【新办纳税人综合套餐申请】菜单，如图 5-1-21 所示。

图 5-1-21　单击【新办纳税人综合套餐申请】菜单

（5）选择要办理的企业，单击右侧的【去完成】链接，如图 5-1-22 所示。

图 5-1-22　选择要办理的企业

填写纳税人基本信息，如图 5-1-23 所示。

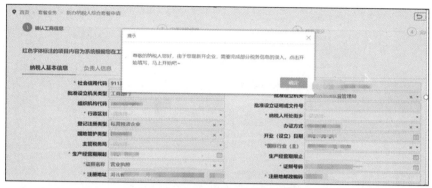

图 5-1-23　填写纳税人基本信息

（6）根据提示完善办税人员、总分机构等相关信息的内容。

（7）勾选需要办理的业务，如图 5-1-24 所示。

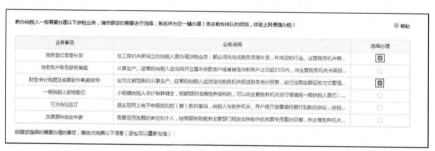

图 5-1-24　勾选需要办理的业务

（8）确认无误后提交，然后等待审批，如图 5-1-25 所示。

图 5-1-25　等待审批页面

## 三、税务变更的操作

已办理设立税务登记的纳税人，因税务登记内容发生变化，可通过地方电子税务局变更税务登记。变更申请应自市场监督管理部门办理变更登记之日起 30 日内，或者自登记内容实际发生变化之日起 30 日内提交。下面以河北省电子税务局为例进行操作演示：①登录河北省电子税务局；②单击【我要办税】；③选择【综合信息报告】，并单击【身份信息报告】；④在【身份信息报告】页面，选择要变更信息的模块，进行相应的税务变更。填写要变更的信息，检查无误后提交并确认。完成信息变更申请后，等待处理结果。

## 四、简易注销的操作

企业简易注销的整体流程如下。首先，登录国家企业信用信息公示系统（河北），按照网站要求公示简易注销的有关信息。其次，公示期内无相关部门、债权人及其他利害关系人提出异议的，企业于公示期届满之日后向登记机关提交相关材料申请简易注销登记。最后，提交材料齐全，符合法定形式的，1 个工作日内完成简易注销登记。

企业简易注销的具体操作如下。

（1）打开国家企业信用信息公示系统官网，如图 5-1-26 所示。

图 5-1-26 国家企业信用信息公示系统

（2）单击【导航】下拉按钮，选择注销企业所属地，如图 5-1-27 所示。

图 5-1-27 选择注销企业所属地

（3）在打开的页面中单击【企业信息填报】，如图 5-1-28 所示。

（4）在【企业信息填报】页面，选择登录方式，填写企业名称及登录密码后单击【登录】按钮，如图 5-1-29 所示。

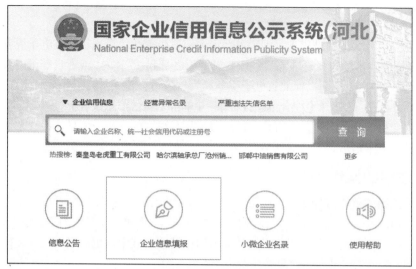

图 5-1-28　单击【企业信息填报】

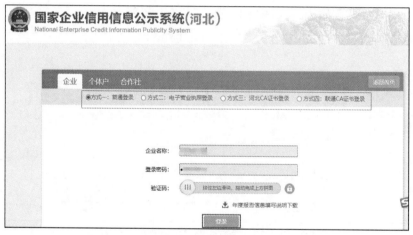

图 5-1-29　选择登录方式并在填好信息后登录

（5）在打开的页面中单击【简易注销公告填报】，根据提示内容上传已经签署完毕的"全体投资人承诺书"图片，确认后进行公示。"全体投资人承诺书"需要填写企业名称，勾选注销情况，全体投资人签字盖章并加盖企业公章，如图 5-1-30 和图 5-1-31 所示。

图 5-1-30　上传承诺书

### 简易注销全体投资人承诺书

现向登记机关申请_____（市场主体名称）的简易注销登记，并郑重承诺：

本市场主体申请注销登记前□未发生债权债务□已将债权债务清算完结，□未发生□已结清清偿费用、职工工资、社会保险费用、法定补偿金、应缴纳税款（滞纳金、罚款）及其他未了结事务，清算工作已全面完结。

本市场主体承诺申请注销登记时不存在以下情形：

法律、行政法规或者国务院决定规定在注销登记前需经批准的；

被吊销营业执照、责令关闭、撤销；

在经营异常名录或者市场监督管理严重违法失信名单中；

存在股权（财产份额）被冻结、出质或者动产抵押，或者对其他市场主体存在投资；

正在被立案调查或者采取行政强制、正在诉讼或仲裁程序中；

受到罚款等行政处罚尚未执行完毕；不适用企业简易注销登记的其他情形。

本市场主体全体投资人对以上承诺的真实性负责，如果违法失信，则由全体投资人承担相应的法律后果和责任，并自愿接受相关行政执法部门的约束和惩戒。

全体投资人签字（盖章）：

年　月　日

注：1. 有限责任公司由全体股东签署、非公司企业法人由全体出资人签署、个人独资企业由投资人签字、合伙企业由全体合伙人签署、农民专业合作社由全体合作社成员签署。
2. 非上市股份有限公司由全体董事签署。
3. 申请人为分公司、营业单位、非法人分支机构、农民专业合作社（联合社）分支机构的，由其隶属主体的法定代表人签字并加盖隶属主体公章。合伙企业分支机构由隶属主体执行事务合伙人（或委派代表）签字并加盖隶属企业公章。个人独资企业分支机构由隶属企业投资人签字并加盖隶属企业公章。
4. 申请人为外国（地区）企业在中国境内从事生产经营活动的，由其外国（地区）企业有权签字人签字。

图 5-1-31　简易注销全体投资人承诺书样例

（6）承诺书公示后，网站会显示公示期限及办理简易注销时限。企业可在国家企业信用信息公示系统首页通过企业名称或统一社会信用代码查询该企业正在进行简易注销公示的信息。

在公告满 20 天后，企业需携带填写好的"企业注销登记申请书""全体投资人承诺书"和营业执照正副本原件，在 20 天内前往企业开办专区提交申请，登记机关会在 1 个工作日内依法做出是否准予简易注销登记的决定。

> **📝 知识窗**
>
> **简易注销的办理情形**
>
> 1. 简易注销登记的适用范围包括未发生债权债务或已将债权债务清偿完结的各类市场主体。
>
> 2. 简化办理程序。简易注销实行"公示＋承诺"制，市场主体通过国家企业信用信息公示系统公示"企业注销登记申请书"及"全体投资人承诺书"，公示期间相关部门、债权人及其他利害关系人未提出异议的，市场主体可于公示期满后直接向登记机关申请注销登记，个体工商户无须公示。未办理过涉税事宜，或办理过涉税事宜但未领用发票、无欠税（含滞纳金、罚款）和其他未办结事项的纳税人，免予办理清税手续。
>
> 3. 压缩办理时间。公示时间由 45 个自然日压减至 20 个自然日；提交材料齐全、符合法定形式的，登记机关 1 个工作日内办结注销登记。
>
> 4. 建立容错机制。存在"被列入企业经营异常名录""股权（投资权益）被冻结、出质或动产抵押"等不适用简易注销程序情形的，待异常状态消失后可再次依程序申请简易注销登记。

**业务训练**

## 一、单选题

1. A 厂系由 B 公司和 C 商场共同投资的食品生产企业。因经营情况变化，经投资双方协商，C 商场将其持有 A 厂的全部股权转让给 B 公司，并签订转让协议，于 2024 年 3 月 18 日向产权转移中心和市场监督管理部门办理了相关的登记手续。A 厂投资主体变化后，对有关各方的税务登记，下列做法正确的是（　　）。

    A. A 厂、B 公司和 C 商场分别办理变更税务登记

    B. A 厂应办理变更税务登记，B 公司和 C 商场不需要办理任何税务登记手续

    C. A 厂应先办注销税务登记，再办设立税务登记；B 公司和 C 商场分别办理变更税务登记

    D. A 厂应先办注销税务登记，再办设立税务登记；B 公司和 C 商场不需要办理任何税务登记手续

2. 根据《银行账户管理办法》规定，存款人办理支取职工工资、奖金的，只能通过（　　）办理。

    A. 基本存款账户　　　B. 专用存款账户　　　C. 一般存款账户　　　D. 临时存款账户

3. 下列不属于变更税务登记的是（　　）。

    A. 改变纳税人名称、法定代表人的

    B. 改变产权关系的

    C. 改变注册资金的

    D. 企业被市场监督管理机关吊销营业执照的

4. "多证合一"登记制度改革后，下列关于新开设企业税务登记的表述正确的是（　　）。

    A. 取消税务登记，以营业执照替代税务登记证

    B. 仍办理税务登记，并核发税务登记证

    C. 向税务机关完成信息补录，仍核发税务登记证

    D. 只向税务机关完成信息补录，不再核发税务登记证

5. 企业发生的下列项目中，不需要办理变更税务登记的是（　　）。

    A. 改变产权关系　　　　　　　　　　B. 经营地点变更涉及改变主管税务机关

    C. 变更经营范围　　　　　　　　　　D. 改变注册资本

## 二、多选题

1. 下列情况，需要申请银行账户变更的有（　　）。

    A. 北京网丰有限公司更名为北京网乐有限公司

    B. 北京顺和有限公司法定代表人变更

    C. 北京信丰有限公司经营规模扩大，从厦门搬迁到北京

    D. 北京华和有限公司主营业务范围变化

2. 一般情况下，企业会提前与银行、税务局签订三方协议，三方代表有（　　）。

    A. 本企业　　　　　B. 银行　　　　　　C. 税务局　　　　　D. 对方企业

3. 下列企业变动情形中，属于注销税务登记的有（　　）。

    A. 企业被吊销营业执照

    B. 企业解散

C. 企业破产

D. 纳税人因住所变更而涉及改变主管税务机关的

4. 下列有关基本存款账户的表述，符合我国有关规定的是（　　　）。

A. 一个单位只能有一个基本存款账户

B. 工资、奖金只能通过基本存款账户支付

C. 开立基本存款账户必须取得中国人民银行核发的开户许可证

D. 基本建设奖金必须存入基本存款账户

5. 下列情形中企业可以申请简易注销的有（　　　）。

A. 申请注销登记前，未发生债权债务

B. 申请注销登记前已将债权债务清算完结

C. 领取营业执照后没有开过发票

D. 领取营业执照后没有报过税

## 三、判断题

1. "三证合一"的企业，需要在登记机关重新申请办理"五证合一"的登记。　　　（　　　）

2. "五证合一"的企业，由老证换新证只需要到市场监督管理部门办理，无须到税务局办理，所有地区都是这样规定的。　　　（　　　）

3. 纳税人办理注销税务登记前，应结清应纳税款、滞纳金和罚款，缴销发票、税务登记证和其他税务证件。　　　（　　　）

4. 一个企业只能选择一家银行的一个营业机构开立一个基本存款账户。　　　（　　　）

## 四、技能实训题

根据前面所学的企业设立、变更、注销相关知识与操作，对表中内容做出正确选择。

| 任务序号 | 名称 | 内容 | 选择（将你认为正确的用√标出） |
|---|---|---|---|
| 一 | 企业设立 | | |
| 1 | 营业执照办理 | 营业执照的办理只能去现场办理 | □对<br>□错 |
| 2 | 印鉴办理 | 随着科技的进步，现在很多成立企业都直接办理电子印章，电子印章具有同等法律效力 | □对<br>□错 |
| 3 | 开立银行账户 | 企业法人开立银行账户时，除了携带开立单位银行结算账户申请书，还需携带哪些资料 | □营业执照正副本<br>□法定代表人身份证<br>□单位公章、财务专用章、法定代表人名章<br>□签订账户管理协议机构税收居民身份声明文件 |
| 4 | 税务报到 | 企业领取营业执照后，需在（　　　）日内办理税务报到 | □10　□15<br>□30　□45 |
| 二 | 企业变更 | 企业名称发生变化，则企业的哪些信息会跟着变更 | □营业执照信息<br>□银行账户信息<br>□税务报到信息<br>□印鉴信息<br>□法定代表人信息<br>□投资人信息 |

续表

| 任务序号 | 名称 | 内容 | 选择（将你认为正确的用√标出） |
|---|---|---|---|
| 三 | 企业注销 | 企业破产，采用一般注销的方式注销企业，一般注销的流程是（ ） | □登报公告—成立清算小组—银行注销—税务注销—工商注销<br>□登报公告—成立清算小组—工商注销—税务注销—银行注销<br>□登报公告—成立清算小组—税务注销—银行注销—工商注销<br>□登报公告—成立清算小组—工商注销—银行注销—税务注销 |

## 任务评价

完成了企业设立、变更、注销的任务学习，参照下表判断自己对工作任务的掌握程度。已掌握的打√，未掌握的填写在工作记录与反思中。

| 工作任务 | 任务要求 | 掌握情况 |
|---|---|---|
| 企业设立 | 熟悉营业执照的办理流程 | |
| | 掌握印鉴的办理要点 | |
| | 掌握开立银行账户的流程 | |
| | 熟悉税务报到流程 | |
| 企业变更 | 掌握工商变更的注意事项及流程 | |
| | 掌握税务变更的注意事项及流程 | |
| | 掌握银行账户变更的流程 | |
| 企业注销 | 掌握简易注销的适用范围及操作流程 | |

【工作记录与反思】

| 时间 | |
|---|---|
| 工作任务 | |
| **任务目标** | |
| | |
| **遇到的问题** | |
| | |
| **经验总结（解决问题的办法）** | |
| | |

# 工作任务二　开具发票

 **任务导入**

　　毕业生张诚应聘到新成立的河北新龙商贸有限公司财务部，工作第一天接到经理安排的任务，要求为客户开具发票。他该如何根据客户业务需要，为公司申请开票资格并为客户开具发票呢？

**预备知识**

## 一、了解开具发票的平台

　　发票，是指在购销商品，提供或者接受服务以及从事其他经营活动中，开具、收取的收付款凭证。发票按照开具平台的不同可分为三大类：第一类为非增值税发票管理新系统开具的发票，此类发票会被逐步淘汰；第二类为增值税发票管理新系统开具的发票，许多地方和企业仍在使用此类发票；第三类是电子发票服务平台开具的数电发票。发票电子化、系统化已是大势所趋。因此本工作任务重点围绕数电发票的开具方法进行讲解。

## 二、开具发票的范围及要求

### （一）开具发票的范围

　　销售商品、提供服务以及从事其他经营活动的单位和个人，对外发生经营业务收取款项，收款方应当向付款方开具发票；特殊情况下，由付款方向收款方开具发票。

### （二）开具发票的基本要求

　　（1）开具发票应当按照规定的时限、顺序、栏目，全部联次一次性如实开具，开具纸质发票应当加盖发票专用章。

　　（2）开具发票应当使用中文。民族自治地方可以同时使用当地通用的一种民族文字。

　　（3）任何单位和个人不得有下列虚开发票行为：①为他人、为自己开具与实际经营业务情况不符的发票；②让他人为自己开具与实际经营业务情况不符的发票；③介绍他人开具与实际经营业务情况不符的发票。

## 三、数电发票开具要点

　　数电发票全称是"全面数字化的电子发票"，是与纸质发票具有同等法律效力的发票，不以纸质形式存在、不用介质支撑、无须申请领用、不用发票验旧及申请增版增量。纸质发票的票面信息全面数字化，将多个票种集成归并为电子发票单一票种。数电发票实行全国统一赋码、自动流转交付。

### 1. 开票准备

　　试点纳税人通过实名验证后，无须使用税控专用设备，无须办理数电发票票种核定，无须领用数电发票，通过电子发票服务平台即可开票。

### 2. 开票行数

　　数电发票的载体为电子文件，无最大开票行数限制，交易项目明细能够在数电发票中全部展示，无须开具销货清单。

### 3. 发票备注信息

发票备注信息是指纳税人根据所属行业特点和生产经营需要，自行额外增加的发票信息。发票备注信息可以在电子发票服务平台【信息维护】模块预设的场景模板中添加；也可以在开票时单击【附加项目】进行添加；还可以直接在备注信息输入框中填写。

### 4. 交付手段

数电发票开具后，发票数据文件自动发送至开票方和受票方的税务数字账户，便于交付入账，减少人工收发。同时，依托税务数字账户，纳税人可对数电发票数据进行自动归集，发票数据使用更高效便捷。数电发票不分联次，降低了票据丢失给企业带来的风险。

## 工作指导

## 一、前期准备

企业在办理工商登记、银行开户、税务报到，并与银行签订第三方代扣协议等事项后，可通过电子税务局网站，根据系统提示正确填写各项信息，完成新办纳税人相关事项申请。待税务机关审批通过后，购买增值税税控系统专用设备并到税务局办理初始发行，具体操作可分为网上办理和现场办理。下面主要介绍网上办理流程。

实务中，企业首次进行发票申领时要先在网上办理相关事项，具体包括：电子税务局账号注册、增值税一般纳税人登记、财务会计制度及核算软件备案报告、存款账户账号报告等。

### 1. 电子税务局账号注册

企业在进行税务报到时已注册电子税务局账号，这里不再赘述。

### 2. 增值税一般纳税人登记

（1）登录电子税务局后，执行【我要办税】—【综合信息报告】—【增值税一般纳税人登记】命令。

（2）填写增值税一般纳税人登记表单。

（3）纳税人基本信息填写完成后进行预览，确认填写无误后提交，完成增值税一般纳税人登记。提交后，可单击【查看我的申请资料】查看之前填写的表单信息。

### 3. 财务会计制度及核算软件备案报告

登录电子税务局后，执行【我要办税】—【综合信息报告】—【制度信息报告】—【财务会计制度及核算软件备案报告】命令，完成相关操作。

需要特别注意的是，在首次申请时，要经过三个步骤。

（1）填写申请表。

申请表中的纳税人识别号（统一社会信用代码）和纳税人名称由系统自动带出；财务会计制度、低值易耗品摊销方法、折旧方法、成本核算方法、会计报表报送期限都可以在下拉列表中选择；会计报表名称通常填写"资产负债表，利润表，现金流量表"；小规模纳税人填写"会计制度执行期起"时选择季度初1日，一般纳税人选择当月1日。财务会计制度及核算软件备案报告如图5-2-1所示。

图 5-2-1　财务会计制度及核算软件备案报告

（2）上传附报资料。

（3）预览信息，如图 5-2-2 所示。

图 5-2-2　预览信息

若有问题，可单击【上一步】进行修改；若确认无误，单击【提交】，即可完成备案，如图 5-2-3 所示。

图 5-2-3　完成财务会计制度备案

### 4. 存款账户账号报告

（1）登录电子税务局后，执行【我要办税】—【综合信息报告】命令，如图 5-2-4 所示。

图 5-2-4　执行【我要办税】—【综合信息报告】命令

（2）执行【制度信息报告】—【存款账户账号报告】命令，填写账户信息，上传附报资料，预览提交后完成存款账户账号报告。需要注意的是，针对账户信息可以进行三种操作，包括增加、修改和删除，如图 5-2-5 所示。

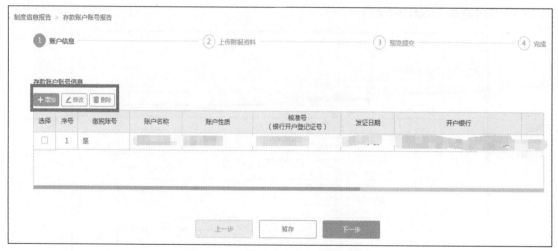

图 5-2-5　针对账户信息的三种操作

## 二、填开发票

### （一）填开增值税电子专用发票

根据《国家税务总局关于增值税发票管理等有关事项的公告》（国家税务总局公告 2019 年第 33 号），小规模纳税人发生增值税应税行为，需开具增值税专用发票的可以自行开具，选择自行开具增值税专用发票的小规模纳税人，税务机关不再为其代开增值税专用发票。数电发票的载体为电子文件，无最大开票行数限制，交易项目明细能够在数电发票中全部展示，无须开具销货清单。

下面以北京一鸣伞业有限公司开具增值税电子专用发票为例，来讲解电子发票开具的具体操作步骤。

北京一鸣伞业有限公司基本信息如图 5-2-6 所示。

| 企业名称 | 北京一鸣伞业有限公司 | | | |
|---|---|---|---|---|
| 企业信用代码 | 91110101900988751L | | | |
| 法定代表人 | 李佳惠 | | | |
| 注册地址 | 北京市东城区东城街道宁夏路729号 | | | |
| 注册地址邮编 | 360402 | | | |
| 生产经营范围 | 生产经营伞业、运输业务等其他经营项目 | | | |
| 登记注册类型 | 其他有限责任公司 | | | |
| 基本存款账户 | 招商银行北京市东城区支行 | 账户余额: 28441660.00 | | 存款 |
| 一般存款账户 | 招商银行北京市东城区支行 | 账户余额: 11431606.00 | | 存款 |
| 工资代扣账户 | 招商银行北京市东城区支行 | 账户余额: 608379.01 | | 存款 |
| 住房公积金账户 | 招商银行北京市东城区支行 | 账户余额: 76587.01 | | 存款 |

图 5-2-6　企业基本信息

2024 年 4 月 1 日北京一鸣伞业有限公司销售商品给北京朗明集团实业有限公司，开票申请单如图 5-2-7 所示，根据开票申请单开具带清单的增值税电子专用发票。

**开票申请单**

| 申请日期 | 2024-04-01 | | 开票编号 | | B00000007 | |
|---|---|---|---|---|---|---|
| 申请开票的种类 | ☐ 普通发票 ☐ 专用发票 ☐ 电子普票 ☐ 电子专用 ☐ 机动车发票 ☑ 全电发票（专票） ☐ 全电发票（普票） | | | | | |
| 特定业务 | ▼ | | 差额开票类型 | | | |
| 合同编号/订单号 | B00000007 | | | | | |
| 购货单位名称 | 北京朗明集团实业有限公司 | | | | | |
| 纳税人识别号 | 9111011583329594BA | | | | | |
| 地址、电话 | 北京市大兴区美林街道民生路9673号010-4924408 | | | 此栏专用发票必填 | | |
| 开户行及账号 | 中国银行北京市大兴区支行6111011516507373 | | | | | |
| 项目名称 | 规格型号 | 单位 | 数量 | 单价( 不含税 ) | 金额 | |
| *日用杂品*四折迷你伞 | | 把 | 150 | 75 | 11250 | |
| | | | | | | |
| | | | | | | |
| | | | | | | |
| | | | | | | |
| | | | | | | |
| 合计 | --- | --- | --- | --- | ¥11250 | |
| 备注: | | | | | | |
| 开票申请人 | 赵小晴 | | 部门负责人 | 曾灿 | | |
| 总经理 | 李佳惠 | | 财务确认 | 韩新林 | | |

图 5-2-7　开票申请单

（1）登录财务云共享中心平台，单击【开票业务】，如图 5-2-8 所示。在【蓝字发票开具】页面，单击【立即开票】，如图 5-2-9 所示。

（2）系统打开【立即开票】对话框，【选择票类】下拉列表中有【增值税专用发票】和【普通发票】两个选项，选择【增值税专用发票】，并单击【确定】按钮，如图 5-2-10 所示。

图 5-2-8　单击【开票业务】

图 5-2-9　单击【立即开票】

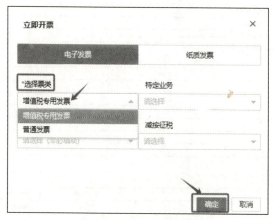

图 5-2-10　选择票类

在【电子发票】页面，手动填写购买方信息，如图 5-2-11 所示。或者在【购买方信息】栏单击【名称】项目右侧的【复制】按钮，弹出【客户信息查询】页面，在【客户列表】选项卡中【客户名称】处输入客户名称，单击【查询】按钮，显示所要查找的客户信息，单击拟选择客户信息右侧的【选择】，如图 5-2-12 所示，则客户信息自动填入【购买方信息】栏。

图 5-2-11 电子发票开具页面

图 5-2-12 选择客户信息

（3）选择商品或服务的名称，并依次填写商品数量、单价，并选择适用税率或征收率，如图 5-2-13 所示。

图 5-2-13 填写开票信息

单击【预览发票】按钮，可检查开票信息是否有误，检查无误后单击【发票开具】按钮，系统提示"开票成功"，如图 5-2-14～图 5-2-16 所示。

图 5-2-14 单击【预览发票】按钮

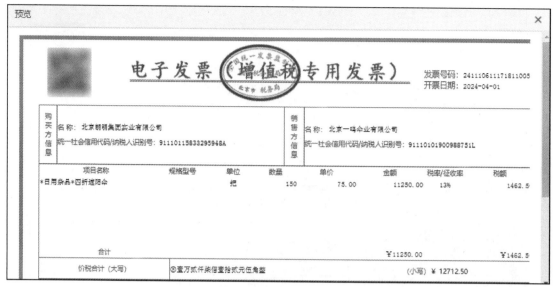

图 5-2-15　预览发票

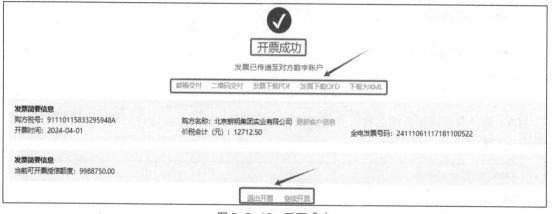

图 5-2-16　开票成功

开票完成后可选择发票交付方式，并进行退出开票或继续开票的操作。

### （二）填开增值税电子普通发票

2024 年 4 月 1 日，北京一鸣伞业有限公司销售给广州市启明建筑工程有限公司四折遮阳伞 100 把，单价 75 元/把；四折雨伞 120 把，单价 70 元/把。因批量销售而给予客户 2% 的商业折扣。现开具上述业务的增值税电子普通发票。

（1）参考增值税电子专用发票填开业务，执行【开票业务】→【立即开票】命令。

（2）在【立即开票】对话框的【选择票类】下拉列表中选择【普通发票】，单击【确定】按钮，如图 5-2-17 所示。

（3）在【电子发票】页面，单击【名称】栏右侧的客户信息，选择并填写购买方信息，如图 5-2-18 所示。

填写销售商品或劳务的名称、单位、数量、单价及税率/征收率等信息，如图 5-2-19 所示。

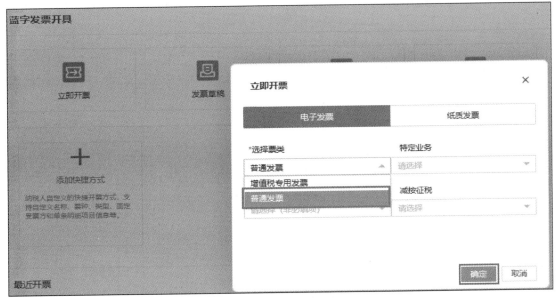

图 5-2-17 选择票类

图 5-2-18 填写购买方信息

图 5-2-19 填写发票信息

（4）勾选需要给予折扣的项目，单击【添加折扣】按钮，如图 5-2-20 所示。打开【添加折扣】对话框，在【折扣方式】栏选中【按比例折扣】，在【折扣录入方式】栏选中【批量折扣录入】，在【折扣比例】栏输入【2】，单击【保存】按钮，如图 5-2-21 所示。

图 5-2-20　添加折扣

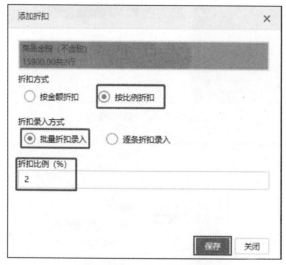

图 5-2-21　录入折扣信息

✎注意

　　本例中由于两种商品的折扣比例均为 2%，故选择了【按比例折扣】且【批量折扣录入】的方式，统一录入【2%】。实际工作中，应根据具体业务进行选择，若不同项目的折扣比例或金额不同，则应选中【逐条折扣录入】。

　　返回【开票信息】页面，在开票信息中可发现多出两行折扣信息，如图 5-2-22 所示。

| | 序号 | 项目名称 | 规格型号 | 单位 | 数量 | 单价(不含税) | 金额(不含税) | 税率/征收率 | 税额 |
|---|---|---|---|---|---|---|---|---|---|
| | 1 | *日用杂品*四折遮阳伞 | | 把 | 100 | 75.00 | 7500.00 | 13 | 975.00 |
| | 2 | *日用杂品*四折遮阳伞 | | | | | -150.00 | 13 | -19.50 |
| | 3 | *日用杂品*四折雨伞 | | 把 | 120 | 70.00 | 8400.00 | 13 | 1092.00 |
| | 4 | *日用杂品*四折雨伞 | | | | | -168.00 | 13 | -21.84 |
| 合计 | | | | | | | ¥15582.00 | | ¥2025.66 |

价税合计(大写)：壹万柒仟陆佰零柒元陆角陆分　　　　价税合计(小写) 17607.66

图 5-2-22　带折扣的开票信息

单击【预览】按钮，可查看发票信息是否完整无误，如图5-2-23所示。

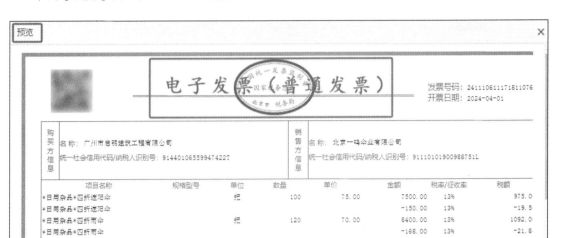

图 5-2-23 预览发票信息

（5）单击【发票开具】按钮，即完成增值税电子普通发票开具，并提示"开票成功"，如图 5-2-24 所示。

图 5-2-24 增值税电子普通发票（带折扣）开票完成

## （三）填开红字发票

### 1. 填开红字增值税电子专用发票

北京一鸣伞业有限公司于 2024 年 3 月 6 日销售的 600 把两折雨伞因运输造成变形损坏，经协商，损坏的两折雨伞被退回。发票信息如图 5-2-25 所示。

（1）进入财务共享（云税务）平台，打开【金税平台——全电发票】页面，执行【红字发票开具】—【红字发票确认信息录入】命令，如图 5-2-26 所示。

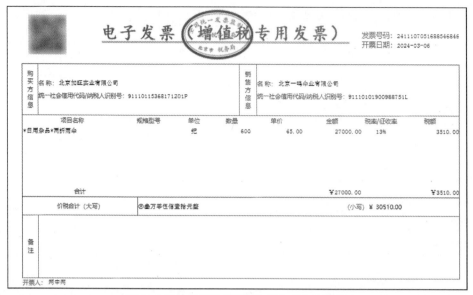

图 5-2-25　需红冲的增值税电子专用发票

图 5-2-26　【红字发票开具】页面

（2）在【红字发票确认信息录入-选择票据】页面，如图 5-2-27 所示，输入要开具红字发票的企业信息，单击【查询】按钮，查找相关发票；单击【预览票据】，确认票据信息；单击【选择】按钮，打开【红字发票确认信息录入-信息确认】页面。如图 5-2-28 所示，选择开具红字发票原因【销货退回】后单击【提交】按钮。系统提示"提交成功"，如图 5-2-29 所示。单击【查看确认单详情】按钮，可查看红字发票信息确认单，结果如图 5-2-30 所示。

图 5-2-27　选择票据

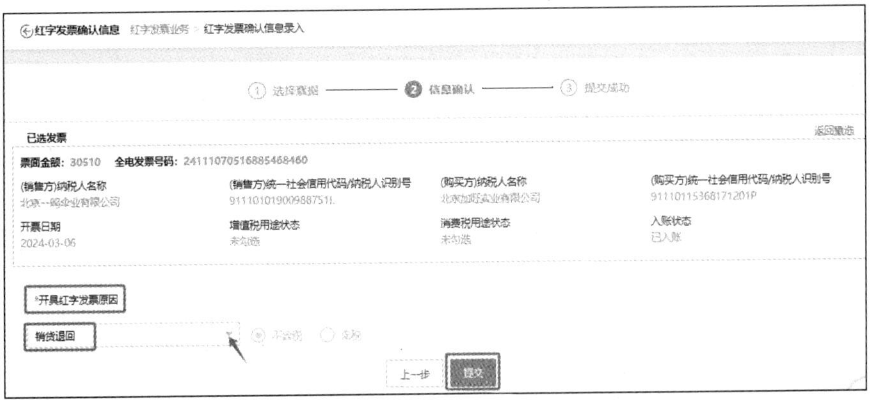


图 5-2-28　信息确认

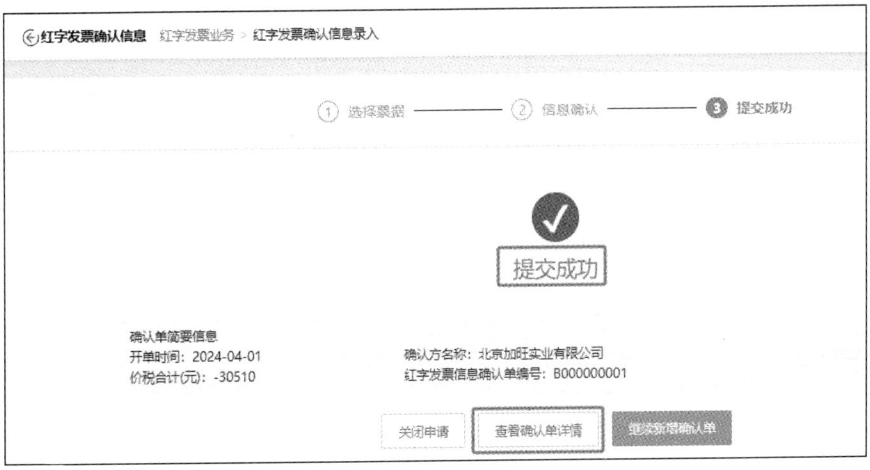


图 5-2-29　提交成功

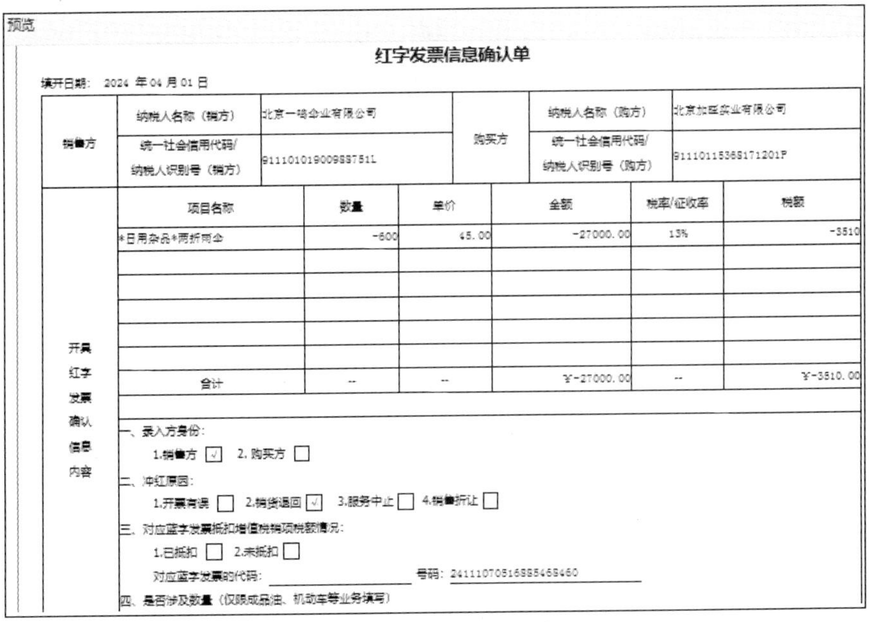
预览

红字发票信息确认单

填开日期：2024 年 04 月 01 日

| | | | | | |
|---|---|---|---|---|---|
| 销售方 | 纳税人名称（销方） | 北京一鸣企业有限公司 | 购买方 | 纳税人名称（购方） | 北京加旺实业有限公司 |
| | 统一社会信用代码/纳税人识别号（销方） | 91110101900988751L | | 统一社会信用代码/纳税人识别号（购方） | 91110115368171201P |

| 开具红字发票确认信息内容 | 项目名称 | 数量 | 单价 | 金额 | 税率/征收率 | 税额 |
|---|---|---|---|---|---|---|
| | *日用杂品*两折雨伞 | -600 | 45.00 | -27000.00 | 13% | -3510 |
| | | | | | | |
| | | | | | | |
| | | | | | | |
| | | | | | | |
| | 合计 | -- | -- | ¥-27000.00 | -- | ¥-3510.00 |

一、录入方身份：
1.销售方 ☑　2.购买方 ☐
二、冲红原因：
1.开票有误 ☐　2.销货退回 ☑　3.服务中止 ☐　4.销售折让 ☐
三、对应蓝字发票抵扣增值税销项税额情况：
1.已抵扣 ☐　2.未抵扣 ☐
对应蓝字发票的代码：________　号码：24111070516885468460
四、是否涉及数量（仅限成品油、机动车等业务填写）

图 5-2-30　红字发票信息确认单

（3）单击【关闭申请】按钮，返回【红字发票开具】页面，如图 5-2-31 所示。单击【红字发票确认信息处理】，打开【红字发票确认信息处理】页面，如图 5-2-32 所示。单击要开具红字发票所在行的【去开票】，打开新的【红字发票开具】页面，如图 5-2-33 所示。核对信息后，单击【开具发票】按钮，完成红字发票开具，系统提示"开票成功"，如图 5-2-34 所示。单击【查看发票】按钮，预览红字增值税专用发票，如图 5-2-35 所示。

### 红字发票开具

#### 概况统计

| 本月回退授信额度（元） | 本月应转出进项税额（元） | 我发出的确认单（张） | 我收到的确认单（张） |
|---|---|---|---|
| **0.00元** | **0.00元** | **2** | **0** |
| - | 本月共收到红字发票金额: 0.00元 | - | 当前待处理: 0张 |

#### 常用功能

| 红字发票确认信息录入<br>通过查询/选择蓝字发票来发起《红字发票信息确认单》 | 红字发票确认信息处理<br>展示所有待处理的《红字发票信息确认单》，并提供确认/拒绝/撤销操作 | 红字发票开具<br>展示所有可开票的《红字发票信息确认单》，并提供开具功能 |
|---|---|---|

图 5-2-31　单击【红字发票确认信息处理】

图 5-2-32　【红字发票确认信息处理】页面

图 5-2-33　新的【红字发票开具】页面

图 5-2-34　红字发票开票成功

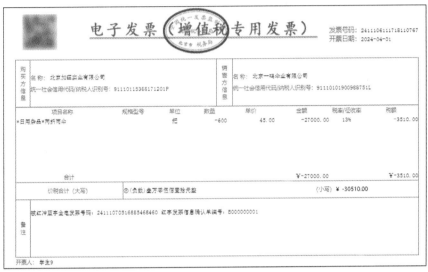

图 5-2-35　红字增值税专用发票

## 2. 填开红字增值税电子普通发票

北京一鸣企业有限公司 2024 年 3 月 9 日销售的 200 把两折遮阳伞因运输造成严重毁损，经协商，将损坏的两折遮阳伞退回公司。发票信息如图 5-2-36 所示。

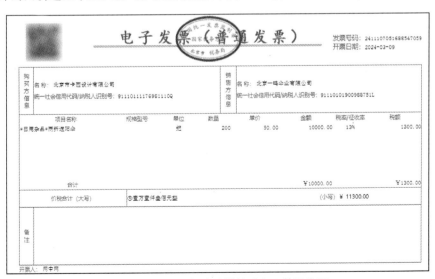

图 5-2-36　需红冲的增值税电子普通发票

开具红字增值税电子普通发票的操作步骤与红字增值税电子专用发票的相同，这里不再重复说明。

## 三、查询发票

登录电子税务局，通过【我要查询】功能查询发票信息。下面以北京一鸣伞业有限公司为例讲解发票查询的具体操作步骤。

（1）进入财务共享（云税务）平台，选择【电子税务局】模块，执行【我要查询】—【发票信息查询】命令，如图 5-2-37 所示。

图 5-2-37　查询发票信息

（2）在【发票信息查询】页面，可对发票领用信息、发票结存信息、发票验旧信息、纳税人票种核定信息等进行查询。比如要查询北京一鸣伞业有限公司增值税专用发票领用信息，则单击【发票领用信息查询】菜单，在【发票类别】处选择【增值税专用发票】，输入查询起止日期，单击【查询】按钮，即可查询相应的增值税专用发票领用信息。

除此之外，还可查询其他发票信息，如发票结存信息、发票验旧信息等。

## 业务训练

### 一、单选题

1. 下列情形中开具发票可以不用填写发票的备注栏的是（　　）。

   A. 销售空调开具发票
   B. 销售不动产开具发票
   C. 出租不动产开具发票
   D. 提供建筑服务开具发票

2. 以下关于电子发票的说法正确的是（　　）。

   A. 电子发票不属于会计原始凭证
   B. 电子发票的纸质打印件能单独作为报销入账归档依据
   C. 电子发票与纸质发票不具有同等法律效力
   D. 实行专用发票电子化的新办纳税人，在税务机关核定增值税专用发票最高开票限额和领用数量后，可以根据生产经营需要申请增版增量

3. 下列关于发票领用的表述，不正确的是（　　　）。

  A. 纳税人办理了税务登记或领取营业执照办理报到手续后，即可申请领用增值税普通发票

  B. 临时到本省、自治区、直辖市以外从事经营活动的单位或者个人，应当向机构所在地的税务机关填报《跨区域涉税事项报告表》

  C. 首次申领增值税专用发票的新办纳税人，增值税专用发票最高开票限额通常不超过10万元，月最高领用量不超过15份

  D. 首次申领增值税普通发票的新办纳税人，增值税普通发票最高开票限额通常不超过10万元，月最高领用量不超过50份

4. 下列情形中，应由付款方向收款方开具发票的是（　　　）。

  A. 企业发生销售货物退回

  B. 企业销售免税商品

  C. 食品加工厂向农民个人收购其自产农产品

  D. 加油站发售加油卡

5. 下列关于税务机关代开增值税专用发票的说法中，错误的是（　　　）。

  A. 未选择自行开具增值税专用发票的小规模纳税人，发生增值税应税行为，需要开具增值税专用发票的，可以向主管税务机关申请代开

  B. 已办理税务登记的小规模纳税人（租赁业除外）出租不动产，不可以自行开具增值税专用发票

  C. 其他个人销售不动产，需要开具增值税专用发票的，可向不动产所在地主管税务机关申请代开

  D. 税务机关根据发票管理的需要，可以按照国务院税务主管部门的规定委托其他单位代开发票

**二、技能实训题**

登录财务共享（云税务）平台，完成北京晨优饮料有限公司的发票申领及发票开具操作，任务要求如下。

1. 开票前申领、读取发票，包括增值税电子专用发票、增值税电子普通发票各10份（平台操作提示：发票申领—申领确认—领用发票—发票读入）。

2. 根据平台业务，完成相关发票的开具，包括增值税电子专用发票、增值税电子普通发票的填开、作废、红字发票填开等任务。

**任务评价**

完成了开具发票的任务学习，参照下表判断自己对工作任务的掌握程度。已掌握的打√，未掌握的填写在工作记录与反思中。

| 工作任务 | 任务要求 | 掌握情况 |
| --- | --- | --- |
| 填开发票 | 掌握不同类型发票的开具方法 | |
| 填开红字增值税专用发票 | 掌握红字增值税电子专用发票填开操作 | |
| 查询发票 | 掌握发票查询的相关方法 | |

【工作记录与反思】

| 时间 | |
|---|---|
| 工作任务 | |
| 任务目标 | |
| | |
| 遇到的问题 | |
| | |
| 经验总结（解决问题的办法） | |
| | |

# 工作任务三　办理社保和公积金

## 任务导入

　　某社保中心在开展年度社会保险稽核工作中，发现辖区内某影视公司存在骗取社会保险基金的违法行为。

　　经查，该影视公司自 2023 年 4 月至 2023 年 10 月，通过伪造用工关系为不存在劳动关系的人员以在职职工名义缴纳企业职工社会保险 22 人次，其中挂靠人员吴某某已办理退休手续，并违规领取养老待遇 0.89 万元。

　　依据核查结果，该社保中心对公司负责人采取了约谈教育的处理，并依法清退相关人员参保缴费记录，暂停了该公司的社会保险业务办理。对已经办理退休的吴某某，由社会保险行政部门取消其退休资格并追回全部违规领取的养老待遇。

　　以挂靠参保的形式参保缴费、办理退休、领取待遇，属于骗取社会保险基金的违法行为，一经查实，除了要被清除缴费记录、退回已领取的待遇外，还要承担相应的法律责任，受到行政处罚甚至刑事处罚。因此，要依法合规办理社会保险。

## 预备知识

## 一、社会保险办理流程

　　社会保险是指国家通过立法，多渠道筹集资金，对劳动者在因年老、失业、患病、工伤、生育而减少劳动收入时给予经济补偿，使他们能够享有基本生活保障的一项社会保障制度。《中华人民共和国劳动法》第七十二条规定：用人单位和劳动者必须依法参加社会保险，缴纳社会保险费。

　　公司注册并非仅取得一张营业执照那么简单，在取得营业执照之后想要开始经营活动还需要银行开户、社保开户等一系列的手续，其中社保开户尤为重要。新办企业首次办理社会保险业务的一般流程如图 5-3-1 所示。

图 5-3-1　新办企业首次办理社会保险业务的一般流程

## 二、住房公积金办理流程

单位应当到住房公积金管理中心办理住房公积金缴存登记，经住房公积金管理中心审核后到受委托银行为本单位职工办理住房公积金账户设立手续。每个职工只能有一个住房公积金账户。如果单位新开户，由单位经办人到住房公积金管理中心统一办理开户手续。

（1）办理登记。单位应当准备相应材料到当地住房公积金管理中心办理住房公积金缴存登记。材料包括企业营业执照（副本）、单位办理住房公积金业务授权书一份（加盖单位公章）、单位法定代表人（或负责人）有效身份证件复印件（加盖单位公章）、单位经办人有效身份证件复印件和单位职工有效身份证件复印件等。单位经办人应填写《住房公积金单位缴存登记表》和《住房公积金个人账户设立清册》，如果要求对以前年度补缴的，还需要填写《住房公积金补缴计算表》和住房公积金管理中心要求的其他材料。

（2）审核批准。单位持证明材料和填制完备的表格交住房公积金管理中心审核。审核通过后出具审核意见，并将资料传递至受托银行。

（3）账户设立。受托银行录入相关信息通知单位办理账户设立。单位接到受托银行通知后，持《住房公积金单位缴存登记表》和《住房公积金个人账户设立清册》及有关资料到受托银行办理职工个人住房公积金账户设立手续，从而完成住房公积金办理的全过程。

### ▣ 工作指导

各地社会保险办理与住房公积金业务办理有所不同。河北省新办企业在注册登记时，需通过河北省企业开办"一窗通"网上服务平台进行登记注册，并完成社保用工备案和公积金登记以及银行预约开户。下面仅就河北省各企业注册登记时的社会保险办理及住房公积金办理流程进行介绍。

## 一、社会保险办理注意事项

已办理"五证合一"营业执照的企业（含原领取"三证合一"营业执照而未进行社保登记的企业）在产生用工后 30 日内，依法到社保经办机构为职工办理参保登记手续。逾期仍不办理职工参保登记手续的，经办机构提请有关部门依法要求用人单位履行职工参保缴费义务。首次到社保经办机构办理参保手续的企业需携带以下资料：①《参加社会保险人员增减表》一式两份并由单位盖章；②参保人员有效身份证件复印件一份；③社保专管员有效身份证件原件；④法定代表人有效身份证件原件（仅原领取"三证合一"营业执照的单位提供）；⑤《社会保险变更登记表》一式两份（仅原领取"三证合一"营业执照的单位提供）。

## 二、社会保险办理具体操作

本书以河北省社会保险服务业务办理为例进行具体操作的讲解。

### （一）收集资料

不同地区社会保险业务的办理要求各不相同，因此，在办理社会保险业务前，应先了解企业所在地社会保险业务的办理流程和所需资料，一般可通过电话咨询和网上查询进行。

#### 1. 电话咨询

拨打电话"12333"全国人社政务服务平台电话，咨询相关流程。

#### 2. 网上查询

进入国家社会保险公共服务平台，单击【各地办事大厅】，如图 5-3-2 所示，找到企业所在地的人力资源和社会保障局（以下简称"人社局"）网上办事大厅进行查询，可查询到当地社会保险业务办理具体流程。

图 5-3-2　国家社会保险公共服务平台

河北省各企业在通过"一窗通"网上服务平台进行企业登记注册时，已办理过社会保险用工备案登记的，要给员工缴纳社会保险，并需要在人社局开通社会保险账户。

### （二）开立账户

资料收集完成后，开始办理社会保险业务，首次办理社会保险业务的应先开立账户，具体操作如下。

（1）注册账号。在【河北省社会保险统一单位网上办事大厅】页面单击【去注册】，打开【用户注册】页面，输入用户名、姓名、居民身份证号码、密码、手机号码等信息，并同意用户协议。需要注意的是，居民身份证号码非常重要，在系统办理业务时，均需要提供参保人员居民身份证号码，因此一定要确保居民身份证号码的正确性。

（2）登录账号。在系统登录页面，输入用户名和密码，滑动滑块完成登录，如图 5-3-3 所示。

图 5-3-3　登录【河北省社会保险统一单位网上办事大厅】

（3）在打开的页面中填写【业务办理】项目中的企业信息，要确保企业信息的准确无误；在参保险种以及银行信息处，选择参保的险种并正确填写相关信息。

（4）完成险种选择操作后，下载 Excel 模板，将参保企业人员信息填入 Excel 表格中，单击【导入人员】，检查导入的人员情况，确认无误后，单击【保存】，完成表格保存与上传。

（5）单击【提交经办审核】，确认业务单信息，并上传附件，单击【电子材料上传】，将申报任务提交给经办机构审核。

（6）系统提示材料上传成功，单击【确认】，返回后单击【关闭】，系统会提示相关社会险种提交成功。

（7）重新登录后可查看审核进度，单击【单位参保登记】，单击【已申报业务查询】，便可查询已申报业务的审核进度。

（8）单击【下载业务回单】可查看业务回单。若可下载业务回单，说明业务已办理完成。企业可在下载业务回单后到税务大厅缴纳当月社会保险。

### （三）增/减员

进入河北省社会保险公共服务平台单位网报系统平台，在此页面进行如下操作。

（1）单击【单位职工增减】模块的【业务办理】。

（2）单击【导入】，可批量导入人员信息。先下载 Excel 模板，在 Excel 模板里编辑需要增加或者减少的人员，按照提示执行。操作完成后，检查页面中人员信息，确保正确无误。也可采用单个操作方式，即通过手工录入增人功能完成人员增加（职工参保）操作，通过手工录入减人功能完成人员减少（职工停保）操作。

（3）职工参停保信息确认无误后，单击【提交经办审核】，再次确认职工参停保人数等信息，单击【申报数据】。申报完成后，按照系统提示，单击【业务单打印】，确认核实业务单信息。认证中心（Certificate Authority，CA）确认无误后，加盖单位电子签章，非认证中心确认无误后打印业务单，在业务单上盖章。

（4）单击【下一步】，确认信息无误后，单击【提交经办】，将申报任务提交给经办机构审核。

（5）认证中心经办流程为线上审核方式，单位可通过已申报业务查询功能查询审核状态。非认证中心经办流程为窗口审核，单位打印业务单，去经办大厅窗口办理后续流程。需要注意，材料的页数可根据实际情况上传。

## 三、住房公积金办理注意事项

住房公积金，是指国家机关和事业单位、国有企业、城镇集体企业、外商投资企业、城镇私营企业及其他城镇企业和事业单位、民办非企业单位、社会团体及其在职职工等缴存的长期住房储蓄。

根据《住房公积金管理条例》，新设立的单位应当自设立之日起 30 日内向住房公积金管理中心办理住房公积金缴存登记。

单位录用新职工的，应当自录用之日起 30 日内到住房公积金管理中心办理缴存登记，并持住房公积金管理中心的审核文件，到受委托银行办理职工住房公积金账户的设立或者转移手续。

单位与职工终止劳动关系的，单位应当自劳动关系终止之日起 30 日内到住房公积金管理中心办理变更登记，并持住房公积金管理中心的审核文件，到受委托银行办理职工住房公积金账户转移或者封存手续。

首次办理住房公积金的单位一般要进行收集资料、开立账户、增/减员操作。

## 四、住房公积金办理具体操作

### （一）收集资料

实际工作中，由于不同地区住房公积金业务的办理有所不同，因此在办理住房公积金业务之前应了解办理业务的流程及需要提交的具体资料。了解信息的途径有电话咨询或网上查询两种方式。

#### 1. 电话咨询

可拨打"12329"住房公积金热线服务电话，咨询住房公积金业务办理流程等。

#### 2. 网上查询

网上搜索企业所在地住房公积金管理中心，查询当地办理住房公积金业务的相关事项。如搜索石家庄住房公积金管理中心，执行【业务大厅】—【单位业务大厅】命令即可查询到住房公积金相关业务的办理流程及说明等，如图 5-3-4 所示。

图 5-3-4　执行【业务大厅】—【单位业务大厅】命令

### （二）开立账户

新设企业首次办理住房公积金业务时需登录住房公积金中心进行网上注册，注册成功后准备到银行办理住房公积金代扣业务，具体操作如下。

（1）登录石家庄住房公积金管理中心，执行【业务大厅】—【单位业务大厅】命令，如图5-3-5所示。

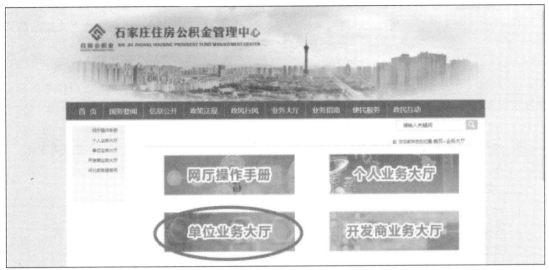

图5-3-5　执行【业务大厅】—【单位业务大厅】命令

（2）打开【单位业务大厅】页面，单击【自主开户】。

（3）正确填写单位账户基本信息后，单击【提交】。

（4）单击【电子档案扫描页面】，上传相关电子档案并提交，即可开立住房公积金账户，如图5-3-6所示。

图5-3-6　电子档案扫描页面

（5）企业住房公积金账户开立成功后，为方便后续扣款，一般情况下企业会到银行办理代扣业务，办理成功后次月生效扣款。

## （三）增/减员

已开通网上业务的单位，可通过网上业务平台为新增职工开立个人住房公积金账户或为减少员工办理同城转移业务。例如，单位缴存职工有新增的，可在【缴存人登记】栏中填写新增人员信息，办理完成后加以确认。

**业务训练**

### 一、单选题

1. 社会保险是具有强制性的，用人单位和个人都需要缴纳，以下社会保险不需个人缴纳的是（  ）。

    A. 基本养老保险　　B. 基本医疗保险　　C. 失业保险　　D. 工伤保险

2. 根据《住房公积金管理条例》，新设立企业应当自设立之日起（  ）日内向住房公积金管理中心办理住房公积金缴存登记。

    A. 15　　B. 30　　C. 60　　D. 40

3. 单位录用新职工的，应当自录用之日起（  ）日内到住房公积金管理中心办理缴存登记。

    A. 15　　B. 50　　C. 60　　D. 30

### 二、多选题

1. 社会保险的作用是（  ）。

    A. 老有所养　　B. 病有所医　　C. 生有所保　　D. 伤有所疗

2. 首次办理住房公积金业务的单位一般要进行（  ）操作。

    A. 收集资料　　B. 开立账户　　C. 增/减员　　D. 账户撤销

3. 办理住房公积金业务之前应先了解办理业务的流程及需要提交的具体资料，了解信息的途径有（  ）。

    A. 电话咨询　　B. 工商局咨询　　C. 税务局咨询　　D. 网上查询

### 三、判断题

1. "五险"是国家强制执行的，用人单位必须给员工购买，否则违法。（  ）

2. 职工因工作变动离开单位的，单位应在 30 日之内到住房公积金管理中心办理变更登记。（  ）

3. 住房公积金，是指国家机关和事业单位、国有企业、城镇集体企业、外商投资企业、城镇私营企业及其他城镇企业和事业单位、民办非企业单位、社会团体及其在职职工等缴存的短期住房储蓄。（  ）

## 任务评价

完成社保和公积金的办理的任务学习，参照下表判断自己对工作任务的掌握程度。已掌握的打√，未掌握的填写在工作记录与反思中。

| 工作任务 | 任务要求 | 掌握情况 |
|---|---|---|
| 开设社会保险账户 | 了解社会保险开户所需资料 |  |
|  | 掌握社会保险账户开设流程 |  |
| 社会保险增/减员 | 掌握社会保险增员操作流程 |  |
|  | 掌握社会保险减员操作流程 |  |
| 开设住房公积金账户 | 了解住房公积金开户所需资料 |  |
|  | 掌握住房公积金账户开设流程 |  |
| 住房公积金增/减员 | 掌握住房公积金增员操作流程 |  |
|  | 掌握住房公积金减员操作流程 |  |

【工作记录与反思】

| 时间 | |
|---|---|
| 工作任务 | |
| 任务目标 | |
| | |
| 遇到的问题 | |
| | |
| 经验总结（解决问题的办法） | |
| | |

# 项目六

## 智能化财务共享工作

### 学习目标

**知识目标**

1. 了解智能技术在财务各个领域中的应用。
2. 掌握利用智能工具完成企业业务账务处理的方法。

**能力目标**

1. 能够运用OCR智能识别机器人工作原理，进行企业业务的全流程操作。
2. 能够理解智能审核机器人的工作原理，根据审核对象设置适当审核条件，一键审核。
3. 能够理解智能记账机器人的工作原理，运用复核的方法，对系统传递过来的业务和凭证信息进行复核，复核无误后一键记账，并针对出现的问题进行修改。
4. 能够按照会计工作规范的基本要求，复核智能记账机器人记账的正确性，并针对出现的问题进行修改或手工录入凭证。

**素质目标**

1. 具备与时俱进、踏实肯干的精神，紧跟时代发展的需要，树立终身学习的理念。
2. 具有爱国主义情怀，具有服务国家经济发展的理想信念，学好财会领域的新政策、新知识、新技能。
3. 能够严格遵守企业会计准则、会计基础工作规范等相关法律法规和企业制度，能针对相关问题与相关部门沟通，并对所经手的企业数据保密。

### 学习引领

财务共享服务的制度化、流程化、专业化、信息化，推动财务管理自动化、数字化、智能化、可视化，逐步构建起规范运作、持续优化的集团财务共享服务体系，实现了财务资源共享、智慧财务、业财融合，数字化引领财务管理水平不断提升，从财务处理中心逐步向价值驱动中心转变。

进入财务共享服务中心，可以看到数字化集成的展现：OCR识别、RPA财务机器人、影像扫描等智能化信息技术的运用，费用报销、对外付款、会计核算等分散于各业务单位的重复性高、易于标准化的财务业务完成了流程再造和标准化，并集中到中心统一进行处理。建立财务共享服务中心既提高了工作效率，又降低了工作负荷，减轻了专业压力，推动企业实现降本节支、提质增效。

【思考】财务共享服务中心的智能化核算会对企业财务工作产生怎样的影响，会计人员应如何应对呢？

# 工作任务一  智能识别与智能记账

 **任务导入**

运用财务共享服务中心智能财务机器人的工作原理，完成广州好创广告有限公司的账务处理流程，包括智能识别和智能记账两项工作任务。

（1）在平台进行票据获取的操作。

（2）在平台进行智能识别的操作，生成相关业务的记账凭证。

**预备知识**

## 一、RPA 技术概述

RPA（Robotic Process Automation，机器人流程自动化）指通过模拟增强人与计算机的交互过程，执行基于一定规则的可重复任务的软件解决方案。简单来说，就是通过软件来模拟人在计算机上的操作，按照规定的原则自动地执行流程化任务的过程。RPA 软件根据设定的流程完成计算机操作，替代或者辅助人完成规则明确的重复性劳动，是一种"数字劳动力"。

## 二、OCR 技术概述

OCR（Optical Character Recognition，光学字符识别），工作原理主要是通过扫描等光学输入方式将各种票据、数据、文稿以及其他印刷品的文字转化为图像信息，再利用文字识别技术将图像信息转化为可以使用计算机输入技术，对文本资料的图像文件进行分析识别处理，获取文字及版面信息的过程。OCR 技术不仅具备识别功能，还可参考所处环境变化，利用明暗变化模式进行处理分析，可对比库中所有字符，识别出图片上的现实字符，并翻译成能供人类辨识的语言。

**工作指导**

本项目着重介绍 OCR 智能识别技术在财务机器人中的应用，并详细介绍在财务共享（云核算）平台采用财务机器人对企业的业务进行账务处理的操作。

## 一、智能识别

智能识别是一种使用计算机技术，通过识别输入信息，从中确定出有关目标的识别动作，是一项使机器通过硬件、软件、算法和自然语言的技术辅助，能够执行智能判断和智能决策的技术。

### （一）影像管理

影像管理系统支持对票据影像的采集、传输、存储和调用，并能实时跟踪影像文件、纸质票据的状态和位置信息。通过影像管理系统可以获取企业票据影像信息，并根据获取的影像信息进行整理。

下面以广州好创广告有限公司的业务为例，在财务共享服务中心财务机器人系统，已经内置了相关的企业票据，只需做票据获取的操作。具体操作步骤如下。

（1）登录财务机器人平台，选择企业类型、企业名称，进入主页面，如图 6-1-1 所示。

图 6-1-1　登录财务机器人平台

（2）单击左上角 按钮，执行【影像】—【影像获取】命令，即可从票据库中获取企业当月相关票据，如图 6-1-2 所示。

图 6-1-2　执行【影像】—【影像获取】命令

## （二）识别内容

计算机在识别之前会对带有杂质的图片进行预处理，如矫正和去噪。然后计算机会对文档版面进行分析，对行、列进行字符分割，切割出每个字符，再将字符送入内置好的 OCR 识别模型进行字符识别，得到结果。OCR 智能识别结果如图 6-1-3 所示。

票据获取成功后，单击【识别内容】按钮，系统利用 OCR 技术识别出票据关键信息字段。财务机器人平台内容识别的具体操作步骤如下。

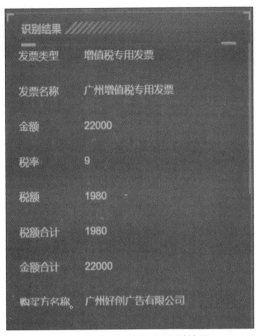

图 6-1-3 OCR 智能识别结果

（1）登录财务机器人平台，单击【识别内容】按钮，系统会自动识别票据内容，如图 6-1-4 所示。

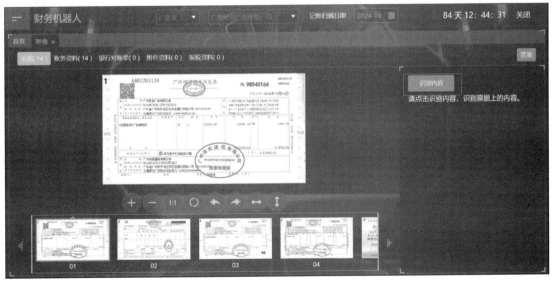

图 6-1-4 单击【识别内容】按钮

（2）每张票据识别完成后，右下角会出现"已自动生成该票据凭证【立即查看】"字样，表明系统已对该票据进行了处理，如图 6-1-5 所示。

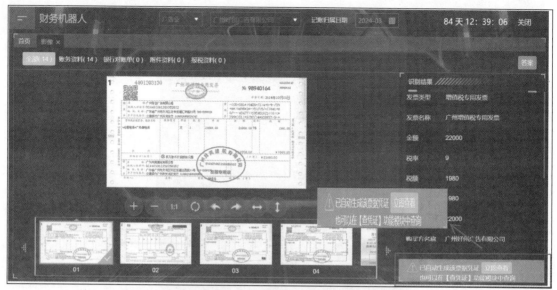

图 6-1-5 "已自动生成该票据凭证【立即查看】"页面

## 二、智能记账

财务机器人平台对收到的票据进行智能识别后，自动生成了记账凭证，财务人员需对结果进行选择性审核，对智能记账不能处理的特殊业务需要人工进行干预处理。智能记账业务流程如图 6-1-6 所示。

动画视频

智能财务

图 6-1-6 智能记账业务流程

### （一）智能自动记账

对有明确规则、任务复杂程度低、分析决策难度低、数据复杂程度低以及具有规范性的业务流程，可以选用 RPA 智能记账来进行。通过在财务领域应用 RPA 技术，提高财务工作的准确性和规范性。

智能记账的应用需要满足两个条件：大量重复、规则明确。机器人将内置的不同行业不同业务的记账模板，通过 OCR 技术识别票据信息字段数据，将有用的字段与记账模板字段高度匹配成功后，自动生成记账凭证，人工只需监控整个操作流程。通过 OCR 技术智能识别出来的有用字段与记账模板字段匹配成功后，系统会自动生成记账凭证。

识别内容完成并自动生成记账凭证后，可查询自动生成的记账凭证。单击【立即查看】按钮即可查询自动生成的记账凭证，如图 6-1-7 所示。

智能记账模式下，简单的、大量重复和枯燥的基础工作按照既定规则由计算机完成，不受人为因素干预，完成流程的速度明显高于人工，同时也避免了人工操作模式下的出错率，既提高了工作效率也保证了财务工作的质量。

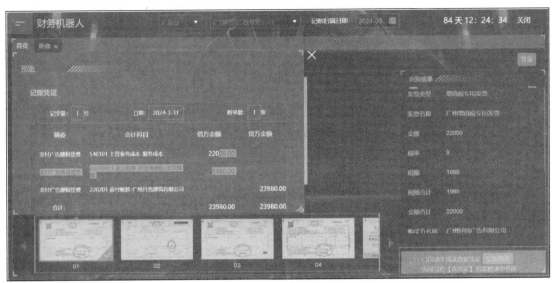

图 6-1-7　单击【立即查看】按钮

## （二）处理特殊业务

对特殊业务的处理，智能记账还存在一些缺陷。比如固定资产折旧表、税费计算表等手工单据，由于各家公司的票据信息不一致，OCR 技术很难准确识别字段，所以对这些类型的票据应通过人工进行处理。

 **业务训练**

### 一、单选题

能够纳入共享服务模式最大的条件是（　　　）。

A. 纯财务业务　　　　　　　　　　　B. 对信息技术要求高的业务

C. 职业判断要求高的业务　　　　　　D. 容易标准化的业务

### 二、多选题

1. 下列选项中，属于 OCR 识别工作原理的有（　　　）。

A. 计算机在识别之前会对带有杂质的图片进行预处理，如矫正和去噪

B. 计算机要对文档版面进行分析，分别对行和列进行字符切割，切割出每个字符，将该字符送入内置好的 OCR 识别模型进行字符识别，得到结果

C. 识别后处理主要应用于两个方面，分别是版面恢复及识别校正，便于修改识别结果

D. 财务机器人后台对上述识别结果进行处理后，将识别的字段信息储存以便调取使用并且在前台展示出来方便检查纠正

2. 共享中心手工录入单据类型（　　　）。

A. 计提折旧、摊销计算表　　　　　　B. 未交增值税计算表

C. 计提各项税费计算表　　　　　　　D. 税额抵减情况表

### 三、判断题

在进行账务处理时凭证必须使用手工录入。　　　　　　　　　　　　　　　　（　　　）

### 任务评价

完成了智能化财务共享工作的任务学习，参照下表判断自己对工作任务的掌握程度。已掌握的打√，未掌握的填写在工作记录与反思中。

| 工作任务 | 任务要求 | 掌握情况 |
|---|---|---|
| 智能识别 | 应用 OCR 技术识别票据字段 | |
| 智能记账 | 掌握智能记账操作流程、特殊业务手工处理流程 | |

### 【工作记录与反思】

| 时间 | |
|---|---|
| 工作任务 | |

| 任务目标 |
|---|
| |

| 遇到的问题 |
|---|
| |

| 经验总结（解决问题的办法） |
|---|
| |

# 工作任务二　凭证期末处理

### 任务导入

完成广州好创广告有限公司账务处理后续流程，对智能识别生成的记账凭证进行期末处理操作，包括审核凭证、过账、结账、生成报表。

### 预备知识

财务机器人平台对票据进行智能识别、智能记账后，财务人员需要对记账过程和记账结果进行审核，以保证记账结果的准确性，如图 6-2-1 所示。

图 6-2-1　智能审核业务流程

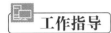

## 一、智能审核

### （一）审核票据

审核票据是通过 OCR 扫描过程实现的，对系统智能识别的信息进行审核，若出现发票抬头、大小写金额不相符、发票日期不正确等情况，则不能自动记账，系统会提示。票据审核具体操作步骤如下。

登录财务机器人平台，单击某张票据，即可对 OCR 智能识别的该张票据信息进行审核，如图 6-2-2 所示。

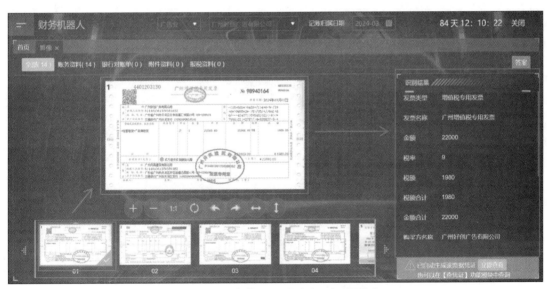

图 6-2-2　审核 OCR 智能识别票据信息

### （二）审核凭证

由于智能记账机器人业务规则模板已由人工操作内置于系统中，相同业务的摘要、所用会计科目、会计科目借贷方向、税额、金额都是由智能记账机器人根据规则模板和识别字段自动生成的，所以凭证审核相对简单，按照业务发生类型进行审核即可，但审核的重要性还是不容忽视的。凭证审核具体操作步骤如下。

（1）在财务机器人平台审核凭证，执行【查凭证】—【预览】命令，打开【预览】页面，审核原始票据与系统自动生成的记账凭证信息是否相符，如图 6-2-3 所示。

（2）逐笔审核无误后，即可进行审核操作，单击【查凭证】，勾选未审核的凭证，单击【审核】按钮，系统提示操作成功，完成智能审核的工作，如图 6-2-4 所示。

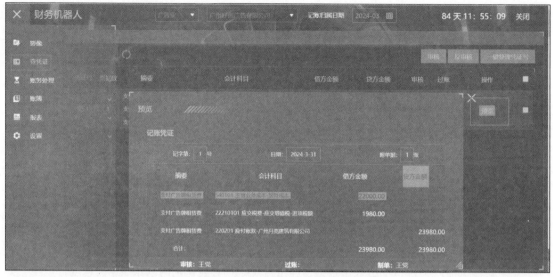

图 6-2-3　打开【预览】页面

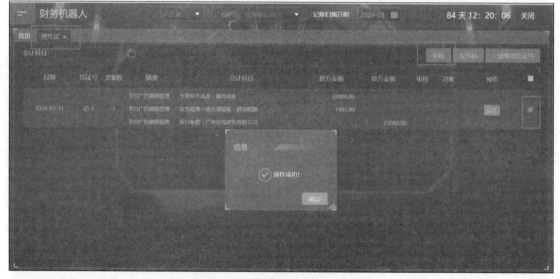

图 6-2-4　完成智能审核工作页面

> 📢 **提示**
>
> 　　财务人员根据相关业务的标准及其要求对 OCR 智能识别票据信息的真实性、准确性以及及时性进行审核。着重审核新增加的业务和特殊处理的业务。

## 二、智能过账与结账

### 1. 过账

　　审核凭证后即可进行过账，过账后即可在账簿中查询相关科目的明细，具体操作步骤如下。

　　执行【账务处理】—【过账】命令，根据年份和月份，单击【过账】按钮，在打开的对话框中单击【确定】按钮，如图 6-2-5 所示。

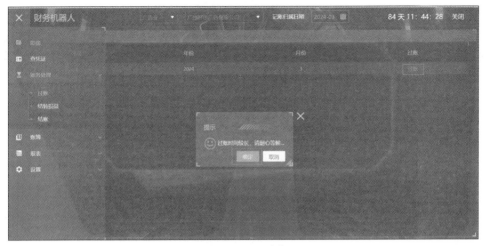

图 6-2-5 过账

> **提示**
>
> 此处的过账操作等同于手工记账下的登记账簿。

### 2. 期末结账

当所有的凭证处理结束且完成审核工作后,可进行期末结账。

> **提示**
>
> 系统会对期末损益类科目自动结转,无须手工录入损益类科目的结转分录。

(1)执行【账务处理】—【结转损益】命令,根据已结账的账务处理,单击【结转损益】按钮,如图 6-2-6 所示。

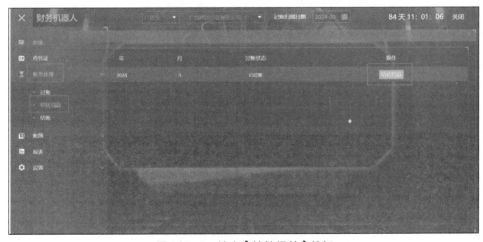

图 6-2-6 单击【结转损益】按钮

(2)单击系统左侧【查凭证】菜单,勾选需要审核的凭证,单击【审核】按钮。对生成的损益凭证进行审核。

(3)执行【账务处理】—【过账】—【重新过账】命令,如图 6-2-7 所示。

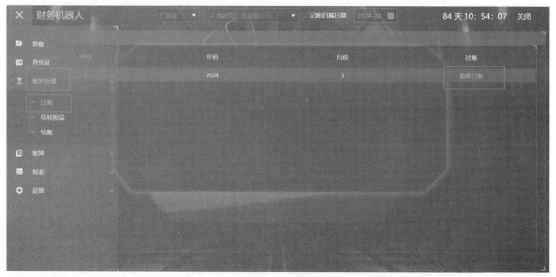

图 6-2-7　重新过账

（4）执行【账务处理】—【结账】—【期末结账】命令，完成结账，如图 6-2-8 所示。

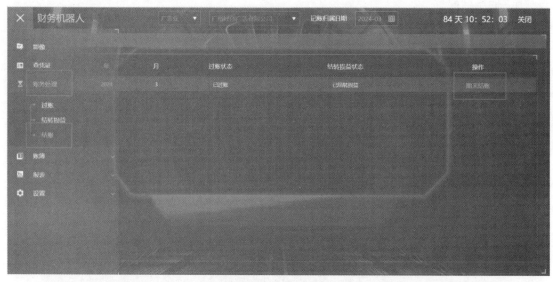

图 6-2-8　完成结账

---

⏰ 提示

　　在操作过程中，如果当月还有票据未完成账务处理，系统不允许结账。需要进行反向操作，操作流程如图 6-2-9 所示。

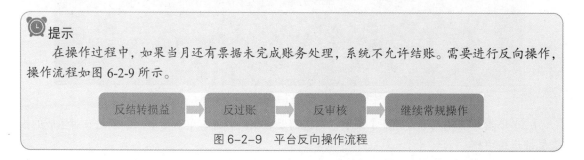

图 6-2-9　平台反向操作流程

## 三、智能生成报表

### （一）生成资产负债表

所有凭证（包含结转损益的凭证）完成审核且过账完毕后，可生成资产负债表，具体操作步骤如下。

（1）执行【报表】—【资产负债表】—【生成报表】命令，弹出【信息】对话框，单击【确定】按钮，系统自动生成资产负债表，如图 6-2-10 所示。

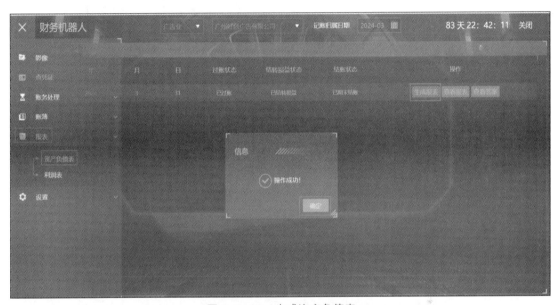

图 6-2-10　生成资产负债表

（2）报表生成后可单击【查看报表】按钮，如图 6-2-11 所示，检查对应的报表数据。

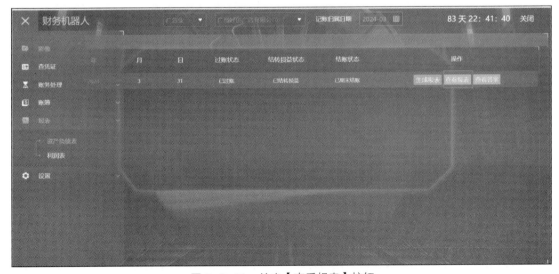

图 6-2-11　单击【查看报表】按钮

## （二）生成利润表

所有凭证（包含结转损益的凭证）完成审核且过账完毕后，可生成利润表，具体操作步骤如下。

（1）执行【报表】—【利润表】—【生成报表】命令，弹出【信息】对话框，单击【确定】按钮，系统自动生成利润表，如图 6-2-12 所示。

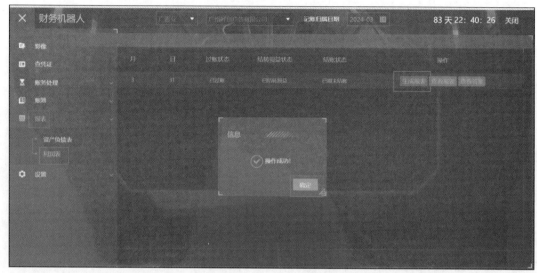

图 6-2-12　生成利润表

（2）报表生成后可单击【查看报表】按钮，如图 6-2-13 所示，检查对应的报表数据。

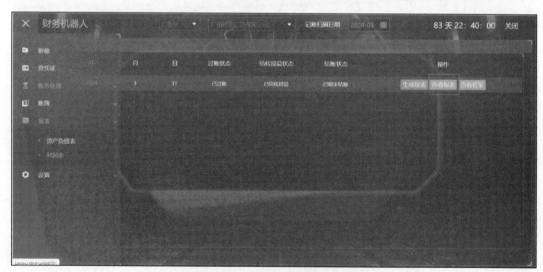

图 6-2-13　单击【查看报表】按钮

✎ 注意

在生成报表前需要完成过账、结转损益、结账等工作。为保证数据准确无误，财务共享服务中心的业务人员需要清楚表内及表间的勾稽关系。

## 业务训练

### 一、单选题

1. 企业在销售商品时代客户垫付的运杂费应记入（　　　）科目。

    A. "其他应收款"　　　　　　　　　　B. "应付账款"

    C. "应收账款"　　　　　　　　　　　D. "预付账款"

2. 生产车间的工人的工资应记入的会计科目是（　　　）。

    A. "生产成本"　　　B. "销售费用"　　　C. "管理费用"　　　D. "财务费用"

### 二、多选题

下列票据可以进行进项税额抵扣的有（　　　）。

    A. 增值税专用发票　　　　　　　　　B. 通行费增值税电子普通发票

    C. 机票　　　　　　　　　　　　　　D. 海关进口增值税专用缴款书

### 三、判断题

车间管理人员的工资及福利费应计入"制造费用"科目。　　　　　　　　　　（　　　）

## 任务评价

完成了智能化财务共享工作的任务学习，参照下表判断自己对工作任务的掌握程度。已掌握的打√，未掌握的填写在工作记录与反思中。

| 工作任务 | 任务要求 | 掌握情况 |
|---|---|---|
| 审核票据 | 能够识别发票内容的准确性 | |
| 审核凭证 | 能够对新增业务和重要科目进行审核 | |
| 期末结转 | 能独立完成期末结转的操作流程 | |

### 【工作记录与反思】

| 时间 | |
|---|---|
| 工作任务 | |
| **任务目标** | |
| | |
| **遇到的问题** | |
| | |
| **经验总结（解决问题的办法）** | |
| | |

# 项目七

# 综合技能训练

## 学习目标

### 知识目标

1. 掌握财务云共享中心平台票据的分类规则及票据录入方法。
2. 掌握审核财务云共享中心平台原始凭证和记账凭证的要点。
3. 掌握财务云共享中心平台过账、结转损益以及二次过账的平台操作。
4. 掌握财务报表的编制原理。

### 能力目标

1. 能够根据财务云共享中心平台规则整理与录入票据。
2. 能够手工正确填写特殊业务的会计凭证。
3. 能够正确审核财务云共享中心平台记账凭证。
4. 能够完成平台过账、结转损益以及二次过账的平台操作。
5. 能够对平台期末事项进行审核。
6. 能够在平台生成财务报表并审核。

### 素质目标

1. 树立诚信服务的核心价值观,恪守"坚持诚信、守法奉公,坚持准则、守责敬业,坚持学习、守正创新"的职业道德规范。
2. 培养团队协作精神,锤炼一丝不苟、精益求精的工匠精神。

## 学习引领

"十四五"时期,我国会计信息化工作的总体目标是服务我国经济社会发展大局和财政管理工作全局,以信息化支撑会计职能拓展为主线,以标准化为基础,以数字化为突破口,引导和规范我国会计信息化数据标准、管理制度、信息系统、人才建设等持续健康发展,积极推动会计数字化转型,构建符合新时代要求的国家会计信息化发展体系。具体包括:会计数据标准体系基本建立、会计信息化制度规范持续完善、会计数字化转型升级加快推进、会计数据价值得到有效发挥、会计监管信息实现互通共享、会计信息化人才队伍不断壮大。

新的信息技术对会计人员提出了新的挑战,也为会计人员发展提供了新的机遇。如果要培养满足数智时代需求的会计信息化人才,就需要会计人员始终秉持专业精神,勤于学习、锐意进取,持续提升会计专业能力,不断适应新形势,满足新要求,与时俱进、开拓创新,努力推动会计事业高质量发展。

【思考】在我国数字化转型中，财会专业学生如何做好职业规划，适应企业以及国家发展的需要？

# 工作任务一 一般纳税人财务共享服务工作综合训练

## 任务导入

北京柯基展会服务有限公司与勤诚财务共享中心签订委托代理记账协议。北京柯基展会服务有限公司将财务资料邮寄到勤诚财务共享中心。收发会计对该企业的资料进行核对。核对无误后，转交给整理扫描会计进行分拣、编号、扫描上传至财务云共享中心平台；录入会计再将平台的电子票据按照票据类型进行整理。票据整理好后，按勤诚财务共享中心的票据分类标准，录入会计完成了北京柯基展会服务有限公司的票据录入，系统自动生成记账凭证，对特殊业务则需要录入会计手工录入凭证，并完成凭证审核、过账、对账、损益结转、结账以及生成财务报表等工作。

请按照任务要求完成北京柯基展会服务有限公司财务核算工作。

## 任务要求

请登录财务云共享中心平台完成北京柯基展会服务有限公司（2023 年 3 月）的相关业务操作。

（1）在财务共享（云核算）平台对提供的票据进行采集、整理分类。

（2）根据整理分类的票据生成记账凭证，并进行期末处理的操作，包括审核凭证、过账、结账、生成报表等。

## 预备知识

财务共享中心工作人员从事财务核算工作时需要遵循的业务操作流程包括影像获取、影像整理、凭证审核、过账、结转损益、结账、生成报表等环节。具体操作流程如图 7-1-1 所示。

微课

会计信息质量要求

图 7-1-1 财务核算业务操作流程

## 工作指导

## 一、登录系统

登录财务共享（云核算）平台，录入企业相关信息。企业名称：北京柯基展会服务有限公司；所属行业：会议展览服务业；会计制度：小企业会计准则；纳税人性质：一般纳税人；建账期间：

2023 年 3 月；企业简介：设计、制作、代理、发布各类广告，图文设计制作，产品包装设计，展览展示服务，会务服务，婚庆服务，企业形象策划，市场营销策划，工艺品、装饰品、办公用品、百货销售。

## 二、获取票据

获取票据的操作步骤为：在财务云共享中心平台，执行【影像管理系统】—【影像获取】命令，打开【影像获取】页面，单击【上传影像】按钮，如图 7-1-2 所示，完成相关单据上传工作。

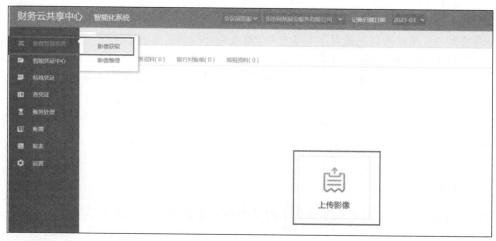

图 7-1-2　获取票据

## 三、影像整理

在影像管理系统按照销售类、收款类、转款类、采购类、费用类、付款类、工资类、成本类、其他等票据类型进行整理。具体操作步骤如下。

（1）在财务云共享中心平台，执行【影像管理系统】—【影像整理】命令，如图 7-1-3 所示。

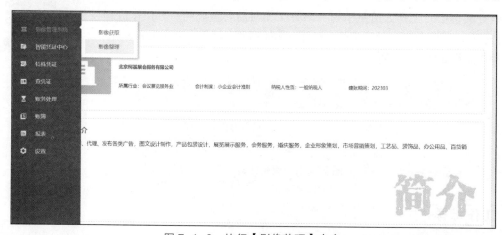

图 7-1-3　执行【影像整理】命令

（2）打开【影像整理】页面，选择所要整理的单据，查看备注信息，根据票据信息以及备注信息录入票据编号、票据类型及选择是否是现金结算，单击【保存】按钮，完成此单据的影像整理工作，如图 7-1-4 所示。

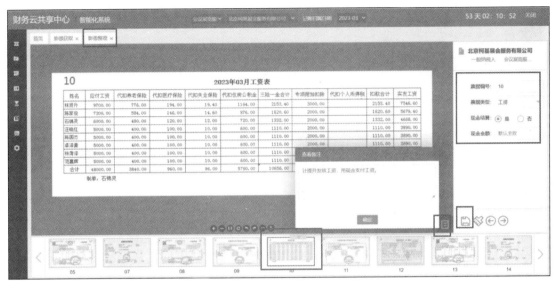

图 7-1-4 完成影像整理

> ⏰ **提示**
>
> 请参考操作示例，在财务云共享中心平台执行【影像管理系统】—【影像整理】命令，打开【影像整理】页面，完成其余票据的整理工作。

## 四、录入票据

根据系统的要求，对整理后的销售类、收款类、转款类、采购类、费用类、付款类、工资类、成本类及其他等业务类型的票据录入相关信息。具体操作步骤如下。

（1）进入财务云共享中心平台，单击【智能凭证中心】菜单，如图 7-1-5 所示，打开【智能凭证中心】页面。

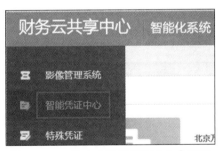

图 7-1-5 单击【智能凭证中心】菜单

（2）在【智能凭证中心】页面，单击【未设置】按钮，在下拉列表中选取要录入的票据，查看票据信息。单击选择【查看】按钮，查看备注信息。根据以上信息，完成右侧窗口业务类型、应发工资、代扣社保、代扣公积金、代扣个税和实发工资等信息录入，单击【保存】按钮，完成票据录入，如图 7-1-6 所示。

（3）在【智能凭证中心】页面，单击【已设置】按钮，可在下拉列表中选择要查看的票据，查看录入的票据信息及自动生成的凭证，如图 7-1-7 所示。

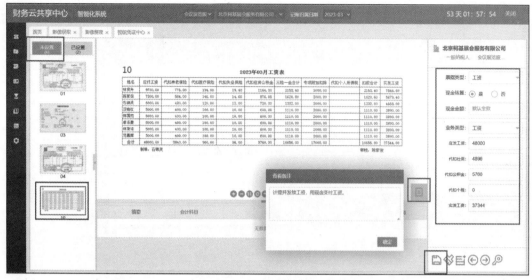

图 7-1-6　完成票据录入

图 7-1-7　查看录入的票据信息和自动生成的凭证

 提示

在财务云共享中心平台，单击【智能凭证中心】菜单，打开【智能凭证中心】页面，单击【未设置】，进行单据的录入，单击【已设置】按钮，查看录入信息。请参考示例，完成其余票据的信息录入。

## 五、录入特殊凭证

对归类为其他的票据，需进行手工录入。具体操作步骤如下。

（1）在财务云共享中心平台，执行【特殊凭证】—【手工录入】命令，如图 7-1-8 所示，进入特殊凭证手工录入页面。

图 7-1-8  手工录入特殊凭证

（2）在打开的页面单击【未录】按钮，在打开的列表中选择要录入的原始单据；单击【查看】按钮，查看备注信息，确认无误后，单击【确定】按钮；在右侧的记账凭证区域进行记账凭证的录入；录入完成后，单击【保存】按钮，完成手工录入，如图 7-1-9 所示。

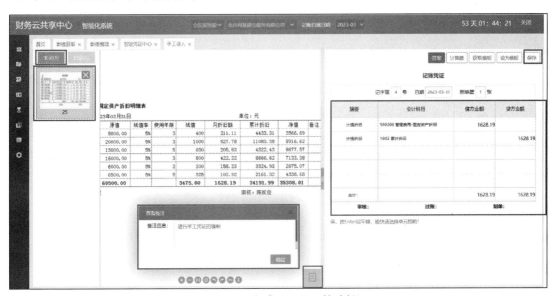

图 7-1-9  完成手工录入特殊凭证

 提示

请参考示例，完成剩余票据的手工凭证录入。

## 六、审核已录入凭证

（1）在财务云共享中心平台，单击【查凭证】菜单，如图 7-1-10 所示。

图 7-1-10 单击【查凭证】菜单

（2）打开【查凭证】页面，在右侧勾选需要审核的凭证，单击右上方【审核】按钮，打开【信息】对话框，单击【确定】按钮，如图 7-1-11 所示，完成凭证的审核工作。

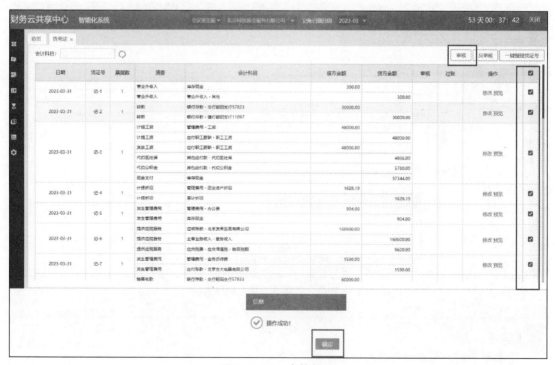

图 7-1-11 审核凭证

## 七、过账

（1）在财务云共享中心平台，执行【账务处理】—【过账】命令，如图 7-1-12 所示。

图 7-1-12 执行【过账】命令

（2）打开【过账】页面，单击【过账】，打开【提示】对话框，单击【确定】按钮，完成过账，如图 7-1-13 所示。

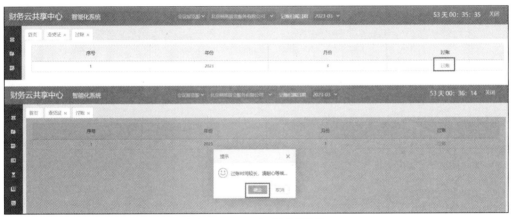

图 7-1-13 完成过账操作

## 八、结转损益

（1）在财务云共享中心平台，执行【账务处理】—【结转损益】命令，如图 7-1-14 所示。

图 7-1-14 执行【结转损益】命令

（2）打开【结转损益】页面，单击【结转损益】，如图 7-1-15 所示。打开【科目】对话框，单击【确定】按钮，如图 7-1-16 所示。打开【信息】对话框，单击【确定】按钮，系统会自动完成结转损益操作并生成结转损益凭证，并提示重新审核凭证和过账，单击【确定】按钮，如图 7-1-17 所示。

图 7-1-15　单击【结转损益】

图 7-1-16　【科目】对话框页面

| 序号 | 科目代码 | 科目名称 | 借方金额 | 贷方金额 | 本年利润科目 |
|---|---|---|---|---|---|
| 1 | 500102 | 主营业务收入-服务收入 | 370000.00 | | 3103-本年利润 |
| 2 | 530101 | 营业外收入-其他 | 300.00 | | 3103-本年利润 |
| 3 | 530104 | 营业外收入-加计抵减税额 | 512.55 | | 3103-本年利润 |
| 4 | 530105 | 营业外收入-附加税减征额 | 420.92 | | 3103-本年利润 |
| 5 | 540101 | 主营业务成本-销售成本 | | 152400.00 | 3103-本年利润 |
| 6 | 540304 | 税金及附加-城市维护建设税 | | 403.93 | 3103-本年利润 |
| 7 | 540305 | 税金及附加-教育费附加 | | 173.11 | 3103-本年利润 |
| 8 | 540306 | 税金及附加-地方教育费附加 | | 115.41 | 3103-本年利润 |
| 9 | 560102 | 销售费用-广告费 | | 3500.00 | 3103-本年利润 |
| 10 | 560201 | 管理费用-办公费 | | 904.00 | 3103-本年利润 |
| 11 | 560202 | 管理费用-工资 | | 48000.00 | 3103-本年利润 |
| 12 | 560204 | 管理费用-单位医社保 | | 13344.00 | 3103-本年利润 |
| 13 | 560205 | 管理费用-单位公积金 | | 5760.00 | 3103-本年利润 |
| 14 | 560206 | 管理费用-固定资产折旧 | | 1628.19 | 3103-本年利润 |
| 15 | 560209 | 管理费用-业务招待费 | | 1590.00 | 3103-本年利润 |
| 16 | 560210 | 管理费用-水电费 | | 1600.00 | 3103-本年利润 |
| 17 | 560211 | 管理费用-通讯费 | | 400.00 | 3103-本年利润 |

图 7-1-17　完成结转损益操作

（3）在财务云共享中心平台，单击【查凭证】菜单，打开【查凭证】页面，勾选需要审核的凭证，单击【审核】按钮，对结转损益凭证进行审核，如图 7-1-18 所示。

图 7-1-18　审核结转损益凭证

---

⏰ **提示**

在财务云共享中心平台，会计完成损益结转后，平台会提示会计对新生成的结转损益凭证进行审核并且重新过账。

---

（4）执行【账务处理】—【过账】命令，打开【过账】页面，单击【重新过账】，如图 7-1-19 所示。打开【提示】对话框，单击【确定】按钮，完成重新过账，如图 7-1-20 所示。

图 7-1-19　单击【重新过账】

图 7-1-20　完成重新过账

## 九、期末结账

在财务云共享中心平台进行期末结账工作的具体操作步骤如下。

登录财务云共享中心平台，执行【账务处理】—【结账】命令，打开【结账】页面，单击【期末结账】，打开【信息】对话框，单击【确定】按钮，在弹出的对话框中单击【确定】按钮，如图 7-1-21 所示。

图 7-1-21　期末结账

## 十、生成资产负债表和利润表

财务核算工作的最后步骤是生成财务报表，包括生成资产负债表和利润表。

### 1. 生成资产负债表

生成资产负债表的具体操作步骤如下。

（1）登录财务云共享中心平台，执行【报表】—【资产负债表】命令，如图 7-1-22 所示。

图 7-1-22　执行【报表】—【资产负债表】命令

（2）打开【资产负债表】页面，单击【生成报表】，如图 7-1-23 所示。在打开的对话框中单击【确定】按钮，系统会自动生成资产负债表。

图 7-1-23　单击【生成报表】

（3）在【资产负债表】页面，单击【查看报表】，查看生成的资产负债表，如图 7-1-24 所示。

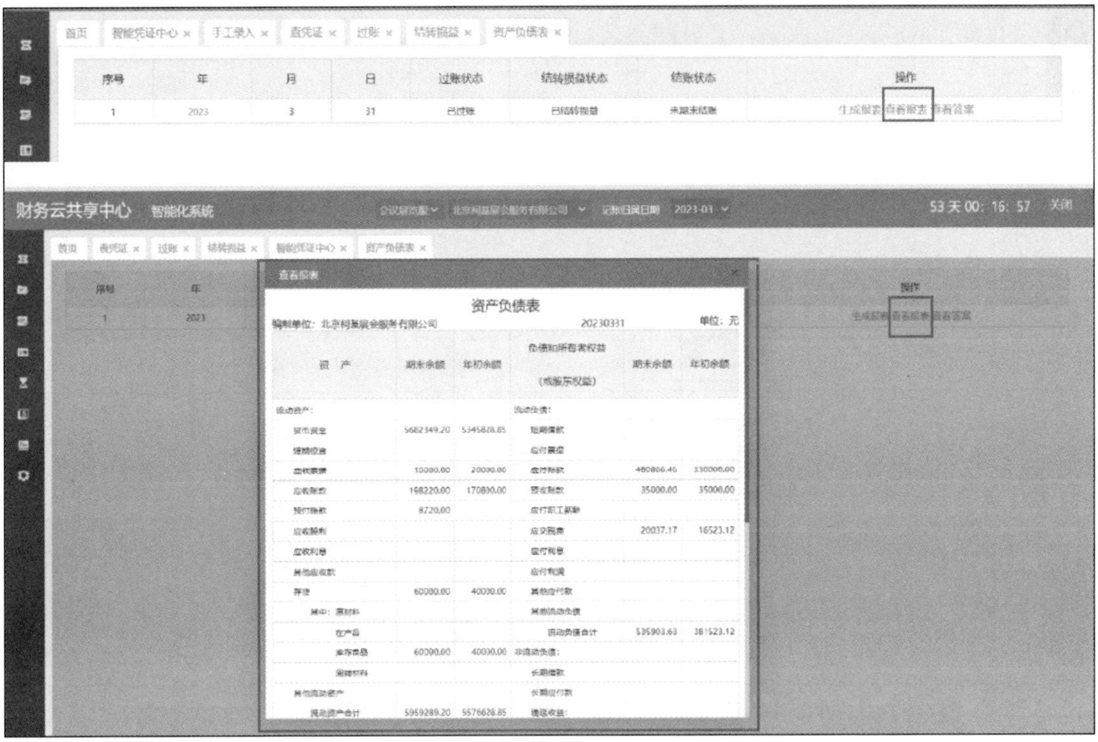

图 7-1-24  查看生成的资产负债表

## 2. 生成利润表

生成利润表的具体操作步骤如下。

（1）登录财务云共享中心平台，执行【报表】—【利润表】命令，如图 7-1-25 所示。

图 7-1-25  执行【报表】—【利润表】命令

（2）打开【利润表】页面，单击【生成报表】，在打开的对话框中单击【确定】按钮，如图 7-1-26 所示，系统会自动生成利润表。

图 7-1-26　单击【生成报表】生成利润表

（3）在【利润表】页面，单击【查看报表】，查看生成的利润表，如图 7-1-27 所示。

| 项　目 | 本期金额 | 本年累计 |
|---|---|---|
| 一、营业收入： | 370000.00 | 1065428.56 |
| 减：营业成本 | 152400.00 | 598400.00 |
| 税金及附加 | 692.45 | 2603.23 |
| 其中：消费税 | | |
| 城市维护建设税 | 403.93 | 1491.93 |
| 资源税 | | |
| 土地增值税 | | |
| 城镇土地使用税、房产税、车船税、印花税 | | 45.63 |
| 教育费附加、矿产资源补偿费、排污费 | 288.52 | 1065.67 |
| 销售费用 | 3500.00 | 3500.00 |
| 其中：商品修理费 | | |
| 广告费和业务宣传费 | 3500.00 | 3500.00 |
| 管理费用 | 73226.19 | 216506.69 |
| 其中：开办费 | | |
| 业务招待费 | 1590.00 | 4590.00 |
| 研究费用 | | |
| 财务费用 | -372.95 | -594.15 |

利润表

编制单位：北京柯基展会服务有限公司　　202303　　单位：元

图 7-1-27　查看生成的利润表

**业务训练**

从本书教学资源中获取北京柯基展会服务有限公司的票据资料，完成以下操作。

1. 根据北京柯基展会服务有限公司的票据资料，完成票据整理工作，将票据单号填写在对应票据分类的横线上。

> 票据编号：　请输入票据编号…
>
> 票据类型：　选择票据类型　▼

（1）票据类型：其他（手工凭证）。票据编号： <u>28 9 21 18 25 27</u>
（2）票据类型：采购类。票据编号：_____
（3）票据类型：销售类。票据编号：_____
（4）票据类型：费用类。票据编号：_____
（5）票据类型：收款类。票据编号：_____
（6）票据类型：付款类。票据编号：_____
（7）票据类型：转账类。票据编号：_____
（8）票据类型：工资类。票据编号：_____
（9）票据类型：成本类。票据编号：_____

2. 根据整理完成的北京柯基展会服务有限公司票据分类，进行票据信息录入工作，请根据题目要求，将答案填写在相应的位置。

（1）票据录入练习1。

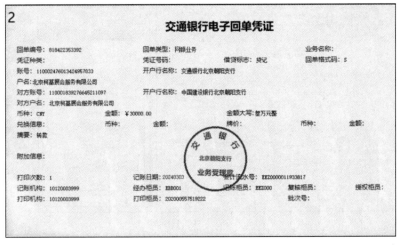

① 收款账户（　　）。A. 现金账户　　B. 交行朝阳支行 57833　　C. 建行朝阳支行 11097
② 付款账户（　　）。A. 现金账户　　B. 交行朝阳支行 57833　　C. 建行朝阳支行 11097
③ 业务类型（　　）。A. 银行转银行　　B. 存现　　　　　　　　C. 取现
④ 转账金额：_____

（2）票据录入练习2。

① 业务类型（　　）。A. 应税收入　　　　　　B. 免税收入
② 往来单位（　　）。A. 北京业泰科技有限公司　　B. 北京朵美贸易有限公司
　　　　　　　　　　 C. 北京联欧商贸有限公司　　D. 北京友柔贸易有限公司
③ 业务特征（　　）。A. 货物及劳务　　　　　B. 服务收入
④ 未税金额：＿＿＿＿＿＿＿＿＿＿＿＿
⑤ 税　　率：＿＿＿＿＿＿＿＿＿＿＿＿
⑥ 税　　额：＿＿＿＿＿＿＿＿＿＿＿＿
⑦ 价税合计：＿＿＿＿＿＿＿＿＿＿＿＿

（3）票据录入练习3。

① 业务类型（　　）。A. 商品　　　　　　　　B. 无形资产
　　　　　　　　　　 C. 固定资产　　　　　　D. 服务成本
② 往来单位（　　）。A. 北京业泰科技有限公司　　B. 北京盛风工程有限公司
　　　　　　　　　　 C. 北京联欧商贸有限公司　　D. 北京友柔贸易有限公司
③ 发票抵扣（　　）。A. 待认证发票　　　　　B. 其他不得抵扣
　　　　　　　　　　 C. 客运计算抵扣　　　　D. 专用发票抵扣
④ 未税金额：＿＿＿＿＿＿＿＿　　⑤ 税　　率：＿＿＿＿＿＿＿＿

⑥ 税　　额：_____　⑦ 价税合计：_____

（4）票据录入练习4。

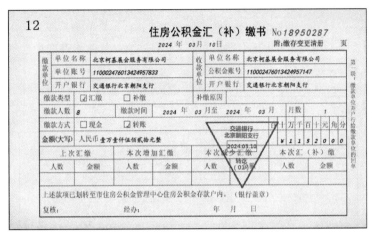

① 业务类型（　　　）。A. 缴纳住房公积金　　　B. 缴纳医社保

　　　　　　　　　　　　　C. 缴纳城市维护建设税及附加　D. 支付基本医疗保险

② 个人承担部分：_____

③ 公司承担部分：_____

（5）票据录入练习5。

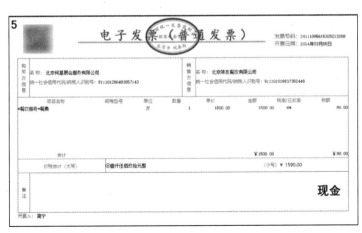

① 业务类型：_____

② 部　　门（　　）。A. 管理部　　　　　　　　B. 销售部

③ 费用详情（　　）。A. 办公费　　　　　　　　B. 奖金/补贴

　　　　　　　　　　C. 业务招待费　　　　　　D. 差旅费

④ 发票抵扣（　　）。A. 货运专票抵扣　　　　　B. 其他不得抵扣

　　　　　　　　　　C. 专用发票抵扣　　　　　D. 待认证发票

⑤ 价税合计：_____

（6）票据录入练习 6。

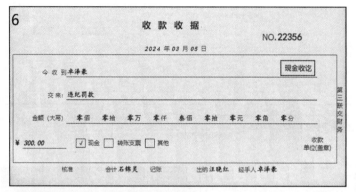

① 业务类型（　　）。A. 销售收款　　　　　　　B. 营业外收入

　　　　　　　　　　C. 其他收款　　　　　　　D. 借入款

② 收款金额：_____

（7）票据录入练习 7。

① 业务类型：_____
② 部门（　　）。　　A. 管理部　　　　　　B. 销售部
③ 费用详情（　　）。A. 水电费　　　　　　B. 低值易耗品　　　　C. 通信费
④ 发票抵扣（　　）。A. 其他不得抵扣　　　B. 货运专票抵扣
　　　　　　　　　　　C. 专用发票抵扣　　　D. 待认证发票
⑤ 未税金额：_____
⑥ 税　　率：_____
⑦ 税　　额：_____
⑧ 价税合计：_____

（8）票据录入练习 8。

① 业务类型（　　）。　A. 商品　　　　　　　　　　B. 固定资产
　　　　　　　　　　　　C. 税控设备　　　　　　　　D. 服务成本
② 往来单位（　　）。　A. 北京盛风工程有限公司　　B. 北京方大电器有限公司
　　　　　　　　　　　　C. 北京万科集团有限公司　　D. 北京农胜光电有限公司
③ 发票抵扣（　　）。　A. 其他不得抵扣　　　　　　B. 客运计算抵扣
　　　　　　　　　　　　C. 专用发票抵扣　　　　　　D. 待认证发票
④ 未税金额：_____
⑤ 税　　率：_____
⑥ 税　　额：_____
⑦ 价税合计：_____

（9）票据录入练习9。

① 业务类型：_____

② 部　　门（　　）。　A. 管理部　　　　　　B. 销售部

③ 费用详情（　　）。　A. 办公费　　　　　　B. 低值易耗品

　　　　　　　　　　　C. 通信费　　　　　　D. 业务招待费

④ 发票抵扣（　　）。　A. 其他不得抵扣　　　B. 客运计算抵扣

　　　　　　　　　　　C. 专用发票抵扣　　　D. 待认证发票

⑤ 价税合计：_____

3. 根据北京柯基展会服务有限公司票据资料完成以下单据的手工录入。请将答案填写在记账凭证中。

（1）手工录入业务1。

（2）手工录入业务2。

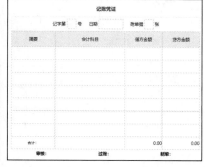

（3）手工录入业务3。

**记账凭证**

记字第　　号　　日期　　　　　附单据　　张

| 摘要 | 会计科目 | 借方金额 | 贷方金额 |
|---|---|---|---|
|  |  |  |  |
|  |  |  |  |
|  |  |  |  |
|  |  |  |  |
|  |  |  |  |
| 合计 |  | 0.00 | 0.00 |

审核：　　　　　过账：　　　　　制单：

**27　应交城市维护建设税与教育费附加计算表**

2024年3月31日　　　　　　　　　金额单位：元

| 税种 | 计税依据 | 计税金额 | 税率/征收率 | 应纳税额 |
|---|---|---|---|---|
| 城市维护建设税 | 增值税 | 5770.40 | 7% | 403.93 |
| 教育费附加 | 增值税 | 5770.40 | 3% | 173.11 |
| 地方教育附加 | 增值税 | 5770.40 | 2% | 115.41 |
| 合计 |  |  |  | 692.45 |

审核：陈家俊　　　　　　　　　　　　　制单：石锦灵

（4）手工录入业务4。

**25　固定资产折旧明细表**

编制单位：北京柯基展会服务有限公司　　　　　　日期：2024年03月31日　　　　　　　　　单位：元

| 使用部门 | 分类 | 名称 | 单位 | 数量 | 购入日期 | 折旧方法 | 原值 | 残值率 | 使用年限 | 残值 | 月折旧额 | 累计折旧 | 净值 | 备注 |
|---|---|---|---|---|---|---|---|---|---|---|---|---|---|---|
| 管理部 | 电子设备 | 美的空调 | 台 | 2 | 2022/6/1 | 年限平均法 | 8000.00 | 5% | 3 | 400 | 211.11 | 4433.31 | 3566.69 |  |
| 管理部 | 电子设备 | 联想电脑 | 台 | 1 | 2022/6/1 | 年限平均法 | 20000.00 | 5% | 3 | 1000 | 527.78 | 11083.38 | 8916.62 |  |
| 管理部 | 家具工具 | 办公桌椅 | 套 | 1 | 2022/6/1 | 年限平均法 | 13000.00 | 5% | 5 | 650 | 205.83 | 4322.43 | 8677.57 |  |
| 管理部 | 电子设备 | 打印复印扫描一体机 | 台 | 1 | 2022/6/1 | 年限平均法 | 16000.00 | 5% | 3 | 800 | 422.22 | 8866.62 | 7133.38 |  |
| 管理部 | 电子设备 | 戴尔电脑 | 台 | 2 | 2022/6/1 | 年限平均法 | 6000.00 | 5% | 3 | 300 | 158.33 | 3324.93 | 2675.07 |  |
| 管理部 | 家具工具 | 陈列柜 | 台 | 3 | 2022/6/1 | 年限平均法 | 6500.00 | 5% | 5 | 325 | 102.92 | 2161.32 | 4338.68 |  |
| 合计 |  |  |  |  |  |  | 69500.00 |  |  | 3475.00 | 1628.19 | 34191.99 | 35308.01 |  |

编制：石锦灵　　　　　　　　　　　　　审核：陈家俊

**记账凭证**

记字第　　号　　日期　　　　　附单据　　张

| 摘要 | 会计科目 | 借方金额 | 贷方金额 |
|---|---|---|---|
|  |  |  |  |
|  |  |  |  |
|  |  |  |  |
|  |  |  |  |
|  |  |  |  |
| 合计： |  | 0.00 | 0.00 |

审核：　　　　　过账：　　　　　制单：

（5）手工录入业务5。

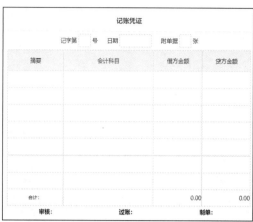

**任务评价**

完成了财务云共享中心平台一般纳税人财务共享服务工作综合业务处理的任务学习，参照下表判断自己对工作任务的掌握程度。已掌握的打√，未掌握的填写在工作记录与反思中。

| 工作任务 | 任务要求 | 掌握情况 |
|---|---|---|
| 查看企业资料 | 保证企业资料齐全、真实、合法、有效，整洁有序 | |
| 获取票据 | 根据票据信息，能够在平台进行票据的上传工作 | |
| 票据整理 | 正确判断业务类型及票据；审核票据内容是否合规、准确 | |
| 录入票据 | 识别销售业务常见的票据；正确解读销售类票据信息并录入平台 | |
| | 识别收款业务常见的票据；正确解读收款类票据信息并录入平台 | |
| | 识别转款业务常见的票据；正确解读转款类票据信息并录入平台 | |
| | 识别采购业务常见的票据；正确解读采购类票据信息并录入平台 | |
| | 识别费用业务常见的票据；正确解读费用类票据信息并录入平台 | |
| | 识别付款业务常见的票据；正确解读付款类票据信息并录入平台 | |
| | 识别工资业务常见的票据；正确解读工资类票据信息并录入平台 | |
| | 识别成本业务常见的票据；正确解读成本类票据信息并录入平台 | |
| | 识别其他业务常见的票据；正确解读其他业务票据信息并录入平台 | |
| 审核票据 | 审核主要账户的余额方向是否正确、金额是否正确 | |
| 过账工作 | 按规范过账流程完成过账操作 | |
| 结转损益 | 审核期末计提、结转事项是否完成以及金额是否正确 | |
| 期末结账 | 按照期末结账要求完成财务云共享中心平台结账业务操作 | |
| 生成资产负债表 | 按财务云共享中心平台操作要求生成资产负债表，审核资产负债表的正确性 | |
| 生成利润表 | 按财务云共享中心平台操作要求生成利润表，审核利润表的正确性 | |

【工作记录与反思】

| 时间 | |
|---|---|
| 工作任务 | |
| 任务目标 | |
| | |
| 遇到的问题 | |
| | |
| 经验总结（解决问题的办法） | |
| | |

# 工作任务二　小规模纳税人财务共享服务工作综合训练

## 任务导入

北京广发建筑服务有限公司与勤诚财务共享中心签订委托代理记账协议。北京广发建筑服务有限公司将财务资料邮寄到勤诚财务共享中心。勤诚财务共享中心的收发会计对该企业的资料进行核对。核对无误后，转交给整理扫描会计进行分拣、编号、扫描上传至财务云共享中心平台。录入会计再将平台的电子票据按照票据类型进行整理。票据整理完成后，按勤诚财务共享中心的票据分类标准，录入会计完成了北京广发建筑服务有限公司的票据录入，系统自动生成记账凭证，对特殊业务则需要会计手工录入凭证，随后完成凭证审核、过账、对账、损益结转、结账以及生成财务报表等工作。

请完成北京广发建筑服务有限公司财务核算工作。

## 任务要求

请登录财务共享（云核算）平台，完成北京广发建筑服务有限公司（2024年3月）的相关业务操作。

（1）在财务共享（云核算）平台对提供的票据进行采集、整理分类。

（2）根据整理分类的票据生成记账凭证，并进行期末处理的操作，包括审核凭证、过账、结账、生成报表等。

**预备知识**

小规模纳税人财务共享工作的预备知识与一般纳税人财务共享工作的预备知识相同，此处不赘述。

**工作指导**

小规模纳税人财务共享工作的操作步骤与一般纳税人财务共享工作的操作步骤基本相同，相同部分此处不赘述。

登录财务共享（云核算）平台，根据北京广发建筑服务有限公司基本信息完成期初建账。企业名称：北京广发建筑服务有限公司；所属行业：建筑；会计制度：小企业会计准则；纳税人性质：小规模纳税人；建账期间：2024 年 3 月；企业简介：建筑工程、市政工程、装修装饰工程、土石方工程、园林绿化工程、景观工程施工、保洁服务。

> **注意**
> 小规模纳税人在票据录入时不存在进项税额的抵扣问题，均为不可抵扣。

**业务训练**

从教学资源中获取北京广发建筑服务有限公司的票据资料，完成以下操作。

1. 根据北京广发建筑服务有限公司的票据资料，完成票据整理工作，将票据单号填写在对应票据分类的横线上。

（1）票据类型：其他（手工凭证）  票据编号：<u>26、8、10、23、21、22、9、11、24、14</u>
（2）票据类型：采购类。票据编号：_____
（3）票据类型：销售类。票据编号：_____
（4）票据类型：费用类。票据编号：_____
（5）票据类型：收款类。票据编号：_____
（6）票据类型：付款类。票据编号：_____
（7）票据类型：转账类。票据编号：_____
（8）票据类型：工资类。票据编号：_____
（9）票据类型：成本类。票据编号：_____

2. 根据整理完成的北京广发建筑服务有限公司票据分类，进行票据信息录入工作，请根据题目要求，将答案填写在相应的位置。

（1）票据录入练习 1。

① 业务类型（　　　）。　A. 库存商品结转　　　　　B. 原材料结转

② 成本金额：_____

（2）票据录入练习 2。

① 业务类型：_____

② 部门（　　　）。　　　A. 管理部门　　　　　　　B. 销售部门

③ 费用详情（　　　）。　A. 差旅费　　　　　　　　B. 会务费

　　　　　　　　　　　　　C. 服务费　　　　　　　　D. 车辆耗费

④ 发票抵扣（　　　）。　A. 其他不得抵扣　　　　　B. 货运专票抵扣　　　　C. 专用发票抵扣

　　　　　　　　　　　　　D. 客运计算抵扣　　　　　E. 待认证发票

⑤ 价税合计：_____

（3）票据录入练习 3。

① 业务类型：＿＿＿＿＿＿＿＿＿
② 往来单位：＿＿＿＿＿＿＿＿＿
③ 应发工资：＿＿＿＿＿＿＿＿＿ ④ 代扣社保：＿＿＿＿＿＿＿
⑤ 代扣公积金：＿＿＿＿＿＿＿ ⑥ 代扣个税：＿＿＿＿＿＿＿
⑦ 实发工资：＿＿＿＿＿＿＿＿＿

（4）票据录入练习 4。

① 资金账户（　　）。　A. 现金账户　　　　　　　　　　B. 工商银行北京东城支行
　　　　　　　　　　　C. 交通银行北京东城支行
② 业务类型（　　）。　A. 缴纳住房公积金　　　　　　　B. 缴纳医社保
　　　　　　　　　　　C. 缴纳城市维护建设税及附加　　D. 支付基本医疗保险
③ 个人承担部分：＿＿＿＿＿＿＿＿＿
④ 公司承担部分：＿＿＿＿＿＿＿＿＿

⑤ 滞纳金：_____

（5）票据录入练习5。

① 业务类型（　　）。　A. 归还借款　　　　　B. 借出款　　　　C. 其他应付款

② 往来单位（　　）。　A. 陈绍锋　　　　　　B. 简熙玉

③ 发生金额：_____

（6）票据录入练习6。

① 业务类型（　　）。　A. 利息收入　　　　　　　B. 短期借款

　　　　　　　　　　　C. 收到退款　　　　　　　D. 营业外收入

② 收款金额：_____

（7）票据录入练习7。

① 业务类型（    ）。 A. 应税收入      B. 免税收入

② 往来单位（    ）。 A. 北京杨洋有限公司      B. 北京新潮科技有限公司

                 C. 北京市领航商贸有限公司      D. 北京科金制造有限公司

③ 业务特征（    ）。 A. 货物及劳务      B. 服务收入

④ 未税金额：_____

⑤ 税率：_____

⑥ 税额：_____

⑦ 价税合计：_____

（8）票据录入练习8。

① 业务类型（    ）。 A. 营业外收入      B. 借款

② 收款金额：_____

（9）票据录入练习9。

① 业务类型（    ）。 A. 银行转银行      B. 存现      C. 取现

② 转款金额：_____

（10）票据录入练习10。

右侧录入界面：

**北京广发建筑服务有限公司**
小规模纳税人　　建筑

票据类型：　采购
现金结算：　● 是　　○ 否
现金金额：　默认全款

业务类型：　选择业务类型
发票抵扣：　请选择
未税金额：
税率：　3
税额：
价税合计：

发票内容（北京增值税普通发票）：

16　011011918346　北京增值税普通发票　№ 18796121

校验码 27120 12631 49480 89911

开票日期：2024年03月24日

名　称：北京广发建筑服务有限公司
纳税人识别号：91110101689368121Q
地　址、电话：北京市东城区王簟街道平塘路928号 010-5432081
开户行及账号：中国工商银行北京东城支行6222090200129865453

货物或应税劳务、服务名称　规格型号　单位　数量　单价　金额　税率　税额
*非金属矿物制品*水泥　　　吨　5　5000.00　25000.00　3%　750.00

合　计

价税合计（大写）　⊗ 贰万伍仟柒佰伍拾元整　（小写）￥25750.00
　　　　　　　　　　　　　　　　25000.00　　　￥750.00

销售方：北京三鑫水泥有限公司
纳税人识别号：91110101488356108F
地　址、电话：北京市东城区米公街道市台路7700号 010-82135555
开户行及账号：交通银行北京市东城区支行 6111010140676343

收款人：　　复核：李世超　开票人：白晨语　销售方：（章）

现金

① 业务类型（　　）。　A. 原材料　　　　B. 固定资产　　　C. 无形资产
　　　　　　　　　　　　D. 商品　　　　　E. 服务成本
② 发票抵扣（　　）。　A. 其他不得抵扣　B. 专用发票抵扣
　　　　　　　　　　　　C. 客运计算抵扣　D. 待认证发票
③ 价税合计：＿＿＿＿＿＿＿＿

3. 根据北京广发建筑服务有限公司票据资料完成以下单据的手工录入。请将答案填写在记账凭证中。

（1）手工录入业务1。

**记账凭证**

记字第　　号　日期　　　附单据　　张

| 摘要 | 会计科目 | 借方金额 | 贷方金额 |
| --- | --- | --- | --- |
|  |  |  |  |
|  |  |  |  |
|  |  |  |  |
|  |  |  |  |
|  |  |  |  |
| 合计 |  | 0.00 | 0.00 |

审核：　　　　过账：　　　　制单：

**无形资产摊销明细表**

24

编制单位：北京广发建筑服务有限公司　日期：2024年3月31日　金额单位：元

| 使用部门 | 名称 | 单位 | 数量 | 折旧方法 | 原值 | 残值率 | 使用年限 | 残值 | 月摊销额 | 备注 |
| --- | --- | --- | --- | --- | --- | --- | --- | --- | --- | --- |
| 管理部门 | 专利技术 | 项 | 1 | 年限平均法 | 120000.00 | 0% | 10 | 0.00 | 1000.00 |  |
| 合计 |  |  |  |  | 120000.00 |  |  | 0.00 | 1000.00 |  |

编制：鲁朋镇　　　　　　　　　　审核：李润思

（2）手工录入业务2。

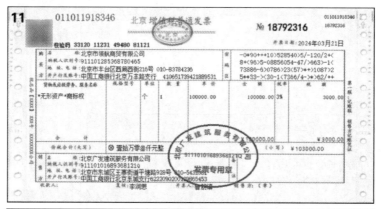

### 记账凭证

记字第　号　日期 2022-03-31　附单据 1 张

| 摘要 | 会计科目 | 借方金额 | 贷方金额 |
|------|----------|----------|----------|
|  |  |  |  |
|  |  |  |  |
|  |  |  |  |
|  |  |  |  |
|  |  |  |  |
| 合计: |  | 0.00 | 0.00 |

审核:　　　　　过账:　　　　　制单:

| 查看备注 | ✕ |
|------|---|
| 备注信息: | 手工凭证、出售商标权、原值300000元、累计摊销222500元 |

（3）手工录入业务3。

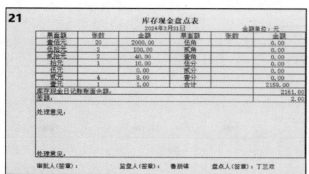

（4）手工录入业务4。

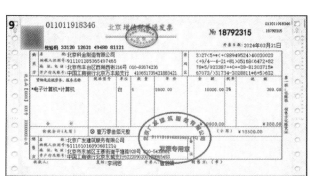

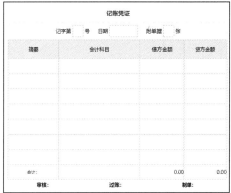

**固定资产折旧明细表**

23

| 固定资产类别 | 品名 | 单位 | 数量 | 原价 | 月折旧率 | 月折旧额 | 备注 |
|---|---|---|---|---|---|---|---|
| 房屋建筑物 | 办公楼 | 层 | 1 | 4800000.00 | 0.004 | 19200.00 | |
| 电子设备 | 空调ZG | 台 | 2 | 50000.00 | 0.0267 | 1335.00 | |
| 电子设备 | 计算机DBLL | 台 | 5 | 40000.00 | 0.0267 | 1068.00 | |
| | | | | 4890000.00 | | 21603.00 | |

编制：鲁朋镇　　　　审核：李润思

（5）手工录入业务5。

**任务评价**

完成了财务云共享中心平台小规模纳税人财务共享服务工作综合业务处理的任务学习，参照下表判断自己对工作任务的掌握程度。已掌握的打√，未掌握的填写在工作记录与反思中。

| 工作任务 | 任务要求 | 掌握情况 |
|---|---|---|
| 查看企业资料 | 保证企业资料齐全、真实、合法、有效，整洁有序 | |
| 获取票据 | 根据票据信息，能够在平台进行票据的上传工作 | |
| 票据整理 | 正确判断业务类型及票据；审核票据内容是否合规准确 | |
| 录入票据 | 识别销售业务常见的票据；正确解读销售类票据信息并录入平台 | |
| | 识别收款业务常见的票据；正确解读收款类票据信息并录入平台 | |
| | 识别转款业务常见的票据；正确解读转款类票据信息并录入平台 | |
| | 识别采购业务常见的票据；正确解读采购类票据信息并录入平台 | |
| | 识别费用业务常见的票据；正确解读费用类票据信息并录入平台 | |
| | 识别付款业务常见的票据；正确解读付款类票据信息并录入平台 | |
| | 识别工资业务常见的票据；正确解读工资类票据信息并录入平台 | |
| | 识别成本业务常见的票据；正确解读成本类票据信息并录入平台 | |
| | 识别其他业务常见的票据；正确解读其他业务票据信息并录入平台 | |

| 工作任务 | 任务要求 | 掌握情况 |
|---|---|---|
| 审核票据 | 审核主要账户的余额方向是否正确、金额是否正确 | |
| 过账工作 | 能按规范过账流程完成过账操作 | |
| 结转损益 | 审核期末计提、结转事项是否完成以及金额是否正确 | |
| 期末结账 | 按照期末结账要求完成财务云共享中心平台结账业务操作 | |
| 生成资产负债表 | 按财务云共享中心平台操作要求生成资产负债表，审核资产负债表的正确性 | |
| 生成利润表 | 按财务云共享中心平台操作要求生成利润表，审核利润表的正确性 | |

## 【工作记录与反思】

| 时间 | |
|---|---|
| 工作任务 | |

| 任务目标 |
|---|
| |

| 遇到的问题 |
|---|
| |

| 经验总结（解决问题的办法） |
|---|
| |